经济学学术前沿书系

文化对长期实际利率的影响研究

——兼论数字经济背景下长期实际利率的演变

庹思伟◎著

项目资助：
四川省哲学社会科学基金项目，
“数字经济与四川中等收入群体递增：影响机制与‘稳中提低’路径（SCJJ23ND148）”

经济日报出版社
北　京

图书在版编目（CIP）数据
文化对长期实际利率的影响研究 ： 兼论数字经济背景下长期实际利率的演变 / 庹思伟著. -- 北京 ： 经济日报出版社, 2024. 10. -- ISBN 978-7-5196-1367-9
Ⅰ. F820.1
中国国家版本馆 CIP 数据核字第 20243R2C53 号

文化对长期实际利率的影响研究
——兼论数字经济背景下长期实际利率的演变
WENHUA DUI CHANGQI SHIJI LILÜ DE YINGXIANG YANJIU
——JIANLUN SHUZI JINGJI BEIJING XIA CHANGQI SHIJI LILÜ DE YANBIAN

庹思伟 著

出　　版：经济日报出版社
地　　址：北京市西城区白纸坊东街 2 号院 6 号楼 710（邮编 100054）
经　　销：全国新华书店
印　　刷：北京建宏印刷有限公司
开　　本：710mm×1000mm　1/16
印　　张：16.5
字　　数：244 千字
版　　次：2024 年 10 月第 1 版
印　　次：2024 年 10 月第 1 次印刷
定　　价：68.00 元

本社网址：www.edpbook.com.cn，微信公众号：经济日报出版社

作者简介

庹思伟，男，1988 年生，四川省社会科学院经济研究所助理研究员，MBA 硕士生导师。英国曼彻斯特大学文学学士（商业研究与经济学专业）、文学硕士（经济学专业）；英国埃塞克斯大学理学硕士（金融工程与风险管理专业）；西南财经大学经济学博士（金融学专业）。在《中国工业经济》《Resources Policy》等国内外权威期刊发表论文数篇，主持或主研省部级课题数项。研究方向为文化的宏观经济效应、数字经济时代的劳动力市场和收入分配。

前　言

实际利率是宏观经济中最重要的价格变量之一，它决定了几乎所有市场主体的跨期决策。对消费者来说，实际利率决定了“现在”和“未来”的相对价格，引导人们将收入在消费和储蓄之间进行分配，从而影响资本的供应和积累。对企业来说，实际利率构成了投资的机会成本，引导企业扩张或收缩产能，影响企业对资本和劳动的相对需求，从而影响整个经济的就业水平。对政府来说，实际利率决定了政府的负债成本，以及中央银行的货币政策空间，从而影响政府配置资源和干预经济的能力。

21 世纪以来，无论是发达经济体，还是新兴经济体，都在一定程度上出现了低名义利率、低通货膨胀、低实际利率的现象。一方面，低利率现象在一定程度上意味着社会信任关系不断增强、信息不对称持续减弱，反映了人类社会的不断进步。但另一方面，持续的低利率会给经济社会带来一系列严重问题。首先，货币政策受名义利率零下限的约束，长期的低利率环境会令传统货币政策工具缺少足够的操作空间，不利于抵御经济衰退的冲击。其次，低利率可能会放大投资者的风险偏好，诱发资产泡沫；降低银行存贷利差，削弱银行盈利能力和抵御风险能力，威胁金融体系稳定。最后，从长期看，实际利率过低会使国民收入的分配过度偏向资本，阻碍居民的收入增长从而抑制消费行为；低利率也会促使企业使用资本替代劳动，鼓励政府加大资本密集型的基本建设投资，降低单位 GDP 增长的就业弹性。长期来看，低利率带来的严重后果，便是对居民福利的损耗。

目前考察利率决定的经验文献，更多聚焦各国利率随时间下降的共同趋势，侧重从时间序列或者面板的角度去挖掘影响各国利率演变的因素，比如人口年龄结构、政府债务乃至气候变化，却很少从横截面角度考察各国实际利率长期的均值差异。

均衡实际利率决定于资本的供给和需求，资本的供给源自居民的储蓄，对资本的需求来自企业的投资。在经济学中，决定资本供给，即居民消费—储蓄行为的重要参数是个体的时间偏好。人们的时间偏好越高，就越不耐烦，越偏好现期消费而非储蓄；反之，人们的时间偏好越低，就越有耐心，越能接受推迟消费，越愿意储蓄。在经济学中，决定资本需求即企业投资决策的重要参数是个体的闲暇偏好，这是因为闲暇偏好决定了个体（尤其是女性个体）对工作和休闲、市场劳动与非市场劳动（比如家务劳动和小孩照护）的选择权衡，从而影响劳动供给，后者决定了资本的边际生产力（投资回报），进而影响企业的投资需求。人们的闲暇偏好越高，就越倾向选择休闲，或者参与非市场劳动，资本的边际生产力就会越低，导致较低的投资需求；反之，人们的闲暇偏好越低，就越倾向参与市场劳动，资本的边际生产力就会越高，导致较高的投资需求。

时间偏好和闲暇偏好作为影响群体行为的外生参数，在时间的流逝中基本保持稳定。无论从时序的维度考察一个国家的实际利率随时间变化的规律，还是从面板的维度考察各国的实际利率随时间变化的异同，都可以预期，时间偏好和闲暇偏好在其中几乎不具解释力。但如果从截面的维度考察各国的实际利率长期的均值差异，则可以预期，时间偏好和闲暇偏好作为影响居民储蓄和劳动供给的核心参数，对实际利率长期均值的影响不可忽视。

在经验研究中，偏好作为不可观测的因素，需要用与之相关的变量去代理。从社会心理学的角度看，文化犹如一个群体的集体人格，和群体偏好紧密相关，是群体偏好良好的代理变量。近年在社会心理学和劳动经济学领域，已经有研究对影响一国储蓄率，或者一国女性劳动供给的文化因素进行了讨论，本书把此类文献中提及的影响储蓄的文化因素，统称为耐心文化，把文献中提及的影响女性劳动供给的文化因素，统称为女性劳动文化。耐心文化通过塑造一国群体的时间偏好，影响该国总储蓄；女性劳动文化通过塑造一国群体的闲暇偏好，影响该国的总劳动供给。总储蓄和总劳动供给之比，构成了该国的资本劳动比，最终决定该国实际利率的长期均值。以上逻辑可简单归纳为：文化→群体偏好→群体储蓄行为和劳动供给行为→资本劳动比→长期实际利率。基于以上逻辑，本书使用耐心文化和女性劳动文化的代理变量，从文化角度去考察一国实际利率的长期均值、一国与美国实际利差的长期均值，并进一步将耐心文化、女性劳动文化引入现有探讨老龄化→长期实际利率文献的实证框架，考察不同文化背景下，老龄化对长期实际利率的影响效力。

此外，本书还附带讨论了数字经济发展对长期实际利率的影响。数字经济的蓬勃发展极大改变了价值创造和价值分配方式（洪永淼、史九领，2024），深刻影响着全社会的工资率、利润率和利息率。本书分别从马克思主义政治经济学、（西方）宏观经济学的角度，演绎了数字经济对长期实际利率的影响方向和影响机制。

本书的主要研究结论可总结如下三方面。

第一，从静态的角度看，耐心文化和女性劳动文化可以分别代表一国居民群体的时间偏好以及闲暇偏好，二者通过影响资本劳动比，深刻地影响着实际利率长期的均值。其表现为：①在其他条件相同的前提下，文化色彩偏耐心的国家，拥有较低的实际利率长期均值；反之则拥有较高的实际利率长期均值。耐心文化程度每增加 1 个标准差，实际利率的长期均值或中位数将减少 39. 2~68. 4 个基点，最高可占实际利率标准差的 55. 9%。②在其他条件相同的前提下，女性劳动文化偏消极的国家，拥有较低的实际利率长期均值；女性劳动文化偏积极的国家，拥有较高的实际利率长期均值。女性劳动文化的消极程度每增加 1 个标准差，实际利率的长期均值或中位数将减少 56~94. 5 个基点，最高可占实际利率标准差的 76. 8%。从数量效应看，文化变量对实际利率的影响效力甚至大于劳动年龄人口增长率、贸易盈余占 GDP 比重、公共债务占 GDP 比重等频繁出现在经验文献中的利率决定变量，对实际利率的影响不可忽视。

第二，从静态的角度看，一国与美国的实际利差在长期中的均值，取决于该国与美国在耐心文化层面或者女性劳动文化层面的差异，其表现为：

①在其他条件相同的前提下，一国文化相对美国越偏耐心，实际利差在长期中的均值越低；一国文化相对美国越偏不耐，实际利差在长期中的均值越高。一国与美国的耐心文化差异每增加 1 个标准差，两国实际利差的长期均值或中位数将减少 32.9～54.6 个基点，最高可占实际利差标准差的 41.6%。②在其他条件相同的前提下，一国女性劳动文化相对美国越偏消极，实际利差在长期中的均值越低；一国女性劳动文化相对美国越偏积极，实际利差在长期中的均值越高。一国与美国女性劳动文化（的消极程度）差异每增加 1 个标准差，两国实际利差的长期均值或中位数将减少 52.4～82.9 个基点，最高可占实际利差标准差的 66.9%。

第三，从动态的角度看，目前学界普遍认为的人口老龄化→实际利率下降的传导效应，实际上会受一国文化背景的调节。在文化色彩偏耐心、女性劳动文化较消极的国家，这一效应才会明显存在；在文化色彩偏不耐、女性劳动文化较积极的国家，这一效应不具有统计显著性。保守估计，如果一国兼具耐心文化和消极的女性劳动文化，那么老龄化变量，即老年抚养比和预期寿命每共同增加 1 个标准差，将导致实际利率下降 1.2 个百分点，这能够解释实际利率 37.9%的样本变异；反之，如果一国兼具不耐文化和积极的女性劳动文化，则老龄化对实际利率几乎无影响。

此外，本书最后从数字经济的角度，附带论述了长期实际利率的变动趋势。无论是基于马克思主义政治经济学的逻辑演绎，还是基于代际交叠模型的宏观经济理论推导，研究结果均认为数字经济对长期实际利率的负向影响略大于正向影响，即数字经济的发展导致实际利率长期走低的可能性较大。

本书的创新之处或者边际贡献在于以下三方面。

第一，本书采用文化去表征影响居民时间偏好和闲暇偏好的不可观测因素，拓展了研究利率决定的分析思路。据笔者所知，本书是第一篇探讨文化与实际利率关系的经验文献。虽然费雪和马克思等经济学先驱都曾论述过文化对利率的潜在影响，然而受时代局限，他们并没有足够的工具或数据去佐证自己的论点，并且目前有关利率决定的经验研究，大都是基于时间序列或者面板维度的考察，采用的变量几乎都是“个异时异”的变量，缺乏对“时恒个异”变量的分析。本书借助现代社会心理学和劳动经济学的研究成果，采用表征耐心文化的指标作为群体时间偏好的代理变量，采用表征女性劳动文化的指标作为群体闲暇偏好的代理变量，对实际利率的长期决定进行实证探讨。现有经验文献中，学者们虽然采用了本书所谓的耐心文化指标去考察跨国的储蓄率差异，或者采用了本书所谓的女性劳动文化指标去考察跨国的女性劳动参与率差异，却未见将这两类指标结合起来考察跨国的实际利率差异的经验研究，本书首次将耐心文化指标与女性劳动文化指标相结合，较好地解释了各国实际利率长期均值的决定。实证结果将证明，耐心文化或女性劳动文化对一国实际利率长期均值的解释力，普遍高于诸如劳动年龄人口增长率、劳动生产率增长率或者债务占比等经济变量。

第二，本书拓展了经验研究中关于一国与美国利差决定因素的分析。一国与美国的利差，对该国资本和金融账户，从而对货币政策的操作空间，以及汇率的稳定非常重要。本书采用一国与美国耐心文化的差异以及女性劳动文化的差异，去捕捉影响该国与美国实际利差长期均值的文化因素，较好地解释了一国和美国实际利差长期均值的决定。

第三，本书拓展了经验研究中关于老龄化对实际利率的影响效果的分析。现有文献从老龄化，即老年抚养比的上升以及预期寿命的延长，这两个角度讨论了主要经济体实际利率持续下降的原因，却忽略了老龄化对实际利率影响的约束条件。本书将耐心文化和女性劳动文化作为老龄化影响实际利率的约束条件，证明了只有在文化色彩偏耐心或者女性劳动文化偏消极的前提下，老龄化对实际利率的负向影响才是显著成立的，从而拓展了考察老龄化→实际利率效应的研究思路。此外，本书还发现，在相近的老龄化趋势下，文化色彩偏耐心以及女性劳动文化偏消极的国家，其长期实际利率更可能下探至负利率区间。

此外，本书采用代际交叠模型，首次推演了数字经济背景下，长期实际利率的可能变动趋势。理论演绎的结果显示，数字经济通过提高劳动生产率增速、缓解企业融资约束、增加人口预期寿命这三条渠道影响长期实际利率，并且第一条渠道的影响方向为正，后两条渠道的影响方向为负。

本书的研究结果具有一定的政策启示。目前被全球主要市场经济国家遵循，或者近似遵循的货币政策规则即泰勒规则，这一规则认为，中央银行应该根据当期的产出缺口、当期通胀相对目标通胀的偏离，以及均衡实际利率或自然利率，去调整短期实际利率。本书基于文化视角的利率决定研究，能够给一国货币当局提供估计均衡实际利率的新思路。本书基于文化视角的利差决定研究，对一国政府管理跨境资本流动也有一定启示，这是因为在引发金融资产国际流动的因素中，最主要的是国内外利率差异，尤其是与美国的利率差异。此外，根据本书的结论，在老龄化趋势下，弘扬积极的女性劳动文化，鼓励女性参与劳动，有助于减轻老龄化对长期实际利率的负向影响，降低实际利率降至负利率区间的概率。虽然一国的性别观念，尤其是对女性社会角色的定位植根于该国传统文化，短期内难以被政策所撼动，但是政府可以通过完善劳动力市场制度，破除制约女性劳动参与的制度障碍，这一点对当下快速步入老龄化社会的中国来说尤其重要。通过改善女性就业歧视、提高婴幼儿照护的社会参与度、促进生育后再就业的相关制度安排，缓解女性就业意愿与生育意愿的冲突，协调劳动总供给的短期矛盾和长期矛盾。

此外，本书认为，在数字经济背景下，长期实际利率逐渐下行的可能性较大，造成对劳动者不利的后果有两类：一是使资本相对劳动变得更为便宜，从而鼓励企业在生产过程中使用机器人替代劳动力；二是使货币政策面临零利率下限约束，从而削弱扩张性货币政策对充分就业的支持力度，导致劳动者找工作更为困难。因此，国家应当重视数字经济对劳动力市场的负面影响，完善针对结构性失业的就业政策。

作者

2024 年 5 月

目　　录

第一章　引　　言

第一节　研究背景

利率是宏观经济中的重要变量，它决定了家庭、企业以及政府的跨期支出决策。利率联系着经济的当下与未来，决定了一国居民的消费和企业的投融资活动、汇率水平和资本的国际流动乃至国民收入的分配。其高低起伏与一国经济社会的起伏紧密相关。在某种程度上，利率及其演变浓缩了一个国家、社会或文明的兴衰（霍默、西勒，2010）。

最近 20 年，全球实际利率处于人类文明史以来的低谷。图 1. 1 展示了 2000—2019 年 3 个 G7 成员国①以及 3 个新兴经济体②的 10 年期国债实际收益率的变化。可见自 2000 年以来，无论是发达经济体还是新兴经济体，其长期实际利率均呈下降趋势。低利率现象在一定程度上意味着社会信任关系不断增强、信息不对称持续减弱，反映了人类社会的不断进步。然而持续的低利率更会给经济社会带来一系列严重问题。首先，货币政策受名义利率零下限（zero lower bound，ZLB）的约束，长期的低利率环境会令传统货币政策工具缺少足够的操作空间，不利于抵御经济衰退的冲击。其次，低利率可能放大投资者的风险偏好，诱发资产泡沫；降低银行存贷利差，削弱银行盈利能力和抵御风险能力，威胁金融体系稳定（Ferrero 等，2017）。最后，从长期看，实际利率过低会使国民收入的分配过度偏向资本，阻碍居民的收入增长从

① 美国、日本和英国。
② 巴西、哥伦比亚和中国。

而抑制消费行为；低利率亦会促使企业使用资本替代劳动，鼓励政府加大资本密集型的基本建设投资，降低单位 GDP 增长的就业弹性（陈斌开和陆铭，2016）。可见长期来看，低利率的一个严重后果，便是对居民福利的损耗①。

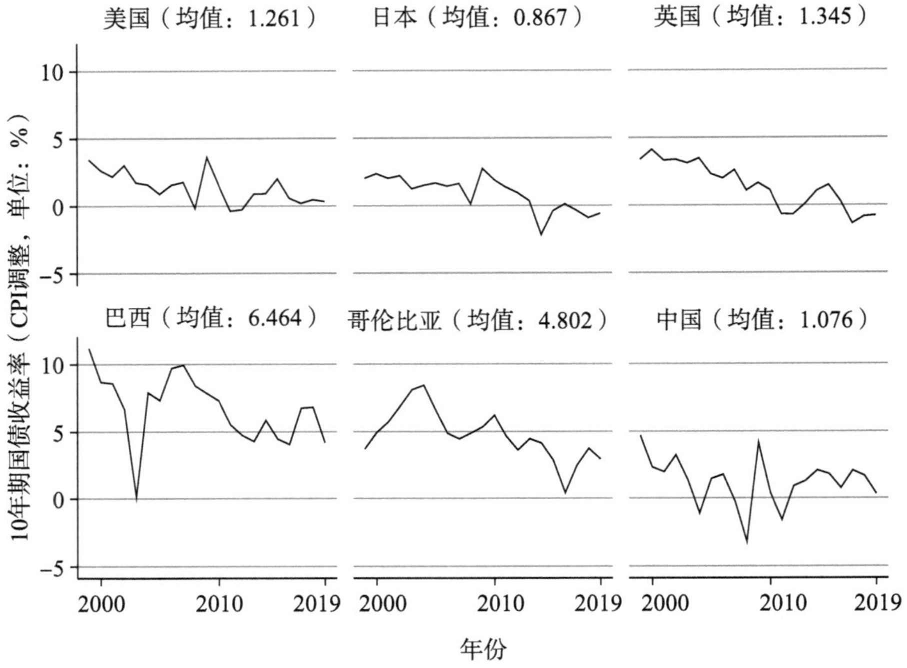

图 1.1　美国、日本、英国、巴西、哥伦比亚和中国的 10 年期国债实际收益率

资料来源：IMF，经作者整理绘制。

一些研究和评论将低利率归咎为 2008 年金融危机以后各国央行实行的扩张性货币政策，但这与发达经济体已持续 30 多年的低利率事实明显不符（Arslanalp 等，2019）。针对持续的低利率现象，学者们提出了两类假说。一类基于周期视角，认为信贷扩张、金融部门去管制化伴随高企的投资者信心引起资金供给过剩，资源被错配到一些低生产率部门，导致潜在产出降低，从而牵引自然利率下降（Borio，2014）；另一类基于结构视角，认为低利率的主要原因在于生产率的放缓、财富收入的分配不均衡以及人口结构的变动（Ferrero 等，2017；Summers，2014；Eggertsson、Mehrotra，2014；Gordon，2015）。

① 体现在对居民收入和就业的抑制，或者说经济增长的成果更多地被资本，而非劳动者所分享。

其中，人口结构变动主要指人口老龄化，即劳动年龄人口占总人口比重（简称劳动年龄人口占比）的下降、抚养比①的上升或者预期寿命的延长。以上因素均会抬高一国的资本劳动比，从而压低资本的边际产出和资本相对劳动的价格，牵引实际利率下行。

遗憾的是，现有文献更多聚焦于各国利率随时间下降的共同趋势，侧重时间序列视角，鲜有从横截面角度考察各国实际利率长期的均值差异。观察图 1.1，可以发现，各国实际利率随时间共同走低的同时，还在截面维度上呈现出以下两个有趣的现象。

第一，总的来说，发达国家在样本期内的实际利率均值，明显低于新兴市场国家，这反映了新兴经济体的资本相对于劳动更加稀缺的特征事实——通常来说，发达经济体步入工业化社会的年代较早，资本积累较多，并且高收入国家居民抚育小孩的机会成本更高，生育率较低，因此，发达经济体的劳动力人均资本，即资本劳动比，要远高于新兴经济体（陆铭和梁文泉，2017）。此外，这一现象还反映了新兴经济体的债务风险溢价高于发达经济体的特征事实。

第二，文化相近的国家，实际利率的长期均值非常接近。比如美国和英国、巴西和哥伦比亚以及日本和中国。值得注意的是，日本和中国虽然处于不同的经济发展阶段，但实际利率的长期均值仍然相当接近。

以上现象说明，虽然全球性的低利率趋势可以解释为宽松的货币政策、生产率放缓以及人口老龄化等因素，但这些因素无法解释各国实际利率长期的均值差异。为何相比其他国家，巴西和哥伦比亚的实际利率明显偏高，日本和中国的实际利率明显偏低，这恐怕只能从前文所归纳的第三类现象，即文化的角度去思考。

直观地看，实际利率是资本要素的价格，它负向取决于资本相对于劳动的数量，即劳动力人均资本，简称资本劳动比。资本的积累（储蓄）和劳动

① 抚养比特指老年抚养比，或者总人口抚养比。前者衡量一个社会中，平均每 100 个劳动年龄人口需要负担的老年人口数量；后者衡量一个社会中，平均每 100 个劳动年龄人口需要负担的老年人口和少儿人口数量。

力的供给都是群体行为的结果。从社会心理学的角度看，文化对个体的心理和行为具有重要影响，它像一套内嵌在大脑中的心理程序，在很大程度上预先决定了个体的思维模式和行为（霍夫斯泰德，2010），塑造了一个社会的“集体人格”，即特定群体在生命格调、行为规范上的共同默契（余秋雨，2019）。一国群体共同的行为规范可能对该国经济产生重要影响，因而在不同的文化背景下，各国实际利率的长期均值可能呈现出系统性差异，这在图1.1中已隐约有所体现。

对文化的一种粗略的分类，即是依照宗教（或者传统行为规范）划分文化圈。表1.1和表1.2分别展示了不同文化圈之间，实际利率的横截面差异和时间序列差异。

表1.1　三个有代表性的文化圈的10年期国债实际利率、总储蓄率和女性劳动参与率（%）

文化圈	新教	天主教	儒家
10年期国债收益率（CPI调整）	1.801	1.519	1.451
总储蓄率	22.516	22.747	34.671
女性劳动参与率（15~64岁人口）	73.770	64.560	62.840

资料来源：EIU Countrydata和World Development Indicators（WDI）。经作者计算。

注：①新教文化圈，指国民传统信仰为基督新教的国家，包括英国、美国、加拿大、澳大利亚、新西兰、荷兰、丹麦、瑞典、挪威、芬兰和冰岛；天主教文化圈，指国民传统信仰为基督教罗马公教的国家，包括法国、意大利、西班牙、葡萄牙、爱尔兰、比利时、奥地利、瑞士和卢森堡；儒家文化圈，指以儒家文化构建基础社会的国家，包括中国、日本和韩国。②除中国以外的其余各国均为经济合作与发展组织（Organization for Economic Co-operation and Development，OECD）成员国。

表1.2　三个有代表性的文化圈的实际利率增速和老龄化增速

文化圈	新教	天主教	儒家
10年期国债收益率（CPI调整）增长	-0.256	-0.311	-0.321
老年抚养比增长	0.352	0.317	0.601
预期寿命增长	0.200	0.200	0.299

资料来源：EIU Country data和World Development Indicators（WDI）。经作者计算。

表1.1展示了三个有代表性的文化圈的10年期国债实际收益率、总储蓄

率，以及 15~64 岁人口的女性劳动参与率在 2000—2019 年这 20 年间的中位数值。可以看出，相比其他两个文化圈，新教文化圈拥有较高的实际利率，与之伴随的是较低的总储蓄率和较高的女性劳动参与率①。天主教文化圈和儒家文化圈，则拥有较低的实际利率，与之伴随的是较高的总储蓄率和较低的女性劳动参与率②。

接下来将视线由静态切换到动态，鸟瞰实际利率在最近 20 年的平均变化。21 世纪以来，全球人口老龄化趋势愈发明显，主要体现在老年抚养比的增长，即平均每 100 名劳动年龄人口需供养的老年人口数量的增长，以及预期寿命的增长。现有文献认为，人口老龄化会导致劳动力相对资本愈发稀缺，从而牵引资本要素的边际生产力，即实际利率不断下降（Ichiue、Shimizu，2015；Ferrero 等，2017；Yi、Zhang，2017；Arslanalp 等，2019）。表 1.2 沿用了表 1.1 的国家样本，展示了三个有代表性的文化圈在 2000—2019 年实际利率增长、老年抚养比增长以及预期寿命增长的中位数。可以看出，老年抚养比增长，以及预期寿命增长在各组子样本中均为正值，说明老龄化是一个普遍的趋势，并且这种趋势在新教文化圈和天主教文化圈之间还相当接近；实际利率的增长在各组子样本中均为负值，说明在老龄化背景下，实际利率普遍呈现下降的态势。但是相比而言，新教文化圈的实际利率的负增长幅度，明显低于天主教文化圈和儒家文化圈。

结合表 1.1 和表 1.2，可以发现两类有趣的现象。

第一，从静态的角度观察，新教文化圈诸国的实际利率的长期均值，明显低于天主教文化圈和儒家文化圈。

第二，从动态的角度观察，在相似的老龄化背景下，新教文化圈诸国的实际利率的负增长幅度，亦明显低于天主教文化圈和儒家文化圈。

换言之，新教国家的实际利率不仅在长期均值上更高，并且在老龄化背景下的下降幅度也更低。

对于第一类现象的深层原因，我们可以从文化→群体偏好→群体储蓄行

---

① 即较低的资本劳动比。

② 即较高的资本劳动比。

为和劳动供给行为→资本劳动比→长期实际利率的逻辑链条上做一些初步猜想。表 1.3 沿用表 1.1 和表 1.2 的国家样本，列示了新教、天主教和儒家文化圈的平均耐心程度，以及社会对女性参与劳动的平均排斥程度。可以看出，天主教文化圈和儒家文化圈平均耐心程度明显高于新教文化圈。同时，天主教文化圈和儒家文化圈社会对女性参与劳动的平均排斥程度也明显高于新教文化圈。这呼应了表 1.1 中，天主教文化圈、儒家文化圈的高总储蓄率和低女性劳动参与率。简单来说，表 1.3 暗示了这样一种可能，即相比新教文化圈，天主教文化圈和儒家文化圈的实际利率在长期中偏低的原因，在于它们的文化色彩更富耐心，或者其文化中包含了抑制女性进入劳动力市场的“基因”。图 1.2 从跨期均衡的角度，直观地展示了这种猜想。

表 1.3　三个有代表性的文化圈的平均耐心程度以及社会对女性参与劳动的平均排斥程度

文化圈	新教	天主教	儒家
平均耐心程度	42	56	92
社会对女性参与劳动的平均排斥程度	1.314	1.607	1.996

资料来源：霍夫斯泰德等（2019）和 World Value Survey（WVS）。经作者计算。

注：表格展示了三个有代表性的文化圈的平均耐心程度，以及社会对女性参与劳动的平均排斥程度。其中，耐心程度采用霍夫斯泰德文化维度中，长期导向得分衡量（满分为 100）。平均耐心程度为同一文化圈中各样本国家长期导向得分的均值；社会对女性参与劳动的排斥程度衡量一国民众对“当工作稀缺时，男人应该比女人更有权利获得工作”这一看法的认同程度（满分为 4），每个国家的得分按照其在 1981—2020 年 7 轮 WVS 调查中的平均值求出。社会对女性参与劳动的平均排斥程度为同一文化圈中各样本国家相应得分的均值。

图 1.2 为文化影响均衡实际利率的一个示意图，它假想了两类文化差异明显的社会。在每一幅图中，左下方的曲线为该社会跨时期的生产可能性曲线，它衡量了该社会将当期资源转化为第二期商品的生产能力或效率，曲线的上端点离原点越远，表明该社会在第二期的潜在产量越大；右上方的曲线衡量该社会的平均时间偏好，曲线越陡峭，说明该社会越偏好当期消费（为使该社会放弃 1 单位当期消费需支付的未来消费就越多）。图 1.2 形象地说明，实际利率同时决定于需求因素和供给因素，需求因素为社会时间偏好，即一个社会对未来消费的主观估值；供给因素为社会跨期生产率，即一个社会生产未来消费的效率。时间偏好越高，对未来消费的估值就越低，实

际利率就越高；跨期生产率越高，生产未来消费的效率就越高，实际利率就越高。

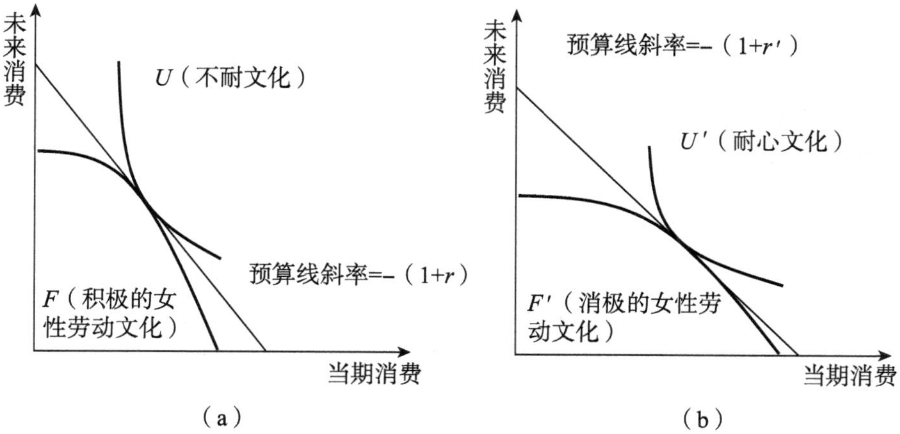

图 1.2　文化与均衡实际利率：两期消费—生产经济示意图

资料来源：作者绘制。

图 1.2（a）的社会大致对应表 1.1 的新教文化圈，它具有不耐的文化色彩，这意味着较高的时间偏好①，对应着一条陡峭的无差异曲线 U；同时，这类社会对待女性参与市场劳动的态度比较包容，这意味着较高的总劳动供给（也就是较高的生产能力），从而较多的未来消费的可能性，对应着一条陡峭的生产可能性曲线 F。图 1.2（b）的社会大致对应表 1.1 的天主教文化圈或者儒家文化圈，它具有耐心的文化色彩，这意味着较低的时间偏好，对应着一条较为平坦的无差异曲线 U'；同时，这类社会对待女性参与市场劳动的态度比较排斥，这意味着较低的总劳动供给（也就是较低的生产能力），从而较少的未来消费的可能性，对应着一条平坦的生产可能性曲线 F'。跨期均衡条件需满足跨期消费替代率等于跨期生产率，即无差异曲线和生产可能性曲线相切②。通过切点的预算线斜率的绝对值（反映两期消费的相对价格）即为均衡实际毛利率③。据此可以猜测，文化色彩偏不耐、对女性参与市场劳动较包容的新教文

① 可将其视作该社会中代表性个体的偏好，或者该社会的群体偏好。

② 严格地讲，是可以达到的那条最高的无差异曲线和生产可能性曲线的切点。

③ 在此基础上减去 1 即为均衡实际利率。

化圈［图 1.2（a）］，其均衡实际利率 r 较高①；文化色彩偏不耐，对女性参与市场劳动较排斥的天主教文化圈或儒家文化圈［图 1.2（b）］，其均衡实际利率 r' 较低②。本书接下来将统一使用耐心文化去衡量一国的耐心文化色彩，使用女性劳动文化去衡量一国对待女性参与市场劳动的传统态度③。

沿用耐心文化和女性劳动文化的思路，对于第二类现象的深层原因，我们可以从不同文化背景，老龄化对实际利率影响的异质性去思考。比如，现有文献认为老年抚养比的上升意味着劳动力相比资本变得稀缺，资本劳动比上升，最终牵引实际利率下降。那么有没有这样一种可能，即在文化色彩比较不耐或者女性劳动文化比较积极的国家，由于较低的储蓄倾向或者较高的劳动参与倾向，使得资本劳动比的上升速度较慢，从而抑制了实际利率的下降速度。

目前已经有一些经验文献，从文化的角度考察储蓄率的国别差异（Guiso 等，2006；Shoham、Malul，2013；叶德珠等，2015；Ye 等，2021），以及劳动供给，特别是女性劳动供给的国别差异（Fernandez、Fogli，2009；Alesina 等，2013；Gay 等，2013，2018；Mocan，2019），但是尚未有文献从文化的角度考察实际利率的国别差异，也尚未有文献回答不同文化背景下，老龄化对实际利率影响的异质性。本书希望填补这一空白，为解释实际利率的长期均值以及实际利率随时间的变化，提供文化角度的新思路。

此外，本书还讨论了数字经济对长期实际利率的影响。当前，以 5G、大数据、云计算、区块链、人工智能等为代表的数字技术，正与实体经济在更大范围、更宽领域、更深层次融合。数字技术提高了社会劳动生产率、促成生产要素的广泛连接与高效流动，显著提升了要素配置效率，从而对生产要素的价格，如工资、利率等产生了深刻影响。因此，本书第六章绕开“文化—利率效应”的全书主线，结合马克思主义政治经济学、宏观经济学这两种视角，展望了“数字经济—利率效应”。

---

① 预算线斜率的绝对值较大。

② 预算线斜率的绝对值较小。

③ 或者该国女性对家庭—社会角色的自我认知。

第二节 研究意义

宏观经济在本质上是一个地域内人类群体行为的汇总，群体行为从微观上说，受心理因素的影响，从宏观上说，则受文化因素的影响。因此，考察某一宏观经济变量在各国、各地区间的差异不但需要借助经济学工具，还需借助人类学、心理学、社会学等其他社会学科的理论。遗憾的是，在主流宏观经济、宏观金融的经验研究中，对经济因素以外的解释往往止步于国家或地区的固定效应。实际上，这些不随时间变化的因素在实证模型对截面差异的解释力甚至可能高于经济、金融类变量（叶德珠等，2015），因此，在做经济研究时，有必要借助其他社会学科的研究成果，将这些“不可观测因素”从黑箱中提取出来，纳入研究之中。在宏观经济中，利率作为连接消费与投资、微观与宏观、现在与未来的钥匙，很早就被智者们赋予了哲学和文化层面的思考。

古典经济学者认为，利息的产生源于时间的稀缺。生命有限赋予了人类不耐的本能，人们看重当下胜过未来，从而对同一件物品在不同时点的标价亦会不同，此物品在两个时点的差价即为利息率。根据新古典利率理论，不耐取决于客观因素和主观因素。从客观层面看，费雪（2013）在其1930年的巨著《利息理论》中曾指出，不耐首先决定于收入，“收入越小，则现在收入优于将来收入的偏好越大”，能接受的利率越高。一般地说，根据基本的价格理论（或微观经济理论），人们对一件物品的边际效用，取决于所持有的现货数量，收入概莫能外。极端地说，当人们穷困潦倒时，会不惜花费很高的代价去换取资源，以渡过当下难关。回到图1.1，可以看出，高收入国家实际利率的长期均值，普遍低于中等收入国家①，这印证了费雪的推论。

但是，不耐的收入决定论，无法解释为什么同为高收入国家的日本，其实际利率的长期均值会明显低于美国和英国；更无法解释作为中等收入国家

① 美国、日本、英国的实际利率长期均值，低于除中国以外的其他两个发展中国家。

的中国，其实际利率的长期均值却低于美国和英国等高收入国家（图 1.1）。这就要从决定利率的主观因素去探究，这些主观因素同时存在于资本的供给和需求中。

从储蓄层面或者资本的供给层面看，费雪（2013）曾总结了影响不耐的六类主观因素，分别为“远见”“自制”“习惯”“预期寿命”“对他人生活的关怀”以及“习尚”。费雪在阐述这六大因素时，特别强调了社会文化传统在其中的作用，换言之，具有远见、自制、集体主义传统的国家可能天然地较其他国家更有耐心（Shoham、Malul，2012，2013；叶德珠等，2015），其均衡利率也会更低。但是，远见、自制等秉性属于不可观测的心理范畴，为避免套逻辑，在经济分析中一般不用心理因素去解释现象。幸运的是，随着社会心理学的发展，对国家文化的分析也越来越量化，费雪所归纳的六类因素大多能匹配到相应的国家文化指标，使得我们能够从储蓄层面或资本的供给层面去分析利率水平的国别差异。本书将塑造一个社会的时间偏好或者储蓄倾向的文化，称作耐心文化。

从投资层面或者资本的需求层面看，实际利率的长期均值，由经济体未来的产出决定，它客观决定于一国的生产能力或生产效率，这又与劳动力的供给紧密相关。有学者从人口结构角度出发，认为人口老龄化趋势会减少劳动供给，降低资本劳动比，导致利率持续走低（Ichiue、Shimizu，2015；Ferrero 等，2017；Yi、Zhang，2017），本书在分析实际利率的演变时也会沿用上述思路①。但是，本书认为，从截面维度看，在资本的需求层面，影响一国实际利率长期均值的核心因素之一，是该国劳动年龄人口的劳动参与率（简称劳动参与率），尤其是女性劳动年龄人口的劳动参与率（简称女性劳动参与率）。无论身处何种社会，成年男性在家庭中普遍承担着养家糊口的责任，需要参与市场劳动，各国劳动参与率的差异主要体现在女性劳动参与率的差异，而一国对待女性参与劳动的态度，以及女性参与劳动的意愿均受社会文化传统的影响（Fernandez、Fogli，2009；Alesina 等，2013；Gay 等，2013，2018），这又涉及文化在其中的作用。本书将塑造一个社会对待女性参

① 本书第五章从文化的角度探讨此话题。

与劳动的态度，以及女性对自身家庭—社会角色认知的文化，称作女性劳动文化。

从政策意义看，本书第四章的结论将表明，一国如果具有耐心的文化色彩或者消极的女性劳动文化，那么该国货币政策的传导效力也会相对不足。首先，耐心文化或者消极的女性劳动文化，会导致该国实际利率的长期均值①较低。回顾描述发达经济体利率政策的泰勒规则 $i_t=r^*+\pi_t+0.5(\pi_t-\pi^*)+0.5(y_t-y^*)$，如果实际利率的长期均值 r^* 太低，那么在执行宽松的货币政策时，货币当局要想将短期实际利率 $i_t-\pi_t$ 调至 r^* 以下，就会变得非常困难（Bobeica 等，2017；方显仓和张卫峰，2019）。换言之，较低的实际利率长期均值，意味着较窄的货币政策空间。其次，本书第五章的结论还将表明，在相同的老龄化趋势下，如果一国拥有耐心文化和消极的女性劳动文化，那么相比拥有不耐文化和积极的女性劳动文化的国家，该国的长期实际利率会以较快的速度下降，这会进一步降低 r^*，压缩该国的货币政策空间。最后，本书第六章展望了数字经济背景下实际利率的长期演变趋势，认为数字经济对长期实际利率的影响主要是负向的。从货币政策（泰勒规则）的角度看，数字经济的发展拉低了实际利率的长期均值 r^*，压缩了货币政策的操作空间；从劳动力市场政策的角度看，数字经济对长期实际利率的负向影响可能会鼓励企业使用资本（实物资本和数字资本）替代劳动力，对就业、收入分配产生不利影响。

第三节 研究方法

结合研究背景和问题以及技术路线（如图 1.3 所示），本书的研究思路如下。

文献回顾→特征事实描述→理论分析→实证检验→结论与展望。

本书综合运用了经济学、金融学、计量经济学，以及社会学、人类学和心理学等其他社会学科的知识。采用文化，即耐心文化和女性劳动文化作为

① 也可以理解为均衡实际利率或者自然利率。

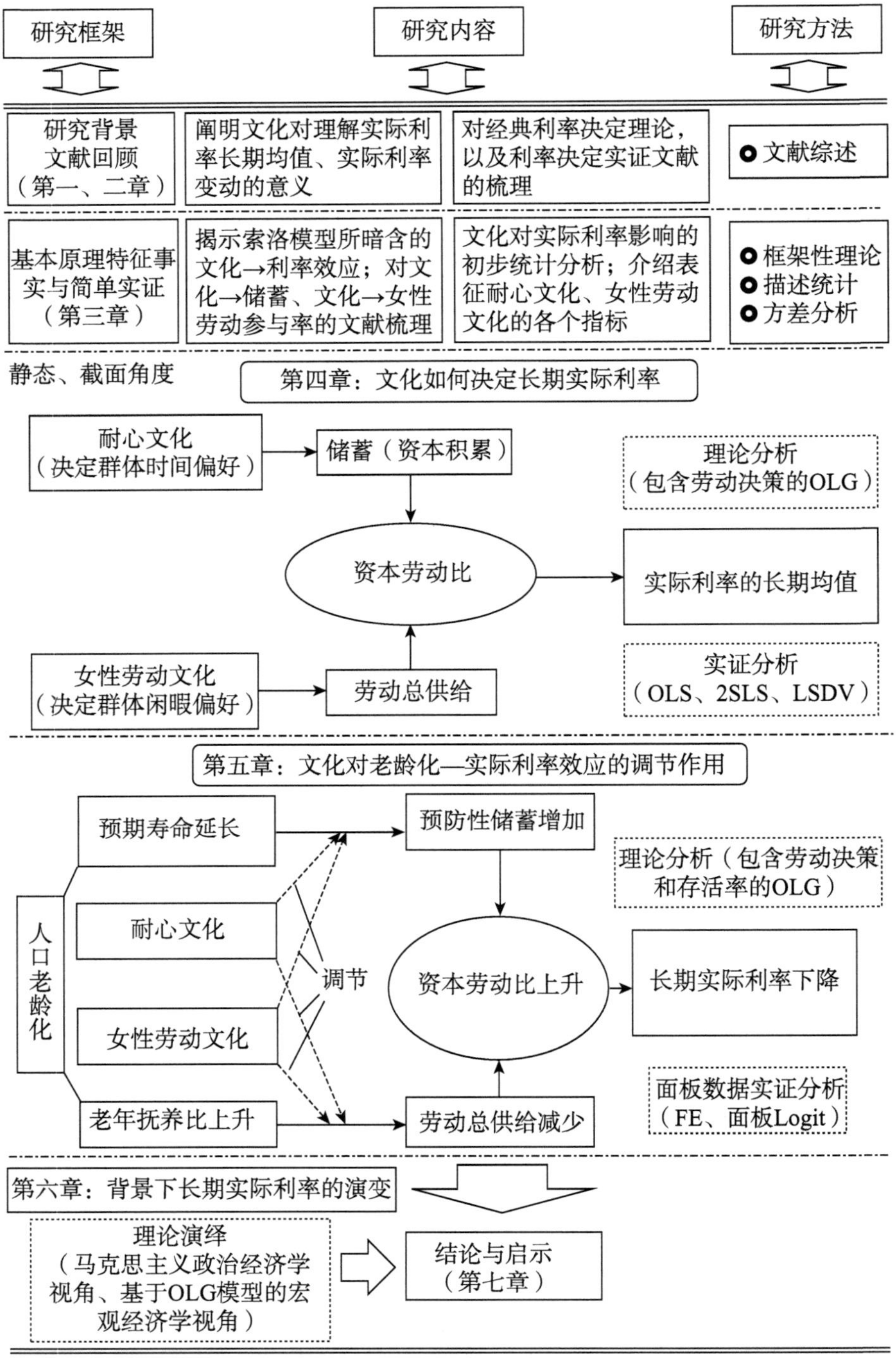
研究框架
研究内容
研究方法
研究背景
文献回顾
（第一、二章）
阐明文化对理解实际利率长期均值、实际利率变动的意义
对经典利率决定理论，以及利率决定实证文献的梳理
文献综述
基本原理特征事实与简单实证
（第三章）
揭示索洛模型所暗含的文化→利率效应；对文化→储蓄、文化→女性劳动参与率的文献梳理
文化对实际利率影响的初步统计分析；介绍表征耐心文化、女性劳动文化的各个指标
框架性理论
描述统计
方差分析
静态、截面角度
第四章：文化如何决定长期实际利率
耐心文化
（决定群体时间偏好）
储蓄（资本积累）
理论分析
（包含劳动决策的OLG）
资本劳动比
实际利率的长期均值
女性劳动文化
（决定群体闲暇偏好）
劳动总供给
实证分析
（OLS、2SLS、LSDV）
第五章：文化对老龄化—实际利率效应的调节作用
预期寿命延长
预防性储蓄增加
理论分析（包含劳动决策和存活率的OLG）
人口老龄化
耐心文化
调节
资本劳动比上升
长期实际利率下降
女性劳动文化
老年抚养比上升
劳动总供给减少
面板数据实证分析
（FE、面板Logit）
第六章：背景下长期实际利率的演变
理论演绎
（马克思主义政治经济学视角、基于OLG模型的宏观经济学视角）
结论与启示
（第七章）

图 1.3　技术路线图

核心解释变量或调节变量，分别解释实际利率的长期决定和国别差异（第四章）、全球老龄化背景下各国实际利率在长期中的变化差异（第五章）。并且附带讨论了数字经济背景下实际利率的长期演变趋势，本书主要的四个研究方法如下。

一是文献回顾。文献回顾旨在梳理与本书相关的经济、金融、历史、社会心理学的理论文献和经验文献。其中，理论文献除了中外学术论文，还包括经典名家专著。从学术论文中了解相关领域的研究动态，找出其不足和研究空白；从名家专著中掌握理论精髓，梳理理论发展的历史脉络。由于本书的考察对象涉及利率和国家文化等领域，这些领域的研究相对成熟和完善，因此在写作过程中参考了大量经典著作。具体而言，本书在梳理有关利率演变、利率决定的著作中，参考了霍默和西勒的《利率史》、费雪的《利息理论》、曾康霖和邓映翎的《利息论》、刘絜敖的《国外货币金融学说》等名家专著；在梳理有关国家文化的著作中，参考了霍夫斯泰德等的《文化与组织》、迈尔斯的《社会心理学纲要》、韦尔斯的《世界史纲》，以及斯塔夫里阿诺斯的《全球通史》等著作。

二是理论（定性）分析。本书在理论分析中主要采用了直观演绎和数理推导两种方法。直观演绎是指在梳理总结相关文献的基础上，通过文字叙述和论证的方法，对变量间的关系做出合乎经济直觉的推测。数理推导是指通过建立与本书研究主题相关的理论模型，将均衡实际利率表示为耐心文化、女性劳动文化或者数字经济等外生变量的函数。通过理论分析，得出耐心文化、女性劳动文化与实际利率长期均值的潜在关系的理论假说；借由理论演绎，展望数字经济背景下实际利率的长期演变趋势。

三是实证（定量）分析。实证分析旨在检验理论假说与计量结果是否一致。在本书中，实证分析包括简单的统计分析和正式的计量经济分析。通过简单的描述性统计和散点图等方法，初步判断耐心文化、女性劳动文化和实际利率的相关关系；通过正式的计量经济分析，检验变量间的关系与理论假说或统计分析是否一致，并揭示各类文化变量对实际利率长期均值的影响程度。

四是比较分析。本书注重对各国国家文化进行比较，尤其注重梳理各国文化异同的历史根源。这种比较一方面增强了本书结论的概括性；另一方面也为判断中国实际利率的基本面以及未来的演变提供思路。

第四节　研究框架与研究内容

本书以耐心文化和女性劳动文化为核心解释变量，研究了 45 个发达国家和新兴市场国家实际利率（或实际利差）长期均值的决定。进一步以这两类文化为调节变量，研究老龄化在不同文化背景下对实际利率演变的影响效力。此外，本书还附带讨论了数字经济背景下实际利率的长期演变趋势。本书各个章节的简要安排如下。

第一章为引言。介绍本书的选题背景、研究意义、研究的主要内容和思路、采用的分析方法，以及对主要概念的界定。

第二章为文献综述，根据本书的研究目的主要涵盖四部分：一是对利率决定经典理论的梳理，二是对利率决定实证研究的梳理，三是对人口结构与利率关系的经验文献的梳理，四是对文化及其经济影响的文献梳理。本书在总结相关理论和研究时注重“述”“评”结合，指出现有观点的优缺点、对本书的启发，以及本书尝试做出的改进。

第三章的内容包括文化对实际利率长期均值影响的机理阐述以及初步的统计分析。本章首先利用索洛模型，说明总储蓄和总劳动供给是决定均衡实际利率的两大核心要素，指出耐心文化和女性劳动文化分别是总储蓄和总劳动供给的决定因素。其次通过一些基础的统计分析和机理分析，初步论证了耐心文化、女性劳动文化分别经由总储蓄渠道和总劳动供给渠道对实际利率长期均值的影响。最后是对耐心文化、女性劳动文化的历史起源的梳理，以及对刻画这两类文化的各个代理变量的简要说明。

第四章是本书最重要的章节，该章分为两部分。前半部分旨在讨论耐心文化或者（以及）女性劳动文化对实际利率长期均值的影响。该部分将揭示，从截面维度看，决定一国实际利率长期均值的各种因素中，文化是最具解释力的因素之一；后半部分是对前半部分内容的延伸和再检验，旨在讨论一国与美国耐心文化或者与美国女性劳动文化的差异，会在多大程度上影响该国和美国实际利差的长期均值。该部分同样将揭示，决定一国与美国实际利差长期均值的各种因素中，该国与美国的耐心文化差异或者女性劳动文化差异，是最具解释力的因素。

第五章将视角由截面维度转向面板维度，考察耐心文化和女性劳动文化能在多大程度上调节老龄化，以老年抚养比和预期寿命为代表，对实际利率的影响效力。本章将指出，文化不仅能在静态上决定一国实际利率的长期均值①，也能在动态上调节一国实际利率对老龄化的反应程度。

第六章是相对独立的一章，主要讨论数字经济背景下长期实际利率的演变趋势。结合马克思主义政治经济学和宏观经济学（以代际交叠模型作为分析工具）两种视角，认为从长期看，数字经济可能会推动实际利率逐渐走低。

第七章是结论与启示。此章总结了全文，特别是第四章和第五章的主要结论，以及对各国的政策启示。

第五节 主要创新与边际贡献

本书的主要创新与边际贡献有以下五方面。

第一，从静态角度看（第四章前半部分），本书采用文化去表征影响居民时间偏好和闲暇偏好的不可观测因素，拓展了研究利率决定的分析思路。虽然费雪和马克思等经济学先驱都曾论述过文化对利率的潜在影响，然而受时代局限，他们并没有可靠的工具或数据去佐证自己的论点。此外，现有的经验文献也未曾从文化的角度去探讨利率的决定因素。本书借助现代社会心理学和劳动经济学的研究成果，分别采用 4 个表征耐心文化的代理变量，以及 4 个表征女性劳动文化的代理变量，较好地解释了各国实际利率长期均值的决

① 实际上，本书第四章的扩展回归也将表明，文化不但能影响实际利率（实际利差）的长期均值，也能影响它们随时间的变化程度。

定因素。

第二，从静态角度看（第四章后半部分），一国与美国的利差，对该国资本和金融账户，从而对货币政策的操作空间以及汇率的稳定非常重要。本书采用一国与美国耐心文化的差异①以及一国与美国女性劳动文化的差异，去捕捉影响该国与美国实际利差长期均值的文化因素，较好地解释了一国和美国实际利差长期均值的决定因素。

第三，从动态角度看（第五章），现有文献从老龄化，即老年抚养比的上升以及预期寿命的延长这两个角度，讨论了主要经济体实际利率持续下降的原因，却忽略了老龄化影响实际利率的约束条件。本书将耐心文化和女性劳动文化作为老龄化影响实际利率的调节变量，证明了只有在文化色彩偏耐心或者女性劳动文化较消极的前提下，老龄化对实际利率的负向影响才是显著成立的，从而丰富了老龄化—利率效应文献的经验结论。

第四，本书对耐心文化、女性劳动文化的梳理，有助于丰富学界和大众对家庭行为的理解。经济学中，家庭有两大基本决策，即消费—储蓄以及闲暇—劳动，影响这两大决策的外生参数，分别为时间偏好和闲暇偏好，二者均和所在地区的文化传统紧密相关。本书是首次全面梳理文化→储蓄率、文化→女性劳动参与率的经验文献。这有助于读者在文化层面理解各个国家或地区的家庭行为（即储蓄和劳动参与）差异。

第五，从政策角度看（第四章、第五章），本书的研究结果表明，一国实际利率的长期均值与该国文化紧密相关；一国老龄化对实际利率的负向影响受制于该国的文化传统。这对一国央行估计本国自然利率、与美国的均衡实际利差，以及自然利率在不同文化背景下随老龄化的变动程度会有所启示，对政府政策，尤其是促进女性参与市场劳动的家庭政策也有一定启发。

此外，本书还附带讨论了数字经济蓬勃发展的背景下，长期实际利率的变动趋势（第六章）。理论演绎的结果认为，从长期看，数字经济对实际利率

① 即该国与美国在4个表征耐心文化变量中的得分差异，以及该国与美国在4个表征女性劳动文化变量中的得分差异。

可能具有负向影响。这一结果对货币政策和劳动力市场政策都有较大的启示意义。

第六节 主要概念界定

长期实际利率。以信用行为的期限长短为标准，可将利率划分为短期利率（借贷期限在 1 年期以内）和长期利率（借贷期限在 1 年期以上）。实际利率则是指剔除价格水平变动后的利率。根据经济理论，在竞争性市场中，生产要素的实际价格等于其边际产出。长期实际利率，或称均衡实际利率，是资本要素的价格，它取决于资本供给（储蓄）和资本需求（投资）的平衡，此时均衡实际利率等于资本的边际产出。因此，在一般均衡增长模型，比如 Ramsey-Cass-Koopmans 模型和 OLG 模型中，均衡实际利率通常为资本供给因素，比如时间偏好以及资本需求因素，比如人口增长率的函数（罗默，2014）。本书所指的长期实际利率，是指经通胀［消费者物价指数（Consumer Price Index，CPI）或 GDP 平减指数］调整后的 10 年期国债收益率（Gruber、Kamin，2012；Bean 等，2015）。在本书的论述中，如无特别说明，“利率”“实际利率”“长期实际利率”均可同义替换。

文化。文化可以简单定义为生活在相同环境中的人们所共享的价值观或不成文规则。它是一种代代相传、持续且稳定的生活方式和精神价值，最终沉淀为一个群体的集体人格（余秋雨，2019）。文化是人们心中预设的心理程序，个人的行为举止在一定程度上由这种心理程序决定（霍夫斯泰德，2010），因此文化是群体一致行为的驱动力。本书所讨论的文化，主要包括耐心文化和女性劳动文化。耐心文化通过塑造一国群体的时间偏好，影响该国在长期中的平均储蓄率，女性劳动文化通过塑造一国群体的闲暇偏好，影响该国在长期中的劳动参与率。本书第三章详细介绍两类文化的具体代理指标。

数字经济。数字经济是以大数据、云计算、物联网、区块链、人工智能、

5G 等新兴技术为代表，以数字技术为核心，通过数据的识别、选择、过滤、存储和使用来引导资源优化配置和推动生产力发展的经济形态。当前，数字经济正加速与实体经济融合，逐步迈向“数字产业化”（信息技术产业蓬勃发展）和“产业数字化”（通过数字经济赋能传统产业）。

第二章　文献综述

本章梳理与本研究相关的经济、金融、历史、社会心理学的理论文献和经验文献。其中，理论文献除了中外学术论文，还包括经典名家专著。从学术论文中了解相关领域的研究动态，找出其不足和研究空白；从名家专著中掌握理论精髓，梳理理论发展的历史脉络。由于本书的考察对象涉及利率、国家文化[①]等领域，这些领域的研究相对成熟和完善，因此在写作中参考了大量经典著作。具体而言，本书在梳理有关利率演变、利率决定的著作中，参考了西勒和霍默的《利率史》、费雪的《利息理论》、曾康霖和邓映翎的《利息论》、刘絜敖的《国外货币金融学说》等名家专著；在梳理有关国家文化著作中，参考了霍夫斯泰德等的《文化与组织》、迈尔斯的《社会心理学纲要》、韦尔斯的《世界史纲》、斯塔夫里阿诺斯的《全球通史》等著作。需要说明的是，由于第六章的话题（数字经济对长期实际利率演变的影响）相对独立，相关文献梳理将在该章直接展现，本章不作讨论。

第一节　利率决定理论

利息是在借贷关系中，由借入者付给贷出者的报酬，利（息）率是利息与借入资金（或者资本、物品）的比例。作为货币经济学领域的支柱理论之一，利率（利息）理论是历代经济学家在总结、批判和吸收前人经验的基础上发展出来的。作为一个历史悠久的理论体系，利率理论的发展与西方资本主义经济的演化息息相关。自 17 世纪以来，利率理论主要经历了早期货币决

① 对与本书相关的文化文献的梳理，将集中在第三章展示。

定论、实物决定论或局部均衡理论、劳动价值论、流动性偏好理论、可贷资金理论以及一般均衡理论等阶段。利率理论旨在探讨两大基本问题：一是利率为何存在即利息的本质，二是利率是如何被决定的（费雪，2013）。参考刘絜敖（1989）、曾康霖和邓映翎（1990）及盛松成等（2012），本节将按照利率理论的发展脉络，对各学派的利率决定论（或利息本质论）进行简要梳理，围绕本书的研究目的，对各家学说进行综合评述。

一、早期货币利率理论

近代利率理论大致形成于17世纪中叶，代表人物为英国古典政治经济学的先驱威廉·配第。配第在地租理论的基础上引申出利息理论，旨在证明人们贷出货币收取利息的合理性，并以此驳斥天主教会将收取利息看作一种罪恶的观点。这种将利息类比于地租的理论又称地租派生论（曾康霖、邓映翎，1990）。配第认为，利息是放贷者因放弃货币支配权而获得的报酬，这种报酬的高低至少应该“等于用借到的货币所能买到的土地所产生的地租”；并且在不确定性情况下，还必须在此基础上附加一定的保险费。由于地租的价格依赖于货币数量的变动，因此“利息的自然降低是货币增加的结果”。大约在同一时期的英国，约翰·洛克继承并发展了配第的学说，洛克认为利率是贷款人承担风险所获得的报酬，利率水平由货币的供求关系决定，利率升高的主要原因在于“货币太少”，使得货币的供给与人们对货币的需求不相适应，据此可推论，欲使利率下降，需增加货币供给。在经济学史上，配第和洛克提出的这种货币供求决定利率水平的理论，通常被称为“早期货币利率理论”。

二、古典实物利率理论

古典利率理论亦称“实物利率理论”，它建立在对早期货币利率理论的批判之上。该理论认为：人们借贷货币的实质在于购买实物资本，因此利率应决定于实物资本的供求关系，其主要代表人物有奥地利的庞巴维克、英国的马歇尔、瑞典的魏克塞尔以及美国的克拉克和费雪。古典理论可以细分为只考虑资本需求端的边际生产力理论，以及同时考虑资本需求和资本供给的局部均衡理论（曾康霖、邓映翎，1990）。

边际生产力理论的代表是克拉克（Clark，1899）。克拉克认为利息源于生产产品的能力，利息支出的实质是购买资本所生产的产品。资本的生产力和劳动与土地的生产力一样，服从收益递减规律，给定劳动力数量，如果继续追加资本投入，则最后一单位资本的生产力最低，此单位资本被称作“边际生产力”。在一系列资本单位中，任何一单位资本所有者所获之利息均不能超过最后一单位的产量，否则厂商就不会使用该单位的资本，而是采用之前的最后一单位来代替它。因此，利息由最后一单位资本所引致的产量决定。由此可见，资本的边际生产力越高，资本使用者的收益也就越多，因此，资本的边际生产力决定了利率的上限。

局部均衡理论的代表人物是马歇尔（Marshall，1890）和费雪（Fisher，1930）。其基本结论相同，即利率决定于储蓄与投资（资本供给与资本需求）的均衡水平。在利率理论史上，马歇尔的成就之一在于将利率决定的供求力量统为一体，第一次采用均衡的视角去探讨利率的决定。马歇尔认为，资本的供给来自储蓄，资本的需求来自投资。在资本供给方面，资本的供给由人们延期消费或等待所决定，利息系对人们延期消费或等待的报酬。在资本需求方面，马歇尔认为，对资本的需求取决于资本的生产力，后者决定资本的收益。和克拉克一样，马歇尔认为从生产的角度看，利息源于资本的生产力，生产力越大，则企业家所获之收益越多，其愿意支付的利息就越高——“借款人所愿付的利率，是他使用资本所预期的收益的尺度”①。资本供给和资本需求的均衡点决定了利率水平，其实质是储蓄和投资的均衡（刘絜敖，1989）。

接下来梳理费雪的利率理论，由于费雪的理论给予了本书颇多启发，因此对费雪的理论的梳理要比其他理论略为详细。如果说马歇尔的局部均衡理论主要以企业生产为视角，探讨的对象是实物资本，费雪的局部均衡理论则主要以个人消费为视角，探讨的对象是借贷资金。故费雪的利率决定论又被总结为借贷资金论（曾康霖、邓映翎，1990）。费雪认为，人们具有偏爱现在

---

① 马歇尔．经济学原理（下卷）［M］．商务印书馆，1965：258。转引自盛松成等（2012）。

财货甚于未来财货的天性，这种天性即“人性不耐”。利率决定于人们的不耐（即时间偏好），换言之，市场利率决定于社会的不耐程度，而社会的不耐程度则是个人不耐程度的加总。个体受不耐驱使，在其生命周期中通过借贷和投资行为调节“收入川流”（以下简称“收入流”），市场利率即是这些行为汇总的结果。虽然投资机会（即马歇尔等人笔下的“资本需求”）也是决定利率的因素，但是人性不耐在利率决定中起着核心作用（曾康霖、邓映翎，1990）。就个体在不同时点上而言，他的不耐取决于收入因素以及非收入因素，具体包括四个因素。

（1）收入数量。由于人类的最基本诉求是生存，因此人们在极端贫困时总是愿意为现在牺牲将来。在其他条件相同的情形下，收入越少，则现在相对未来越重要，人们就越是不耐，对资金的需求就越大，从而推升利率。

（2）收入流的时间形态。个人收入流的分布可能是递增、递减，或者不变的。递增的收入流意味着较少的现在收入、较多的未来收入，这意味着当期收入所带来的边际效用较大，进而增加个体的不耐，于是个体会产生使用未来收入去交换现在收入的动机，产生资金需求或负债行为，从而推升利率；递减的收入流意味着较多的现在收入、较少的未来收入，这意味着当期收入所带来的边际效用较小，进而减轻个体的不耐，于是个体会产生使用现在的收入去交换未来收入的动机，产生资金供给或储蓄行为，从而压低利率。

（3）收入风险的大小。预期未来收入的风险越大，则牺牲现在以备未来的动机就越强烈，这会减轻不耐，增加资金供给或储蓄，从而拉低利率。

（4）非收入因素。就不同个体（群体）或者不同社会而言，不耐还决定于几大非收入因素，包括远见、自制、习惯、预期寿命、对他人尤其是子女生活的关怀以及习尚。其中，远见、自制、习惯和习尚等因素和一个社会的文化传统紧密相关。比如，费雪认为，如果一个社会的大部分成员都是“深谋远虑”之人，则该社会的不耐程度就会较低；反之，如果一个社会的大部分成员都是“不顾将来”之人，则该社会的不耐程度就会较高①。

---

① 费雪（2013）在《利息理论》中还曾提到，“苏格兰人的节约传统抑制了不耐，而黑人之缺少节约传统，因而具有高度不耐的倾向”。

三、劳动价值论

劳动价值论的利息理论以马克思为集大成者，其核心思想是利息起源于劳动者创造的剩余价值。早在17世纪，约翰·洛克就提出利息是占有别人劳动的结果，贷放者的本息源自借入者的劳动报酬。18世纪的约瑟夫·马西第一次提出利息源于利润，并发现了利率随平均利润率下降而下降的趋势，这一观点被马克思所继承（刘絜敖，1989）。马克思认为，利率是一定时期内利息量和贷出的借贷资本量的比例，体现着借贷资本的增值程度，借贷资本增值的根本原因在于其向产业资本的转化。

马克思的利率决定理论基于劳动价值论，以剩余价值在借贷资本家和职能资本家之间的分割为起点。在资本主义经济条件下，货币可以转化成资本，资本通过吸收劳动力进行商品生产，从而创造出利润和剩余价值。马克思指出，利息的物质来源是工人无偿劳动的转化形式——剩余价值，其实质是两类资本家（职能资本家和借贷资本家）对剩余价值或利润的共同分割，因而利息是平均利润的一部分（刘诗白，2010）。由于利息的本质是两类资本家对利润的分割，因此利率一方面由社会平均利润率决定，另一方面则取决于两类资本家对利润分割的结果。社会平均利润率决定了利率的上限，两类资本家对利润分割份额的博弈决定了利率的具体水平，这种分割比例的背后体现的则是借贷资本的供求关系。此外，马克思还认为，由于借贷资本本身没有内在标准去决定它在利润分割中所占有的比例，因此在利率的决定过程中，非经济类因素，比如传统习惯和法律等因素也扮演着重要角色。

四、凯恩斯的流动性偏好理论

古典利率理论语境下的投资与储蓄均为实际变量，没有考虑货币因素对利率的影响。凯恩斯（Keynes，1936）的流动性偏好理论，继早期货币利率理论之后，将货币因素重新纳入利率的决定体系当中。凯恩斯批判了古典利率理论将利息视作不耐、等待或延期消费的报酬，他指出货币窖藏乃储蓄的一种方式，然而以这种方式产生的等待并不能换取任何数量的利息。流动性偏好理论认为利息是对人们放弃货币流动性的报酬，其实质是买卖一定时期内货币持有权的一种价格，货币的供给由一国央行决定，为一外生变量，货币的需求则由人们对流动性的偏好决定，乃一内生变量。流动性偏好理论认为人们对货币的需求取决于三种持币动机：交易动机、预防（谨慎）动机和投机动机，由投机动机引致的货币需求与利率成反比，这是因为利率衡量了持有货币进行投机活动的机会成本。给定货币供给量，均衡利率的变化取决于货币需求一方的力量，即人们的流动性偏好；给定人们的流动性偏好，均衡利率的变化取决于央行对货币的供给量，货币供应量越多则利率水平越低。

然而这一利率决定论却受到了弗里德曼的批评（盛松成等，2012），他认为货币供给增加仅能在短期内降低利率，这是因为价格在短期内缺乏弹性。从长期看，价格具有弹性，货币供给的增加会推高总需求，进而提高通胀水平，降低实际货币余额，导致利率升高。另外，根据费雪效应，名义利率为实际利率与预期通胀率之和，货币供应的增加会推高人们的通胀预期，使得名义利率在长期不降反升。

五、可贷资金理论

早期货币利率理论到凯恩斯的流动性偏好理论的视野局限在于其仅从单个市场（资本市场或者货币市场）的供求均衡考察利率的决定，为局部均衡理论。后继学者逐渐将利率的决定放入一般均衡的视角下进行研究。代表性的理论为可贷资金理论与 IS-LM 理论。可贷资金理论的代表性人物为剑桥学派的罗伯逊（Robertson，1937）和瑞典学派的俄林（Ohlin，1937）。该学说采用折中的办法，将古典学派的实物决定论与凯恩斯体系中的货币决定论同时纳入利率决定框架中，认为利率水平应由可用于贷放的资金的供求决定。可贷资金的需求主要包括：（1）投资，由于利率代表了购买资本的成本，因此它与利率呈负相关；（2）货币窖藏的增量，货币窖藏即以现金形式持有的那一部分货币，由于利率代表了持有现金的机会成本，因此它与利率也呈负相关。可贷资金的供给主要源自两个渠道：（1）居民、企业及政府的实际储蓄。储蓄是可贷资金的主要来源，与利率呈同向变动；（2）货币供给的增量，它与利率也呈同向变动。简言之，可贷资金的需求是利率的减函数，而其供给则为利率的增函数。可贷资金理论的缺陷在于虽然它同时考虑了资本（实物）市场与货币市场的均衡，但它并不能保证当可贷资金市场均衡时，资本市场与货币市场是同时均衡的，从严格意义上看，可贷资金理论中描绘的均衡利率并非一般均衡条件下的利率（曾康霖、邓映翎，1990）。

六、IS-LM 模型

Investment-Saving——Liquidity Preference-Money Supply（IS-LM）模型由希克斯（Hicks，1937）提出，汉森（Hansen，1949）加以完善。该理论认为，利率水平由商品市场、货币市场同时达到均衡时决定。其中，IS 曲线代表商品市场均衡，即投资等于储蓄，LM 曲线代表货币市场均衡，即货币需求等于货币供给。两条曲线相交则意味着商品市场与货币市场同时出清，均衡利率及产出由两条曲线的交点决定。IS-LM 框架下，均衡利率由实际因素与货币因素共同决定。表面上，这一模型既克服了古典理论与流动性偏好理论那种只考虑单个市场的局限，又纠正了可贷资金理论不能同时兼顾商品市场均衡与货币市场均衡的缺陷，似乎标志着利率决定理论的发展由局部均衡论转向一般均衡论。然而，除了在当时看来令人惊叹的数理分析和几何论证以外，希克斯和汉森用来论证 IS、LM 曲线构成的文字仅寥寥数语，不仅回避了对利率本质的讨论，也使得本就争议颇多的利率理论变得更为复杂和神秘。单就 IS 曲线是否成立（储蓄和投资是否相等）这一问题，就已经牵涉到古典学派和凯恩斯学派旷日持久的论战，满足单个储蓄—投资均衡点的条件就已饱受争议，遑论找出存在于 IS 曲线上的一系列储蓄—投资均衡点（曾康霖、邓映翎，1990）。

七、货币政策规则视角

中央银行货币政策是影响利率变化的重要因素。在传统货币政策框架中，央行调控的中间目标是货币供应量与利率，且两者经常被交替使用。许多传统的货币政策建议将货币存量作为调控目标，弗里德曼认为：中央银行稳定经济的关键在于让货币存量以某一速度平稳地增长（罗默，2014）。尽管很多经济学家都提倡这一做法，但由于货币当局可以直接控制的货币存量指标，如基础货币，与总需求的联系并不紧密，而与总需求联系较紧密的货币存量指标，如M2，又很难被中央银行直接控制。由于上述困难，当今各国货币当局采用的政策都不是试图达到货币存量的某个目标增速，而是根据不同扰动调整货币供给，经由影响短期名义利率去改变短期实际利率。目前世界主要发达经济体的央行都视短期利率为一种重要的调控工具。以美国为例，联邦储备系统通过调整银行间市场的流动性来控制联邦基金利率，当价格存在黏性时，短期名义利率（联邦基金利率）的改变将会改变短期实际利率，进而影响家庭和企业的支出，最终影响社会总产出（罗默，2014）。

20世纪90年代以来，学者们相继提出了以利率为调控目标的货币政策规则，并很快被全球主要央行采纳，这意味着利率受到央行货币政策的影响将越来越大，央行引导下的短期利率再通过利率的期限结构影响长期利率。Taylor（1993，1998）提出了一个货币政策规则，即根据物价水平和实际产出与其目标值之间的差距来调节短期利率，即著名的“泰勒规则”。泰勒规则描绘了基准利率（联邦基金利率）如何随着通胀及产出变动，揭示了利率的短期驱动因素。当通货膨胀率高于目标值时，央行会调高基准利率以稳定通胀预期；当实际产出高于潜在产出水平时，央行亦会调高基准利率以稳定经济。当通胀率高于目标值时，泰勒规则的要点在于让名义利率的上升幅度高于通胀增速，以此提高实际利率，稳定总需求。

八、理论评述和启发

综合以上对利率理论的简要回顾可以看出，对于利率这一宏大的主题，近代以来的各派学者基于各自的视角、方法乃至价值观做出了不懈的探索。从以上文献综述可以看出，从早期货币利率理论到凯恩斯的流动性偏好理论，各大理论流派既注重考察利率的决定，也注重探讨利息的本质，可贷资金以后的利率理论则偏重考察利率的决定，将利率决定理论数学化和范式化，忽略了对利息本质的讨论。在众多利率理论中，从思想上对后来研究者产生过重要影响的学说主要有马歇尔、费雪等人的古典利率理论、凯恩斯的流动性偏好理论以及马克思的劳动价值论。

我国一些学者在对比马克思利息理论与西方利息理论的差异中，特别强调西方利息理论中偏重主观因素的一面（闫素仙，2008；田璧，2014）。比如谈及古典利率理论时，这些学者认为古典利率理论仅注重对心理因素的分析，将利率的决定因素归结于节欲、人性不耐这类不可观测的、非物质的因素，割裂了资本家的收入与工人劳动的联系，从而歪曲了利息产生于工人劳动这一本质问题；谈及凯恩斯利率理论时，他们认为流动性偏好理论将利息解释为人们因放弃货币的灵活性而索取的报酬，将人们对流动性的主观偏好作为利率的决定因素，从而掩盖了利息作为剩余价值一部分的本质。应该说，从利息本质论出发，这些学者对西方利率理论的批评确有道理：西方利息理论将利率视作贷款者因等待、对抗不耐或放弃流动性所获取之报酬，扭曲了利息源于劳动生产这一事实，马克思基于劳动价值论的利息本质观具有无与伦比的科学性——货币资本只有经由职能资本家雇用劳动力进行生产（或流通）活动，才能发挥资本的职能，而只有经由工人的劳动，利润才能被创造，利息才能从利润中分割出来（刘诗白，2010）。但是这些学者在其论述中仅指出了西方利率理论中探讨主观世界的一面，闭口不提其涉及客观世界的一面，这种批评是片面的。

事实上，西方经济学者很早就注重从劳动的角度探讨利率。早在19世纪初，詹姆斯·穆勒（Mill，1821）在其《政治经济学要义》中就指出，“利息是创造资本财货本体的原始劳动的报酬”（曾康霖、邓映翎，1990）。穆勒认为，一切资本的最初形式都是商品，而商品是纯粹的劳动成果，因此劳动是支配财货价值的唯一主体。根据古典利率理论，在主观层面（储蓄或资本供给角度），利率由人们的时间偏好决定，但是在客观层面（投资或资本需求角度），利率则由资本的边际产出决定，资本供求力量的强弱决定了利率水平。1930年，费雪在其著作《利息理论》（费雪，2013）的序言中写道“（人性不耐说）竟引起一种普遍的、错误的想法，以为我完全漏掉或忽视了生产力或投资机会方面……正是由于这种误解，才促使我在探索多时之后采用‘投资机会’这一新名词来代替‘生产力’”，以此回应批评者对其理论只注重心理层面分析的指责①。费雪（2013）指出，正是由于投资机会的存在，人们才能在不耐的干扰下延迟消费，而投资机会对应的是物质的、实在的生产活动。从生产力角度分析，利率的上限为资本的边际回报率，后者在资本数量既定时取决于劳动力的投入，从这一角度看，利息仍然来自工人的劳动。此外，就利息（利率）的决定而论，马克思认为，在给定社会平均利润率的条件下，利率由借贷资本的供求关系决定；西方古典利率理论亦认为，利率由生产性资本的供求关系决定。由此可见，西方利息理论与马克思的利息理论仍有许多相似之处。我们在探讨利率的本质和决定因素时，需本着实事求是的态度，在评价某学说时应该先窥其全貌，否则得出的评价会有失公允。

实际上，不论是西方古典利率理论，还是马克思利率理论，均为本书的研究提供了有益的框架性思路。在古典利率理论的论述中，利率由主观因素和客观因素共同决定，主观因素为人性不耐——由于生命有限，人们具有喜好现在财货甚于未来财货的天性（费雪，2013），它决定了资本的供给即储蓄，而不耐除了受收入因素影响，还受远见、自制、习惯和习尚等非收入因素影响；利率决定的客观因素为资本的边际生产力，它决定了资本的需求即投资，而劳动力作为与资本并列的主要生产要素，其数量变化会影响资本的边际产出，进而影响厂商对资本的需求。正如庞巴维克（1983）② 所述，劳动力投入越多，生产期进一步延长所得的剩余收益越高，则利息越高；反之，劳动力投入越少，剩余收益减少得越快，则利息越低。在马克思的论述中，利息为工人结合资本所生产的剩余价值的一部分，利率的高低与单位资本结合的劳动力数量有关。古典利率理论中偏心理层面的分析给本书的启示在于：从资本的供给端出发，在探讨实际利率的长期决定时，需寻找影响人性不耐的各种因素。古典利率理论中偏生产层面的分析，以及马克思的利息理论对本书的启示在于：从资本的需求端出发，在探讨实际利率的长期决定时，需寻找影响劳动力供给的各种因素。

---

① 费雪（2013）还写道“现若有人问我属于哪一派——主观论还是客观论，时间偏好论还是生产力论？我的回答是‘兼属于两者’”。

② 庞巴维克．资本实证论［M］．商务印书馆，1964：387。转引自刘絜敖（1989）。

第二节　利率决定的实证研究

一、利率的时间序列研究

利率的时间序列研究或利率行为研究，旨在从历史数据中挖掘出利率，尤其是短期名义利率的长期趋势，据此预测利率的未来变动。对利率长期趋势的研究非常重要，因为货币当局只有识别出时变的均衡利率才能减轻稳定政策所带来的波动（伍德福德，2010）。早期文献认为，利率的可预测性源自其变动过程中的均值回归特征，且认为均值近似于恒定的，比如在泰勒规则中，利率的长期均衡值通常用一个常数表示（Taylor，1993）。然而，越来越多的研究表明利率的长期均值并非恒定。Balduzzi 等（1998）将利率（或其一阶差分）表示为自身滞后项和贴现债券收益率的函数，以此构建双因素期限结构模型，研究结果表明利率围绕一个缓慢变动的均值波动，并且均值变动的过程是平稳的，长期债券的收益率包含短期利率均值的时变信息。Fama（2006）进一步认为，利率由相互独立的两部分组成，一部分为趋势项，具有持久性；另一部分为周期波动项，具有均值回归特征。受通胀等变量的长期冲击，即期利率的均值回归过程趋向一个时变的长期期望值。他使用过去 5 年月度利率的加权平均值作为代理变量，刻画利率均值的长期趋势。在与之类似的研究中，Cieslak 和 Povala（2016）使用过去 10 年核心消费者价格指数的年度加权平均值，刻画利率均值的长期趋势。

二、利率影响因素的研究

对利率影响因素的讨论包括对短期利率影响因素的讨论，以及对长期利率影响因素的讨论。根据利率的期限结构，长期利率是短期利率的函数，因此，本节将长期利率、短期利率的影响因素一并讨论。短期利率，主要受一国货币当局的调控。自 20 世纪 90 年代起，利率开始取代货币供应量，成为发达经济体货币政策的中介目标（王建国，2006）。Taylor（1993）认为，为了稳定物价和促进经济平稳增长，央行应使利率根据物价和产出对目标水平的偏离进行调整。Taylor（1998）将联邦基金利率表示为通胀率和产出缺口的函数，分析了美国各时期短期利率的运行特征。实证研究发现，联邦基金利率在1960—1979年第二季度对通胀率的反应系数只有0.813，说明名义利率并未和通胀率一一对应，通胀存在自我实现的可能，反映了这一时期持续的宽松货币态势，也解释了这一时期的高通胀特征；联邦基金利率在1979年第三季度至1997年对通胀率的反应系数为1.533，即通胀率每升高1个百分点将导致利率上升1.533个百分点，说明名义利率比通胀以更快的幅度增长，实际利率呈现明显上升态势，反映了这一时期美联储对通胀的强力抑制。

沿着Taylor（1998）的研究，Clarida等（2000）使用前瞻性泰勒规则并加入滞后一期的利率，发现了和Taylor类似的结论：在1969—1979年第二季度，通胀率每升高1个百分点将使利率上升0.83个百分点，在1979年第三季度至1996年，通胀率每升高1个百分点将使利率上升2.15个百分点。谢平和罗雄（2002）参考Clarida等（2000）采用中国的季度数据，发现在样本期内（1992—2001年），通胀率每增加1个百分点将导致7天同业拆借利率上升0.81个百分点，说明名义利率的调整幅度小于通胀的变化，解释了这一时期中国的高通胀率。有趣的是，产出缺口的系数为2.84，远高于Taylor（1998）和Clarida等（2000）对美国数据的估计，说明中国央行对产出存在过度反应。与谢平和罗雄（2002）的结论相反。王建国（2006）采用1993—2003年的中国季度数据，利用同期泰勒规则并考虑利率平滑，发现7天同业拆借利率对通胀率和产出缺口均不敏感（系数均小于0.1）。万晓莉（2011）采用中国的存贷款利率和市场利率（7天同业拆借利率），在Clarida等（2000）的基础上添加了反映中国制度特色的货币增长率、真实有效汇率等，发现中国的名义利率对通胀率和产出缺口缺乏弹性，经济波动存在自我实现的可能，与王建国（2006）的发现相似。

对长期利率影响因素的考察，尤其是长期实际利率影响因素的考察，通常从一国财政状况、贸易状况、生产率和金融体系结构等角度出发，此类因素通过影响储蓄和投资的平衡以及风险溢价，进而改变一国的长期均衡利率

（或自然利率），最终影响长期（实际）利率。Howe 和 Pigott（1991）根据维克赛尔的自然利率框架，采用季度数据，考察了美、德、英、法、日五大经济体 1975—1991 年的利率变化。研究发现，实物资本回报率和债务占 GDP 比重能够正向影响长期实际利率，这两种因素可以解释长期实际利率 60%以上的变动。作者认为这是因为上述因素决定了长期均衡利率。Orr 等（1995）采用 17 个国家的面板数据，采用面板协整方法得出了相似的结论：资本回报率、政府债务和经常账户赤字都会提高长期实际利率。

一些经验文献还侧重探讨了政府债务对长期实际利率的影响。Engen 和 Hubbard（2004）从美国政府债务视角出发，发现联邦政府债务占 GDP 比重每增加 1 个百分点，10 年期国债实际收益率相应上升 2.8 个基点，联邦政府赤字占 GDP 比重每增加 1 个百分点，10 年期国债实际收益率相应上升 18 个基点。Gruber 和 Kamin（2012）采用 G7 国家和 OECD 国家的面板数据，发现对于 G7 国家，政府债务占 GDP 比重每增加 1 个百分点，10 年期国债实际收益率将上升 2 个基点，对于 OECD 国家，同样的情况将使 10 年期国债实际收益率上升 1 个基点。Ichiue 和 Shimizu（2015）采用 10 个发达经济体 1990—2010 年的面板数据，同样发现政府债务占 GDP 比重增加会提高长期利率，此外，政府对外国的负债增加也会提高长期利率，并且对外国的负债所引致的利率提升要高于对本国的负债，这是因为在选举政治下，为了避免得罪选民，政府更倾向于对外债违约，因此外债的风险溢价更高。

第三节　人口结构对利率的影响研究

由于本书第五章将讨论不同文化背景下，人口老龄化对实际利率的影响效力，因此有必要对探讨人口（年龄）[①] 结构与利率关系的文献进行梳理。根据本书的研究目的，本节将分为两部分。第一部分梳理人口结构对利率的影响。第二部分则从更宏大的历史视角出发，以中世纪肆虐欧洲的黑死病为视角，讨论劳动年龄人口骤减和这一时期利率攀升的关系。

① 如无特别说明，本书所述之“人口结构”，均特指人口年龄结构。

一、人口结构对利率的影响

人既是消费者也是生产者。从消费端看，人在生命周期不同阶段的消费—储蓄行为差异明显、不同年龄段人口的分布不均匀，导致资金的供需随人口年龄结构的改变而改变；从生产端看，人口结构的变化会通过改变社会劳动总供给从而影响资本劳动比和经济增长，这些因素均会影响利率的长期走势。目前从人口结构角度考察利率变动的文献仍然较少，现有文献主要基于两种视角探讨人口年龄结构与利率的关系。一是从居民在生命周期不同阶段对资金的供需差异出发，分析青年—中年人口比率的变化对债券收益率或波动的影响（简称生命周期视角）。二是从社会劳动总供给出发，考察劳动年龄人口比重变化或者抚养比的变化，对实际利率的影响（简称劳动供给视角）。

生命周期视角关注人口结构变化对社会资金供求平衡的影响。根据生命周期假说，居民的资金供需行为与其年龄紧密相关（Modigliani，1986），理性人会跨期平滑自己的消费—储蓄行为，使自己的终身效用最大化。年轻的时候，由于缺少劳动收入和积蓄，居民会根据自己对未来收入的预期借贷消费，是资金的净需求者，中年时期，居民的收入和积蓄远高于消费需求，在还清年轻时债务的同时，会为自己的退休生活进行储蓄，是资金的净供应者。据此可推测，青年人口占比较高国家的总储蓄应该较低，这意味着较少的资金供给和较高的利率水平，中年人口占比较高国家的总储蓄较高，这意味着较多的资金供给和较低的利率水平。Poterba（2001）使用简化的世代交叠（Over Lapping Generation，OLG）模型刻画了中年人口与青年人口占比对债券收益率的负向影响。Davis 和 Li（2003）考察了 7 个工业国家 1950 年至 1999 年期间人口结构与股票、债券收益的关系，结果发现中年人口占比（40~64 岁人口占总人口比重）与股票呈正相关，与债券收益呈负相关。Geanakoplos 等（2004）使用中年人口（40~49 岁人口）与青年人口（20~29 岁人口）比率衡量人口结构，构造了一个包含少儿抚养、社会保障体制与遗赠动机的代际交叠模型，证明了中年—青年人口比率与金融资产价格成正比，与实际利率成反比。

一些学者在泰勒规则的基础上考察青年—中年人口比率对利率的影响。

Favero 等（2016）、陈国进和李威（2013）参考 Geanakoplos 等（2004）使用 40~49 岁与 20~29 岁人口比率，通过构造包含人口结构的泰勒规则方程，分别研究了美国及 16 个 OECD 国家人口结构与债券收益之间的长期关系，实证结果均认为人口结构决定短期利率中的持续成分，中年—青年人口比率的上升会降低均衡实际利率。从数量关系上看，中年—青年人口比率每增加 1 个百分点，将牵引短期名义利率（三个月期国债收率）上升 1.85~3.62 个基点。根据相同的范式，范小云等（2018）采用中国银行间市场 1 天质押式回购年化利率，发现在样本期内（2004 年 1 月至 2016 年 12 月），中国的中年—青年人口比率每增加 1 个百分点，银行 1 天质押式回购利率将上升 6.91 个基点。

劳动供给视角聚焦劳动年龄人口占总人口比重，或者抚养比的演变对社会投资需求的影响。实际利率在长期中决定于投资和储蓄的均衡水平，从投资层面或者资本的需求层面看，企业的投资需求由资本的边际产出（Marginal Product of Capital，MPK）决定，在不考虑折旧及风险溢价的前提下，资本的租赁价格，即实际利率，等于资本的边际产出。根据经典的柯布—道格拉斯生产函数，资本的边际产出由资本占国民收入的份额、全要素生产率以及资本投入与劳动投入的比例（简称资本劳动比）共同决定，后者将实际利率的决定与人口结构联系到了一起（Yi、Zhang，2017）。在资本存量不变的前提下，一国劳动年龄人口比重的增加或者抚养比的减少，将导致资本劳动比下降，MPK 即资本回报率因而上升，这会刺激投资需求，牵引利率上行；反之，劳动年龄人口比重减少，或者抚养比增加，会提高资本劳动比，压低 MPK，从而抑制投资需求，牵引利率下行。

从储蓄层面看，劳动年龄人口占比或抚养比对利率的影响有两种相反的解释，根据生命周期假说，居民在老年期会消耗尽一生的积蓄，人口老龄化会导致社会总储蓄下降，利率因此会随劳动年龄人口占比减少，或者抚养比的增加而上升。然而根据理性预期假说，随着社会平均寿命的增长，老年群体会预期自己的退休生涯延长，加之遗产动机以及对低风险资产的偏好，老年群体的储蓄率可能不降反升（Li 等，2007；Ichiue、Shimizu，2015；Carvalho 等，2016；李雪等，2020），利率反而随着劳动年龄人口占比的减少或抚养比的增加而下降。综上，劳动年龄人口占比减少，或抚养比的增加对实际利率的影响更可能是负向的。

Ikeda 和 Saito（2014）使用动态一般均衡模型（Dynamic General Equilibrium，DGE），发现劳动年龄人口占比的减少是导致日本长期利率下降的重要因素。Carvalho 等（2016）基于 OLG 模型的模拟结果显示，抚养比的增加令 OECD 国家的均衡利率在 1990 年至 2014 年之间下降了至少 1.5 个百分点。Ichiue 和 Shimizu（2015）、Arslanalp 等（2019）以及 Ferrero 等（2017）使用面板 VAR，或者面板固定效应模型检验 OECD、新兴经济体或欧盟国家的人口结构—利率效应，结果均发现劳动年龄人口占比下降，或老年抚养比①的上升是造成长期利率下降的原因。国内学者方面，马理和张方舟（2017）采用 75 个国家 30 年的数据，实证结果表明人口老龄化将导致长期贷款利率下降，适当延迟退休有助于缓解这一趋势。王曦和陈中飞（2018）考察了 23 个 OECD 国家 1960—2014 年的实际利率变化，发现抚养比的上升是导致实际利率下降的主要因素之一。李雪等（2020）将人口结构引入消费资本资产定价模型（Consumption-based Capital Asset Pricing Model，C-CAPM）去拟合收益率曲线，从理论和实证上论证了人口结构和收益率曲线形状之间的关系，发现老龄化的经济体呈现出相对平缓的收益曲线，其原因可能在于老年群体更偏爱长期债券。齐明珠（2017）采用中国 1990 年至 2015 年的时间序列数据，发现老龄化对中国一年期存款基准利率的冲击也是负向的。

二、人口结构对利率的影响——历史视角

基于劳动供给视角的文献表明，人口结构—利率效应的实质是因人口结构变动导致的劳动和资本等生产要素的相对价格变动。本质往往昭然于极端，历史上，战争、瘟疫等事件都曾引发人口规模或人口结构的剧烈变动，其中最能直观反映人口结构与要素价格变动关系的一个“自然实验”，莫过于引发历史上最严重的人口死亡的淋巴腺鼠疫事件（史称“黑死病”）。

① 老年抚养比即 65 岁及以上老年人口与劳动年龄人口（15~64 岁人口）的比率。用以衡量每 100 名劳动年龄人口需负担的老年人口数量。

从 14 世纪中叶起，黑死病持续在欧洲大面积暴发和扩散，从 1348 年到 1485 年，黑死病在英格兰有过 31 次大暴发，一直到 17 世纪，局部疫情都有出现。自 14 世纪中叶到 17 世纪初，瘟疫在意大利各城邦，如佛罗伦萨、威尼斯等地也分别造访了高达 20 次以上。在部分地区，瘟疫甚至“夺走了 1/3~1/2 人口的生命（霍默、西勒，2010）”。在 14 世纪以后的近 3 个世纪中，间歇性暴发的黑死病成为阻碍欧洲人口增长的“最顽固的障碍（Pamuk，2007）”。一直到 16 世纪中叶，欧洲国家的人口规模都未能恢复到黑死病暴发以前的状态。基于劳动供给视角，黑死病引发的直接后果是人口的骤减，尤其是终日聚集在田地和手工工场的劳动年龄人口的大规模死亡（Pamuk，2007）。

劳动人口锐减所引发的直接后果，便是资本的严重过剩。正如经济史学家所言：“到 15 世纪下半叶，欧洲人正在享用一个巨大的、人均可用资本存量翻了一番还多的‘免费午餐’（爱泼斯坦，2011）。”劳动人口大量死亡造成的结果是资本劳动比的急剧升高，土地、农具、手工作坊等生产资料的边际产出由于劳动力的减少而明显降低，使得资本的需求相对于供给显著减少，导致利率自 14 世纪后半叶开始大幅下降。以英格兰为例，该地区的人口规模从 14 世纪初期的约 450 万人骤减到 15 世纪初期的 270 万人（Malanima，2010），这一时期爆发的英法百年战争进一步加速了人口的流动，提高了士兵感染瘟疫的概率，造成该国劳动年龄人口大量死亡。

图 2.1 总结了英格兰在中世纪后期各生产要素份额的变化，可以看出劳动份额在 14 世纪后半叶的瘟疫期间急剧萎缩，资本和土地的份额大幅上升，这意味着资本劳动比上升，利率（即资本回报率）面临较大的下行压力。Clark（2016）梳理了英格兰历史上的房契和地契样本，发现该地区典型的年租金率从 14 世纪之前的 10%降到了 15 世纪初期的 5%，资本回报率在黑死病期间下跌了近一半，这是“英格兰经济史上最显著的变化”。表 2.1 反映了这一时期欧洲范围内人口和利率同时下降的史实（霍默、西勒，2010；Malanima，2010），该数据集表明，由于瘟疫的肆虐，欧洲人口在 15 世纪较 14 世纪减少了逾 1/4，与之相随的是利率在该世纪近乎同等比例的下跌。16 世纪

以后，人口虽有所回升，然而由于瘟疫的间歇性复发，仅恢复到约 14 世纪 8/9 的水平，值得注意的是，这一时期的利率亦大致跟随人口恢复的速度同比回升。结合这一时期的史实值得思考的是，尽管 14 世纪、15 世纪的欧洲政局由于英法百年战争、意大利城邦战争，以及英、法、荷、意等地手工工人的大罢工而动荡不堪（爱泼斯坦，2011），但利率却并未因交战国庞大的债务融资以及系统风险的升高而升高，而是随着人口的减少而下降。究其原因可能在于劳动供给减少导致的利率下降效应在这一时期占了主导。

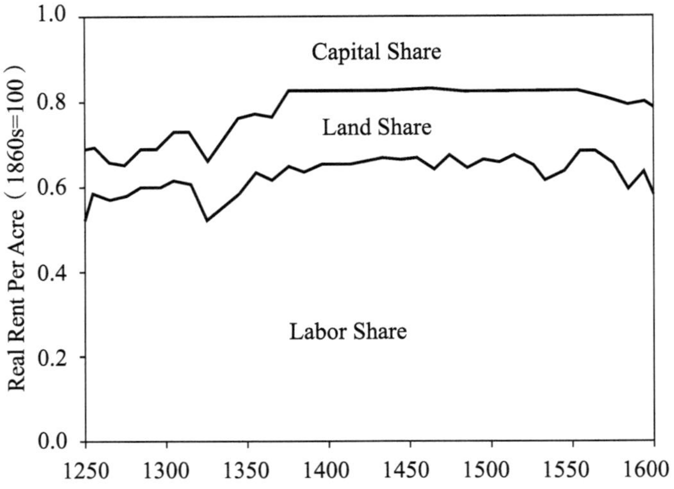

图 2.1　中世纪后期英格兰地区生产要素份额的演变

资料来源：Clark（2016）。

表 2.1　黑死病冲击、人口变化与利率演变

14 世纪			15 世纪			16 世纪		
欧洲人口	商业贷款利率	抵押贷款利率	欧洲人口	商业贷款利率	抵押贷款利率	欧洲人口	商业贷款利率	抵押贷款利率
94, 200	9. 6%～14. 9%	8%～10%	67, 950	6. 4%～8. 6%	7. 8%	84, 850	8. 3%～14. 1%	6. 3%～8. 8%

资料来源：人口和利率数据分别整理自 Malanima（2010）、霍默和西勒（2010）。其中，人口单位为千人，商业贷款利率和抵押贷款利率根据作者在书中列出的各邦（国）相应利率范围的上、下限分别做简单算术平均得出。抵押贷款利率特指土地或房产的抵押贷款利率。样本范围为欧洲。

对比上述两种视角，生命周期视角用中年—青年人口的比率衡量社会资金供需力量的相对强弱，由于这种人口结构比率所涉及的是两个规模较小的群体①，因此该比率的变化相对剧烈，这一比率更适用于分析短期债券、股票等金融资产的价格行为，更适用于对名义利率变化的考察。劳动供给视角则聚焦劳动年龄人口占比演变对实体资本回报的长期影响，相比中年或青年人口，劳动年龄人口所涉及的群体更为庞大，其变化也较为缓慢，这一视角更适用于对实际利率长期演变的考察。从历史的维度看，劳动供给视角还给本书提供了黑死病这一持续 200 多年的案例作为考察人口结构—利率效应的历史参照，这段历史给本书的启示在于，利率的演变在长期中更多地受到资本劳动比的牵引，而非政治局势、国家债务等总需求因素的影响。

第四节　文化及其对经济的影响

“文化”是哲学、人类学、社会学、心理学以及政治学等众多学科的研究对象。人类学和社会心理学认为，文化（Culture）是对“生活在一定地域内的人们的思想、信念及生活与行为方式的总称”，对人的心理以及行为模式有着重要影响。生活在不同地域的人们所具有的心理、行为特征根植于当地的文化传统中，深刻地标识着当地的文化烙印。文化对社会心理和群体行为具有“组织”“构造”的功能，其深刻性体现在对社会心理、群体行为的模式化，这种模式化是潜在的、深层的。文化对社会心理的影响是牢固并且稳定的。随着社会的发展，文化对社会心理的构造虽然会被解构和重构，但一个民族的“心理模式不仅不会被彻底‘毁掉’，而且还能在解构过程中创生和提升”（沙莲香，2015）。

学者们经常感叹文化就像空气，虽然抓不着，但又无处不在，说明为文化下定义并不容易，并且现有的 200 多种定义确有空泛之嫌（余秋雨，2019）。对于文化这一宏大的概念，学术界给出的定义异常多元。常见的定义为：文化是一种生活方式，包括衣食住行、宗教信仰、科学艺术以及政府形

① 实证分析中，通常以 40~49 岁/20~29 岁人口之比表征中年—青年人口比率。

态；文化是一个历史概念，代表了一个群体的传统；文化是一种规范，制约着群体的思想和行为；文化是一种社会规范，规定了一个群体在某种情形下应该做什么、不应该做什么；文化是一种心理概念，与群体的社会态度、个体的自我认知以及心理表征和意义系统紧密相连（侯玉波，2018）。文化是一种习惯化的精神价值和行为方式，最终体现为一个群体的集体人格，这种行为规范的群体默契深入每位成员的潜意识，成为一种本能①（余秋雨，2019）。

简而言之，文化通过对社会心理的模式化，以及对自我认知和社会态度的塑造，稳定且持久地影响一个社会的群体行为，这对宏观经济的研究具有重要启示。宏观经济究其本质，是某一地域内群体行为汇总的结果，因而在解释国别经济现象差异时，应该将文化纳入解释的范畴。然而，现有文献鲜有探讨文化与经济变量间的关系，在少数探讨二者关系的经验文献中，对文化的度量也相对粗糙。相关文献通常用虚拟变量，比如儒家文化哑变量、语言哑变量、宗教哑变量，甚至直接使用国家虚拟变量作为文化的代理变量（叶德珠等，2012；路继业、张冲，2017）。此类做法的缺陷在于无法区分具有相同语言、宗教信仰的国家在文化上的差异，比如，英国和美国均为信奉基督新教的英语国家，但其国民性格和价值观仍有不小的差异。此外，一些研究采用某一宗教占一国总人口比例或者某一民族占一国总人口比例，作为文化的代理变量（Abrams、Lewis，1995）。这类研究的缺陷在于将文化对经济的影响“黑箱化”，因为影响经济的并非宗教或民族本身，而是宗教或民族中的某些特质所导致的集体行为。

与使用虚拟变量，或者某种宗教、民族的比重作为文化的代理变量相比，基于大样本调查数据的文化指数，能够更好地度量国家文化在某一维度上的具体差异，这类指数以霍夫斯泰德文化指数、全球领导力与组织行为有效性（Global Leadership and Organizational Behavioral Effectiveness，GLOBE）指数、世界价值观调查（World Value Survey，WVS）等为代表②，此类指数的定量特征鲜明，对各国文化的差异有更高的区分度，从而成

① 余秋雨还认为，中国文化的最后成果，不是书、不是人，而是中国人的集体人格。

② 事实上，GLOBE 和 WVS 均为遵循霍夫斯泰德文化研究范式的产物。

为界定一国文化维度的主流指标。在介绍与本书研究相关的具体文化维度之前，笔者先根据霍夫斯泰德等（2010，2019）的著述，简要介绍文化以及文化的四种表现形式（或层次），以便让读者对文化的稳定性和外生性有所认识。

一、文化的稳定性和外生性

文化在客观上具有一种“极其强烈的”“割不断的”历史传承，通过前辈传递给后辈进行“自我复制”，代代相传，其变迁过程是极缓慢的（孙秋云，2018；霍夫斯泰德等，2019；张积家，2019）。对经济学研究而言，不论是理论研究还是经验研究，都应该把文化视作静态的、不变的。由文化所塑造的群体偏好或先验信念都应被视作给定的（Guiso 等，2006）。

霍夫斯泰德等（2010）以计算机编程的方法作类比，将人类个体（群体）的思维模式、感情模式和行为模式统称为心理程序（mental programs），在一定程度上，这种心理程序预先“编码”了个体的行为。个体的心理编程过程始于家庭，并在邻里、学校、同伴群体、工作场所和所居住的社区中得以持续，这种由特定社会环境所塑造的心理程序被称为文化（culture）。文化是一种集体现象，它由生活在相同社会环境中的人们所共享，它包括了社会运行中的那些不成文的规则，在很多情况下，文化是区分不同社会群体的有效标志。从表现形式上看，文化由浅到深可划分为符号、英雄、仪式，以及价值观。

霍夫斯泰德等（2010）猜测，一国（或地区）人们共同的心理程序由这个国家（或地区）早期的发展经历所决定①，拉丁语系②国家古时为罗马共和国（后为罗马帝国）的主要行省，其人民的国民性格可能形成于古罗马时期，日耳曼语系国家人民的国民性格则与其漫长的部落社会息息相关，而中国人民的国民性格可能形成于秦汉大一统时期，有趣的是，这三种国民性格

---

① 第三章将对此进行专门的探讨。

② 按照语言学的划分，拉丁语系和日耳曼语系的正式名称分别为印欧语系—拉丁（罗曼）语族、印欧语系—日耳曼语族。由于本书并非严格的语言学研究，因此按照民间通俗的说法，将语系和语族混用。

的形成时间同为距今两千年的公元1世纪左右。

不同国家或文明之间，文化的差异主要由四个方面体现（如图2.2所示）。

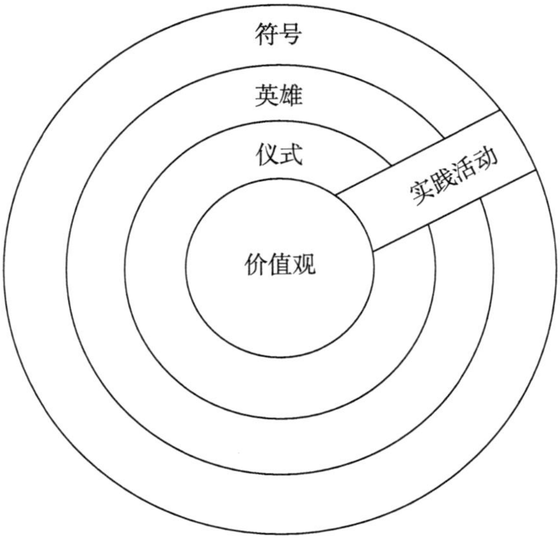

图2.2 文化的“洋葱图”——不同深度的文化层次

资料来源：霍夫斯泰德（2010）。

首先是符号（symbols），它指的是承载着某种特定含义并且仅能被某一群体所理解的词汇、手势、服饰乃至发型等元素。符号是文化最表层的特征，在同一社会中，旧的符号很容易被新的符号所替代；某一文化群体的独有符号也经常会被其他文化群体复制。由于符号具有在时空中的相对易变性，故其被放在洋葱图的最外层。

其次是英雄（heroes），他们是被某一群体高度赞颂的人物的统称，他们都具有卓越的品格，被视作行为的楷模。英雄可以是虚构的，也可以是真实的。

再深层一点的文化表现是仪式（rituals），它的例子包括向他人问候或表示尊重的方式，社会或宗教的庆典、政治会议，以及书面文字和口头表达。虽然从技术层面看，这些行为模式对特定事件的解决效果可能存疑，然而它们对于团结族群、增强群体认同具有不可忽视的重要性。

以上三种文化表现都可被归纳为实践活动（practices），因为它们都是外在的、可以被观测到的，同时也是易变的、不稳定的。文化的核心（深层次表现）则由价值观构成。

最后是价值观。价值观是一种带有指向性的情感，用于判断事物积极（或消极）的一面，比如善良与邪恶、洁净与肮脏、体面与不雅、美好与丑陋。价值观无法被讨论，也无法被局外人直接观测到，只能通过人们在不同场合中的行为方式来进行推断，它经由家庭、社区和学校的教育，在社会中“自我复制”、代代相传，从潜意识层面塑造了一个群体持久性的行为方式。朝代的更迭、文明的交流互鉴，或者科技产品的推陈出新，可能会改变一个国家的符号、英雄甚至仪式，但这未必能撼动这个国家的价值观。

对一个国家来说，价值观就像它的地理位置或气候类型一样稳固（霍夫斯泰德，2010）。从经济学的意义上看，这意味着价值观是一个稳定的外生变量。本书通篇所提的“文化”，即是指以价值观为代表的深层次文化。

二、文化对经济的影响

上一小节的文献梳理表明，文化是一种代代相传的群体信念，它通过塑造群体偏好，或称先验信念，影响群体行为。由于宏观经济现象是群体行为的加总，据此可推测，文化对经济具有深刻影响。现有经验文献中，考察文化与经济的关系，主要包含以下主题。

一是文化与经济增长。Abrams 和 Lewis（1995）、Williamson 和 Mathers（2011）、Sunde 等（2020）认为，具有“信任”“尊重”“自我实现”和基督新教文化传统的国家，拥有较高的增长率。其机制可能在于这类文化鼓励了资本形成和技术创新。此外，以上文化容易孕育出良好的市场环境和产权体系，通过塑造制度环境间接促进经济增长。

二是文化与储蓄。储蓄作为一种跨期决策，与居民的时间偏好和风险偏好密切相关（叶德珠等，2015；Ye 等，2021），这两类偏好在霍夫斯泰德文化指标中，分别对应“长期导向”和“不确定性规避”。长期导向程度较高的社会，民众看重未来，更具耐心，拥有更低程度的时间偏好，并且高长期导向国家的家庭注重对子女的培养和教育，家庭会为子女的成长、教育乃至婚姻储蓄，这些因素都使得高长期导向国家拥有更高的储蓄率（叶德珠等，2015；Shoham、Malul，2013；Ye等，2021）。不确定性规避程度较高的社会，民众在面对未来的不确定性，或者未知状况时易感到焦虑甚至恐惧，具有较强的未雨绸缪意识，因此会更多地储蓄以应对未来收入的不确定性。

除了长期导向和不确定性规避以外，刻画其他文化维度的霍夫斯泰德指数也可能在不同程度上影响居民的时间偏好，从而影响其储蓄决策。其中，权力距离指数越高的社会，民众对欲望的节制程度也较高，该指数与储蓄率可能呈正相关。放纵指数越高的社会，民众一方面对欲望的节制程度较低，越偏好随性地消费；另一方面对经济以及个人收入的预期更为乐观，更有底气在当期多消费，该指数与储蓄率可能呈负相关（叶德珠等，2015）。此外，Guiso等（2006）和Sunde等（2020）分别采用全球价值观调查（WVS）和全球偏好调查（Global Preference Survey，GPS）数据，证明了（耐心）文化和储蓄的强相关性。

三是文化与劳动供给，尤其是女性劳动供给。文化传统使不同社会对女性的家庭—社会角色认知迥异，从而对女性是否应进入劳动力市场的态度也不一致。一般而言，男权文化占主导地位的国家，妇女在决定是否寻找工作时会受到家庭男性成员和社会评价的制约，这种男女地位差异的形成根植于各国特殊的历史背景，在短期内几乎不受经济增长或波动的影响。现有文献认为，影响一国女性劳动参与率的文化根源，主要为传统农业形态和语言特征。

首先，传统农业形态的差异，导致各国对女性参与劳动的态度不同。自从“农业革命”以后，人类由采集者转变为生产者，其日常生活开始被诸如耕作、砍伐、灌溉等女性难以胜任的重体力活动占据，女性逐渐成为依附于男性劳动生存的“配角”，人类社会逐渐演变为重男轻女的父权社会（赫拉利，2014），Alesina等（2013）发现，一国对女性家庭—社会角色的认知，取决于该国在历史上的农业形态。耕作式农业社会由于对体力的要求程度较高，相比迁移式农业社会更加排斥女性的劳动参与，因此这类社会“男主外”“女主内”的文化色彩较为鲜明，对女性进入劳动力市场的容忍度较低，女性劳动参与率也较低。

其次，语言是文化的重要载体，会潜移默化地影响女性的自我角色认知。部分人类语言的一大特征在于其带有性别意识，这种意识的相对强弱是决定性别社会身份构建的重要因素。不同语言间性别意识的差异体现在对女性特征的强调程度，在大部分日耳曼语系语言中，阳性和阴性是通性的，表征男女性别的人称代词完全相同，所谓的“性”差异仅存在于人类和非人类之中；但是在拉丁语系语言中，阳性阴性不但区隔明显，很多表征职业的词汇甚至只以阳性形式出现，这意味着这类工作在传统意义上被视为只能由男性胜任，男女之间的等级秩序，以及一国社会对女性劳动参与的接纳程度可能就潜藏于由语言所塑造的集体无意识中。Gay 等（2013，2018）从语言的角度考察女性的劳动参与，他们从语言学权威著作中提取了四个反映特定语言性别意识的二值变量，以此构造了衡量语言性别意识强度的指数（Gender Intensity Index，GII），采用国家层面数据或微观个体数据，发现女性劳动参与率与 GII 呈负相关，一国语言的性别意识越强，该国女性就越容易被排除在市场化的工作岗位以外，劳动参与率也就越低。

此外，一些经验研究认为女性劳动参与率（简称 FLFPR）这一指标本身就包含了传统文化对女性劳动供给决策的影响，因此这类文章直接使用 FLFPR 作为女性劳动文化的代理变量（Fernandez、Fogli，2009）。这些学者首先观察到在美国，来自不同国家的女性移民们面对的经济和制度环境都是相似的，然而这些女性的劳动参与程度却存在显著差异，作者进而采用针对第二代女性移民的调查数据，考察这些女性移民母国的 FLFPR 对她们劳动参与决策的影响。在控制了个体的微观特征以后，文章发现母国的 FLFPR 对第二代女性移民的工作时间，以及是否参加全日制工作的决策都有显著的正向影响。此外，这些女性丈夫母国的 FLFPR 对她们的劳动供给也具有显著的正向影响。这些经验证据均印证了文化因素对女性劳动参与的决定作用。

前文简要梳理了文化对宏观经济的影响。鉴于文化是一个十分宏大和宽泛的概念，在经验研究中，如何表征或刻画文化，也是一个值得探讨的问题。综观各类文献，对文化的处理主要有两种方式。一是采用主观文化指标，比如霍夫斯泰德指数和世界价值观调查中的某些指标，作为特定文化的代理变量，这种方法对应上一小节所引证的大部分文献。二是采用客观文化指标，比如语言特征、宗教、种族或传统农业形态等，作为特定文化的代理变量（Abrams、Lewis，1995；Williamson、Mathers，2011；Alesina 等，2013；Gay 等，2013，2018）。以上两种方法，在经验文献中的逻辑链条，可简单总结为：文化（主观指标或客观指标）→宏观经济。第三种方式认为主观文化指标虽然反映了群体偏好或先验信念，但也可能由经济增长、制度环境等因素内生决定，鉴于此，作者采用宗教、种族等客观文化指标作为主观文化指标的工具变量（Guiso 等，2006），以此分离出主观文化指标中的内生部分，通过两阶段最小二乘估计考察文化对宏观经济的影响，其逻辑链条可总结为：文化（客观文化指标）→先验信念（主观文化指标）→宏观经济。但是，大多数文献并未采取第三种看似更加严谨的方式，这是因为现有的主观文化指标，其构建方式在很大程度上保证了它们的外生性。比如本研究采用的霍夫斯泰德文化指数，调查样本取自 IBM 公司的 50 多国分公司的员工问卷调查，除了国籍以外，受访者在学历、专业背景和所面临的工作环境等方面都非常类似。这使得国别文化的差异能够清晰地体现在各国受访者对同一问题的不同回答之中（霍夫斯泰德等，2019）。

最后需要说明的是，对经济研究者而言，还需厘清文化和制度的关系。文化人类学认为，文化具有规范整合的功能，这一功能促使社会成员的行为依循特定的轨道和模式，以构建社会秩序、维系社会稳定，其外在表现就是社会制度（孙秋云，2018）。霍夫斯泰德等（2010）认为，一国制度需适应本国文化才能有效运转——20 世纪 90 年代以来，东欧一些前社会主义国家全盘引入了资本主义政治、经济制度。但是新引进的制度却和本国文化不相适应，导致经济严重衰退。这些国家不得不做出调整，使制度改革顺应本国文化。简言之，从长期看，制度内生于文化，它是文化的结果，而非原因。

第五节　本章小结

总结利率决定的相关文献，特别是经验文献（2.2~2.3 节）可以发现：

第一，现有考察实际利率决定的经验文献，侧重解释各国实际利率自20 世纪末以来普遍下降的原因。换言之，现有文献侧重考察一国实际利率随时间变化的差异，而非各国实际利率在某一时点或者某段时期内的水平差异。实际上，传统利率决定理论，比如古典利率理论和马克思利率理论，更偏向对后者的解释。

第二，在对人口结构—利率效应的经验研究中，笔者发现相关研究主要有以下几种思路。一是基于结构模型的模拟预测，这类研究大多基于生命周期假说和 OLG 模型，通过对未来人口结构的变动做出情景假设，去模拟利率的长期走向。二是根据自己的研究需要拓展或修正 OLG 模型，通过比较静态分析研究人口结构变化对利率的影响，然后建立相应的计量模型去验证这一推断①。三是纯粹的实证研究，基于时间序列或面板数据，构建利率对人口结构变量的回归模型。四是依据泰勒规则构建决定短期利率的货币政策反应函数，在反应函数中加入人口结构变量以刻画短期利率的持久成分，以此分离出利率的长期均衡及短期波动。虽然人口结构等动态变量能够解释一国利率随时间的演化，但是它很难回答为什么两个经济规模、经济制度以及发展水平，甚至人口年龄结构和货币政策都相似的国家，其利率水平在长期中的均值会呈现明显差异。

简言之，现有文献更多关注各种经济因素对利率演变的影响，缺少对利率国别差异原因的分析。要回答此类问题，需从静态的视角出发，挖掘影响一国利率基本面的深层次的、不变的因素，这就需要借助人类学、社会学等其他社会学科的研究成果。另外，现有关于人口结构—利率效应的经验研究，均将此效应作为一种普遍规律，忽视了对该效应约束条件的考察。由2.4 节所梳理的文献可以看出，文化对储蓄和劳动供给都具有不可忽视的影

① 本书的研究也大致遵循此类逻辑。

响，而储蓄和劳动供给分别影响着资本要素的供给和需求，是均衡利率决定的核心因素。因此，现有利率决定的文献在实证设定中，忽略了文化这一关键因素。

第三章　文化与长期实际利率：原理和特征事实

本章首先通过展示一个包含外生劳动参与的索洛模型，揭示了长期决定均衡实际利率国别差异的因素主要有二，分别为居民的平均储蓄和劳动参与率。其次简要回顾了影响储蓄和劳动参与率的因素，说明耐心文化和女性劳动文化，分别是一国储蓄率和劳动参与率的主要决定因素。再次通过原理剖析、箱型图和方差分析，初步论证了耐心文化对储蓄率和实际利率的影响，以及女性劳动文化对劳动参与率和实际利率的影响。最后则是对耐心文化和女性劳动文化的相关性介绍，以及对二者历史渊源的梳理。

第一节　索洛模型视角下均衡实际利率的决定

本节从供给端角度，采用一个包含劳动参与率的简单索洛模型，为均衡实际利率的决定提供直觉说明。本节将证明，长期实际利率主要由储蓄和劳动参与率决定。

定义一个封闭经济体的生产函数为 $Y_t = K_t^{\alpha}(A_t N_t l)^{1-\alpha}$，其中，$Y$、$K$、$A$、$N$ 分别为总产出、资本存量、劳动生产率以及劳动年龄人口，后两者为外生变量，且分别以 g 和 n 的速率增长。l 为单位劳动年龄人口的平均劳动供给，暂时假定它是外生且不随时间变动的[①]。有效劳动供给为 $L_t = A_t N_t l$，即有效劳动供给等于有效劳动力总量 $A_t N_t$，与每个劳动年龄人口参与劳动的概率 l 的乘积。在加总层面上，l 也可以视作劳动年龄人口中参加劳动的比率，即劳动参

① 具体原因会在第四章进一步讨论。

与率。有效资本劳动比（或有效劳均资本）为 $k_t = K_t / A_t N_t l$。在竞争性市场中，生产要素的实际价格等于其边际产出，换言之，实际利率等于资本的边际产出（MPK），在有效资本劳动比的意义上，可以写作 $r_t = MPK = \alpha k^{\alpha-1}$。

不考虑折旧，资本的积累方程为：

$$K_{t+1} = K_t + S_t$$

即下一期的资本来自当期的资本存量和储蓄，而储蓄则源自每单位有效劳动力的平均储蓄（s）之和，即 $S_t = sA_t N_t$①，代入上式，等式两端同除以当期的有效劳动供给 $A_t N_t l$，可以得到有效劳均资本的运动方程：

$$k_{t+1} = \frac{k_t}{(1+n)(1+g)} + \frac{s}{l(1+n)(1+g)} \tag{3-1}$$

当 k 收敛到稳态值 k^* 时，上式可以约写②为：

$$k^* = \frac{s}{l(n+g)} \tag{3-2}$$

均衡实际利率因此为：

$$r^* = \alpha(k^*)^{\alpha-1} = \alpha\left[\frac{l(g+n)}{s}\right]^{1-\alpha} \tag{3-3}$$

可见均衡实际利率为资本占国民收入份额 α、劳动年龄人口增长率 n、劳动生产率增长率 g，以及劳动参与率 l 的增函数，单位有效劳动力的平均储蓄 s 的减函数。式（3-3）在本质上仍然是实际利率由资本供求决定的公式，s 代表资本供给端，即储蓄的力量，其他变量则代表资本需求端，即投资的力量。根据经济常识，g 和 n 较小，因此，决定一国均衡实际利率大小的变量主要为 α、s 和 l。其中，s 和 l 是本书感兴趣的变量。本书余下的部分都将围绕决定居民储蓄和劳动参与的文化因素，以及文化因素经由储蓄渠道和劳动供给渠道对实际利率的可能影响展开讨论。在展开这些讨论之前，有必要简单回顾一遍经济学中关于消费—储蓄以及劳动供给的相关理论和文献。

---

① 此处的 s 是 l 的函数，严格来说应写为 $S_t = s(l) A_t N_t$。

② 由于 n 和 g 通常都很小，$(1+n)(1+g)$ 约等于 $1+n+g$。

第二节　总储蓄和劳动参与率的决定因素

现有文献对消费—储蓄（率）国别差异的解释，主要聚焦三方面的因素，即经济因素、人口因素以及制度因素（叶德珠等，2015）。

经济因素。主要指收入对储蓄的影响。根据凯恩斯的绝对收入假说，新增的收入会以一定比例转化为消费，该比例随着收入的增加而不断减小，即边际消费倾向递减规律。这一心理“定律”，似乎将使储蓄率随收入增长而递增成为不可避免的现象。然而库兹涅茨在 20 世纪 40 年代对美国历史数据的研究却发现，储蓄率并没有像绝对收入假说预测的那样随收入增长而递增，而是表现出持久的稳定性（朱信凯、骆晨，2011）。莫迪利安尼以及弗里德曼分别建立的消费理论可以合称为生命周期—持久收入假说（Life Cycle-Permanent Income Hypothesis，LC-PIH）。LC-PIH 基于理性人偏好终身效用最大化的微观基础，认为居民的消费由其长期的、可预期的持久收入决定，其推论为只有当暂时的、预期外的收入高于持久收入时，储蓄才会较高（罗默，2014）。将 LC-PIH 推广到不确定条件下，就形成了消费的随机游走假说，即消费的变化是不可预测的，因为消费只与可预期的持久收入相关。LC-PIH 的经验证据众多，既有与之相悖的（Campbell、Mankiw，1989），也有与之符合的（Hsieh，2003）。

人口因素。生命周期假说认为，居民的生命周期可划分为青年、中年和老年，个体在青年时期人力资本积累较少，收入较低，是低储蓄甚至负储蓄者。进入中年以后，个体收入随人力资本的积累而增多，是净储蓄者。在老年时期，个体退出劳动力市场，再次变为低储蓄或负储蓄者。该理论的宏观推论为，人口年龄结构会影响一国的储蓄率，中年人口占比越大的国家，储蓄率越高。此外，经验研究发现，城乡人口结构也会影响居民储蓄。一般而言，农村居民的消费偏保守，城市居民的消费偏激进，这意味着一国的储蓄率会随城市化进程而提高（Edwards，1996；陈斌开等，2010）。

制度因素。预防性储蓄理论认为，个人储蓄的主要动机之一，在于因应未来收入的突然减少。理性的居民会在收入高的时候储蓄，以便在收入低的时期维系原有消费水平。在不确定性状况下，人们预期未来消费的边际效用要大于确定性状况下消费的边际效用。未来风险越大，预期未来消费的边际效用就越大，居民的预防性储蓄动机就越强烈，从而把更多的收入或财富转移到未来去消费（Deaton，1991）。其推论为，储蓄率与社会保障体系，以及金融市场发达程度负相关，因为后两者都能减轻居民的流动性约束，从而减轻他们的预防性储蓄动机。陈斌开等（2010）发现，在中国，城市的非户籍人口由于缺少社会保障和公共服务，其边际消费倾向较当地户籍人口低了14.6个百分点。Gross 和 Souleles（2002）发现，信用额度每增加1美元，将使家庭在一年后的借款增加11美分。

接下来简要介绍解释各国劳动供给差异的文献。根据本书的研究目的，本节主要关注群体劳动供给，而非个体劳动供给。换言之，本节主要关注劳动参与率的决定因素，而非劳动时间的决定因素。劳动供给是关于收入（工资）和闲暇的取舍权衡，一般来说，劳动供给正向决定于收入，负向决定于财富，亦称“非劳动收入”（陆铭、梁文泉，2017）。此外，在总量意义上，劳动供给还取决于人口年龄结构。结合收入、财富和人口结构，以下同样从经济、人口和制度三方面去梳理相关文献。

经济因素。主要指劳动供给对工资变化的敏感程度，即劳动供给弹性。相关研究可以追溯到 Douglas（1934），作者应用1920年美国制造业普查数据估计劳动供给弹性在0.1~0.2。Booth（2011）估算了澳大利亚不完全竞争市场的劳动供给弹性，其值约为0.71，对英国的估算结果为0.75，与澳大利亚非常接近。在劳动供给弹性的相关研究中，性别间的劳动供给弹性差异一直是关注的焦点。Evers 等（2008）对劳动供给弹性进行了分性别的估计，结果发现荷兰女性的劳动供给弹性为0.5，明显高于男性的0.1。Creedy 和 Mok（2019）根据性别和子女状况，估计了新西兰居民的劳动供给弹性。结果发现，单身女性的劳动供给弹性为0.6，单身男性仅为0.1；已婚且有孩的女性和已婚且有孩的男性分别为0.5和0.2；已婚且无小孩的女性和已婚且无小孩的男性分别为0.3和0.2。Jantti 等（2015）发现在美国，女性的劳动供给弹性为 0.2，略大于男性的劳动供给弹性。

人口因素。人口因素对劳动供给的影响非常直接明了，当一国的人口大部分位于富有生产力的年龄段，比如劳动年龄人口占总人口比重较高，意味着一国的劳动供给充裕，即该国出现了人口红利（蔡昉，2010）；反之，人口结构老龄化则意味着劳动供给的萎缩。

制度因素。制度因素主要指社会福利，尤其是失业保险和养老保险等社会保障制度对劳动供给的抑制或激励作用。从本质上说，失业保险或养老保险是一种非劳动收入，它会使一部分闲暇偏好较高的群体退出劳动力市场，产生自愿失业（陆铭、梁文泉，2017）。Nishiyama（2010）采用代际交叠模型，分析了美国养老保险对夫妇共同劳动供给决策的影响，结果表明，取消配偶或遗属养老金会显著增加女性的工作时间，增幅为 4.3%～4.9%。Gruber 和 Wise（1998）认为，养老金计划通过人们选择提前退休年龄来影响劳动参与。他们的跨国实证研究表明，提高领取养老金的年龄会显著提高中老年劳动年龄人口（55～64 岁）的劳动参与率，较高的养老金替代率会导致较低的中老年劳动年龄人口劳动参与率。另外，有研究发现社会保障对劳动供给的激励也可能是正向的。比如，失业保险会缓解失业者的流动性约束，减轻失业者的工作搜寻成本，激发他们的工作搜寻动力，从而帮助失业者重新匹配到合适的工作，增加劳动供给（Centeno，2004）。Acemoglu 和 Shimer（2000）对欧洲劳动力市场的经验研究也指出，失业保险会鼓励失业者寻找生产力更高的工作，从而提高劳动参与率。

总结以上与储蓄和劳动供给相关的文献，从国别储蓄差异和劳动供给的差异来看，经济（收入）因素和人口因素能够解释日本、韩国、新加坡等国储蓄率为什么常年高企，但无法解释中国的高储蓄率以及一些欧美发达国家的低储蓄率；制度因素（预防性储蓄理论）能够解释中国的低储蓄率，却无法解释社会保障体系和金融市场都较发达的其他东亚文化圈国家，比如日本、韩国和新加坡等国仍然面临的低消费—高储蓄困境（叶德珠等，2015）。类似的，经济因素很难解释高收入国家之间，劳动参与率的巨大差异，比如英国和意大利在 2020 年的人均可支配收入分别为 3.55 万美元和 3.23 万美元，非常接近，但是前者 15~64 岁人口的劳动参与率为 78.9%，后者仅为 64.1%①；人口因素无法解释像印度这样看似具有人口红利的国家，劳动供给长期与经济增长速度不匹配。因此要想全面地理解一国居民的储蓄行为和劳动参与行为，还需补充其他层面的因素。

在一般均衡的经济框架中，居民的储蓄行为和劳动供给行为都受偏好（时间偏好和闲暇偏好）的影响，而个体或群体的偏好在很大程度上内生于所处社会的文化传统。20 世纪 90 年代以来，从文化层面探讨国别的储蓄差异，以及劳动供给差异的文献开始涌现。

文化与储蓄方面，目前的文献大多为针对个别国家的研究，尤其是以考察移民的储蓄行为为主（Caroll 等，1994；Al-Awad、Elhiraika，2003）。叶德珠等（2012）检验了跨国文化和消费的关系。它们的不足之处在于只使用虚拟变量，比如国家变量、文化圈变量等二值变量，前者无法把文化和其他非时变的因素分离，后者则无法区分诸如英国、美国这类同属一个文化圈的国家之间的差异。Shoham 和 Malul（2013）采用霍夫斯泰德指数中的长期导向维度和个人主义维度，考察文化对跨国储蓄率的影响，发现长期导向对储蓄率具有显著的正向影响。叶德珠等（2015）采用 5 类霍夫斯泰德文化指数，验证了文化对储蓄的影响，且各文化维度对解释国别储蓄差异回归的 R^2 贡献度最高可以达到 35.1%。Sunde 等（2020）基于全球偏好调查（GPS）的经验研究发现：耐心（时间偏好）对一国的资本形成和储蓄率均具有显著影响，耐心程度每增加 1 个标准差，人均资本会增加 1.17%，总储蓄率会上升约 8.91 个百分点，净储蓄率会上升 7.16 个百分点。此外，由于耐心促进了资本（物质的和人力的）形成，其对人均收入乃至经济增长也具有显著的正向影响。

文化与劳动供给方面。Alesina 等（2005）和 Mocan（2019）都质疑过经济学对闲暇偏好同质化的假设，他们认为由于文化的差异，欧洲人对闲暇的偏好明显高于美国人。一些学者采用第三方甚至自创的文化指数，研究了文化对居民（劳动年龄人口）劳动供给的影响（Fernandez、Fogli，2009；Alesina

① 数据来源：OECD（2021）。

等，2013；Gay 等，2013，2018；Hall、Zoega，2014；Mocan，2019），其中，女性的劳动供给是这类文献重点研究的对象，这是因为作为社会主要劳动力，男性的劳动供给在各个国家都几乎无弹性（Evers 等，2008；Creedy、Mok，2019）。因此，考察女性的劳动供给对研究劳动供给的国别差异具有重要意义。研究发现文化对于一国居民的工作时间以及劳动参与率，尤其是女性的劳动参与率，均有显著影响，其根源来自由各国文化所塑造的对女性家庭—社会角色的认知，以及女性在这方面的自我认知。

第三节　文化对长期实际利率的影响

一、文化对长期实际利率的影响——原理说明

3.2 节的文献梳理说明，文化对一国的储蓄（率）以及劳动参与率都可能产生深刻的影响。对此一个很自然的思考是：既然实际利率取决于资本劳动比，即储蓄（或资本积累）力量和劳动供给力量的相对强弱，那么从长期看，文化自然也会对一国的实际利率产生深刻的影响。从储蓄的角度看，一国文化能够通过塑造该国居民的时间偏好，影响该国的总储蓄，从而决定了资本劳动比的分子，本书将这类文化泛称为耐心文化。从劳动供给的角度看，一国文化能够通过塑造该国社会（包括女性自身）对待女性家庭—社会角色的认知，影响该国社会对女性参与劳动的态度以及阻力，在男性劳动供给缺乏弹性的前提下，这会显著影响该国的劳动总供给，从而决定了资本劳动比的分母，本书将这类文化泛称为女性劳动文化。图 1.2 描绘了耐心文化和女性劳动文化对均衡实际利率的共同决定。为了说明这两类文化各自对实际利率的影响，笔者分别绘制了耐心文化、女性劳动文化与均衡实际利率关系的简单图示。

图 3.1 是耐心文化对实际利率影响的简单图示。实际利率是资本的价格，由资本的供求决定。根据微观经济学原理，市场对要素的供给是个体最优化行为的加总。在资本要素市场上，市场对资本的供给，即储蓄，取决于

居民根据终身效用最大化所进行的跨期消费—储蓄选择。耐心文化通过塑造居民的时间偏好，影响居民对长期—短期消费的权衡，从而影响居民的储蓄意愿。具有耐心文化色彩的国家，居民对长远的回报看得较重，愿意为长远回报付出较多的等待，从而推迟消费，在给定的利率水平上拥有较高的储蓄意愿。因此，这类国家拥有较高的储蓄率（S'），从而较低的均衡实际利率水平（r'）。具有不耐文化色彩①的国家，居民对短期的享受看得较重，愿意为及时行乐牺牲未来的消费，在给定的利率水平上拥有较低的储蓄意愿。因此，这类国家拥有较低的储蓄率（S''），从而较高的均衡实际利率水平（r''）。

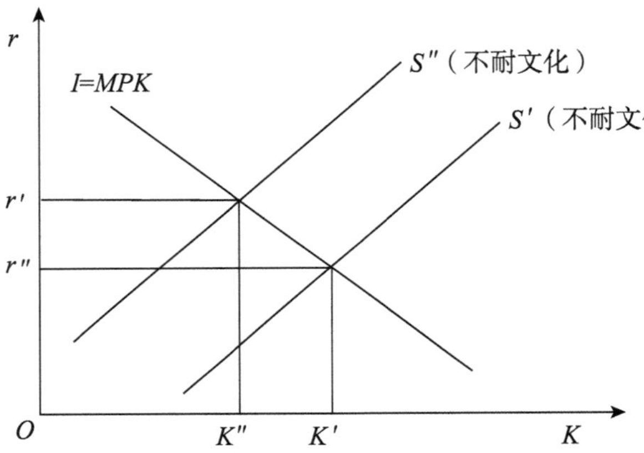

图 3.1　耐心文化对实际利率的可能影响

注：此图展示了资本需求（投资）相同的两组国家，由耐心文化的不同所引起的实际利率差异。储蓄曲线 S'对应具有耐心文化的国家；储蓄曲线 S''对应具有不耐文化的国家。

图 3.2 是女性劳动文化对实际利率影响的简单图示。根据要素需求理论，厂商对生产要素的需求取决于要素的边际产出，即增加 1 单位要素投入所增加的产出带来的实际收益。实际利率是资本要素的价格，厂商对资本的需求，即投资需求（I）等于资本的边际产出（MPK）。给定资本存量，劳动投入较多的国家拥有较高的 MPK，劳动投入较少的国家拥有较低的 MPK②。女性劳动文化通过塑造社会对女性参与劳动的态度和约束，影响女性的劳动

① 不耐文化也可以理解为低耐心文化。

② 假定劳动要素和资本要素存在一定的互补性。

参与率，进而影响总体劳动参与率。女性劳动文化较为消极的国家，社会对女性参与劳动持排斥态度，女性对自身的角色定位也更偏向家庭，劳动总供给因此较低，导致这类国家的资本边际产出（MPK'）较低，这会减少厂商对资本要素的需求，产生一个较低的均衡实际利率水平（r'）。反之，女性劳动文化较为积极的国家，社会对女性参与劳动持开放、鼓励的态度，女性对自身的角色定位也更偏向社会，劳动总供给因此较高，导致这类国家的资本边际产出（MPK''）较高，这会增加厂商对资本要素的需求，产生一个较高的均衡实际利率水平（r''）。

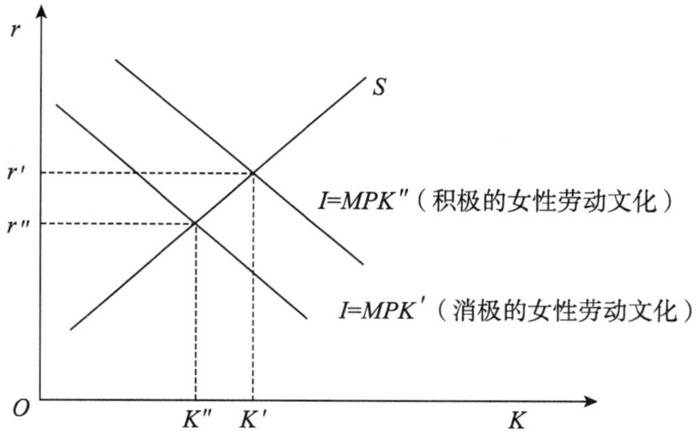

图 3.2 女性劳动文化对实际利率的可能影响

注：此图展示了资本供给（储蓄）相同的两组国家，由女性劳动文化的不同所引起的实际利率差异。投资需求曲线 I'对应具有消极女性劳动文化的国家；投资需求曲线 I''对应具有积极女性劳动文化的国家。

二、文化对长期实际利率的影响——箱型图分析

以下内容笔者将尝试对文化—利率效应进行简单的经验分析。本小节将通过直观的箱型图，判断文化对长期实际利率的潜在影响方向。下一小节将采用单因素方差分析（Analysis of Variance，ANOVA），简要讨论文化对储蓄率、劳动参与率以及长期实际利率的统计效应。

样本构成方面，笔者采用 23 个发达国家和 22 个新兴市场国家，共计

45个国家2000—2019年的年度平均值数据或者年度中位数数据①。其中，长期实际利率为各国10年期国债收益率减去当年的消费物价指数（CPI）增长率，或者GDP平减指数增长率。储蓄率指标分别为总储蓄占GDP比重，即总国民收入减去总消费，加上净转移支付；以及国内总储蓄占GDP比重，即GDP减去总消费。劳动参与率指标分别指适龄人口劳动参与率，即15~64岁的人口中参与市场劳动的比重，以及适龄女性劳动参与率，即15~64岁的女性人口中参与市场劳动的比重。

文化分组方面②，笔者采用霍夫斯泰德指数中的长期导向（Long Term Orientation，LTO），按照样本中位数，将45个样本国家划分为不耐文化和耐心文化两个组别，前者具有较低程度的长期导向，后者具有较高程度的长期导向；采用世界价值观调查（WVS）中，各国民众对“当工作稀缺时，男人应该比女人更有权利获得工作”③ 这一看法的平均得分（满分为4，越高代表越赞同），按照样本中位数，将37个样本国家④划分为积极的女性劳动文化，以及消极的女性劳动文化两个组别，前者得分较低，后者得分较高。以上两个表征耐心文化以及女性劳动文化的指标具有代表性，常见于探讨文化与储蓄率、文化与女性劳动供给的经验文献中（Alesina等，2013；Shoham、Malul，2013；叶德珠等，2015；Ye等，2019）。

以下4幅箱型图，展示了长期实际利率在耐心文化两个组别中的分布差异，以及在女性劳动文化两个组别中的分布差异。图3.3和图3.4，展示了经CPI调整后的10年期国债收益率在耐心文化以及女性劳动文化中的分布。可以看出，即便排除异常值（图中小散点），实际利率在同一文化维度中不同组别的差异也显得泾渭分明。以图3.4为例，不耐文化组别中，实际利率的平均值（标记“X”）和中位数（箱体内部的横线）分别为2.52%和2.25%，这甚至高于耐心文化组别中实际利率的最高值（箱体上方“触须”顶部的横线）。积极的女性劳动文化和消极的女性劳动文化之间，实际利率的

---

① 样本所包含的具体国家，以及选择它们的理由，请参阅第四章。

② 有关表征耐心文化以及女性劳动文化的各个具体变量，将在本章第4节介绍。

③ 后文将其简称为“性别劳动歧视”，记作 *malefirst*。

④ 8个样本国家的该项得分有缺失。

差异相对来说要略小一些，但仍然一目了然。比如说，积极的女性劳动文化组别中，实际利率的平均值和最小值（箱体下方“触须”底部的横线）分别为2.30%和1.20%，消极的女性劳动文化组别中，实际利率的平均值和最小值分别仅为1.70%和-0.16%。

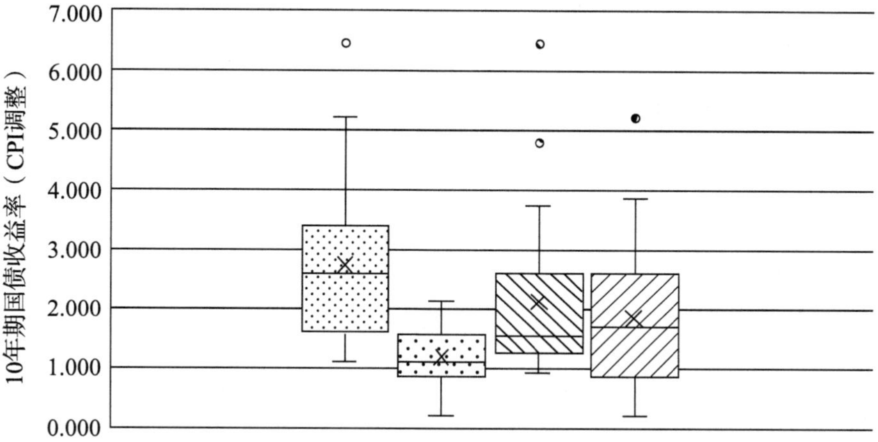

不耐文化　耐心文化　积极的女性劳动文化　消极的女性劳动文化

图3.3　文化与实际利率关系箱型图

注：样本平均数数据，实际利率为经CPI调整的10年期国债收益率。每个箱体的“触角”、箱体边缘、“*X*”和箱体内部的横线分别为上下边缘、上下四分位数、平均数和中位数。散点为异常值。下同。

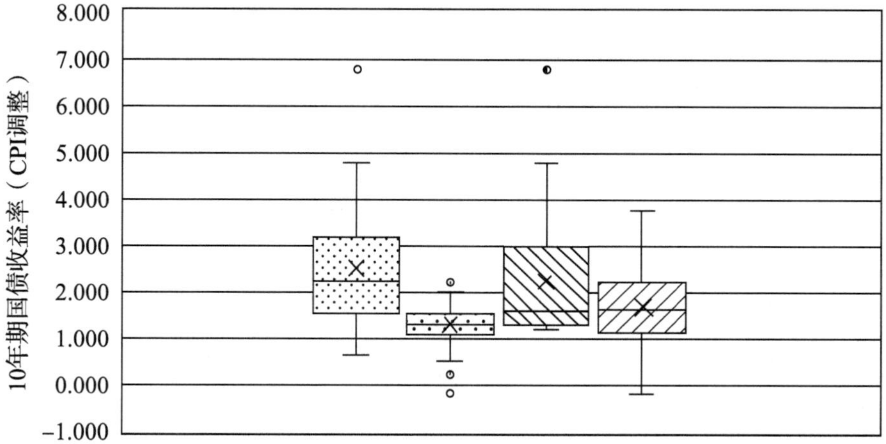

不耐文化　耐心文化　积极的女性劳动文化　消极的女性劳动文化

图3.4　文化与实际利率关系箱型图

图 3.5 和图 3.6 展示了经 GDP 平减指数调整后的 10 年期国债收益率在耐心文化（不耐文化），以及女性劳动文化中的分布。可以看出，与图 3.3 和图 3.4 类似，即便不考虑异常值，实际利率在同一文化维度中不同组别的差异也仍然明显。以图 3.6 为例，不耐文化组中，实际利率的上四分位数（箱体上边缘）为 1.65%，这甚至高于耐心文化组别中实际利率的最高值（1.33%）。积极的女性劳动文化组别中，实际利率的下四分位数（箱体下边缘）为 0.03%，这甚至高于消极的女性劳动文化组别中实际利率的中位数（-0.14%）。

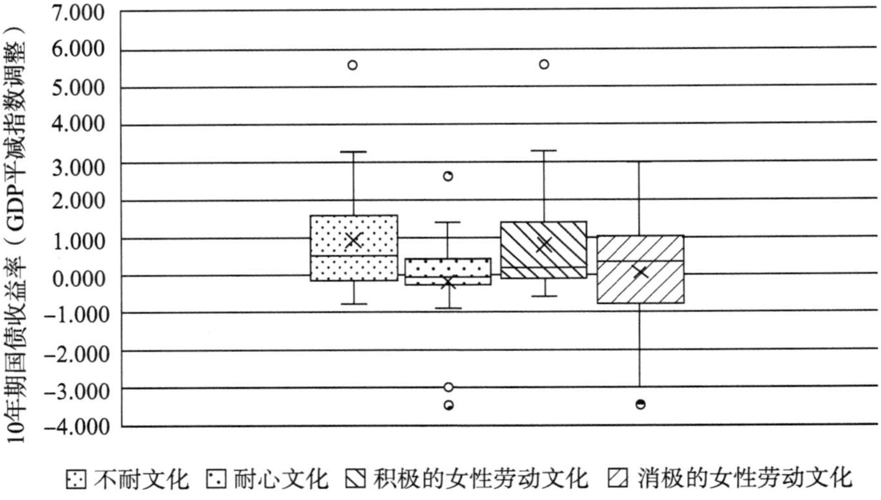

图 3.5　文化与实际利率关系的箱型图

注：样本平均数数据，实际利率为经 GDP 平减指数调整的 10 年期国债收益率。每个箱体的“触角”、箱体边缘、“*X*”和箱体内部的横线分别为上下边缘、上下四分位数、平均数和中位数。散点为异常值。下同。

总结图 3.3 至图 3.6 可以看出，无论采用何种度量方法，也无论采用样本国家在样本期内的平均数或是中位数，实际利率在耐心文化的两个组别之间，以及女性劳动文化的两个组别之间，均呈现出系统的差异。拥有不耐文化色彩的国家，其实际利率明显高于拥有耐心文化色彩的国家，类似的，拥有积极女性劳动文化的国家，其实际利率明显高于拥有消极女性劳动文化的国家。在下一小节，笔者将采用单因素方差分析（ANOVA）检验箱型图中所揭示的实际利率在两类文化维度内部各组别之间的差异，是否为系统性差异。

此外，鉴于储蓄率和劳动参与率，分别为耐心文化和女性劳动文化对实际利率的影响渠道（见 3.1 节的相关分析），笔者在下一小节也将通过 ANOVA 检验储蓄率在耐心文化维度内部各组别之间，以及劳动参与率在女性劳动文化各组别之间的差异，从而对文化影响实际利率的机制（图 3.1 和图 3.2）进行初步检验。

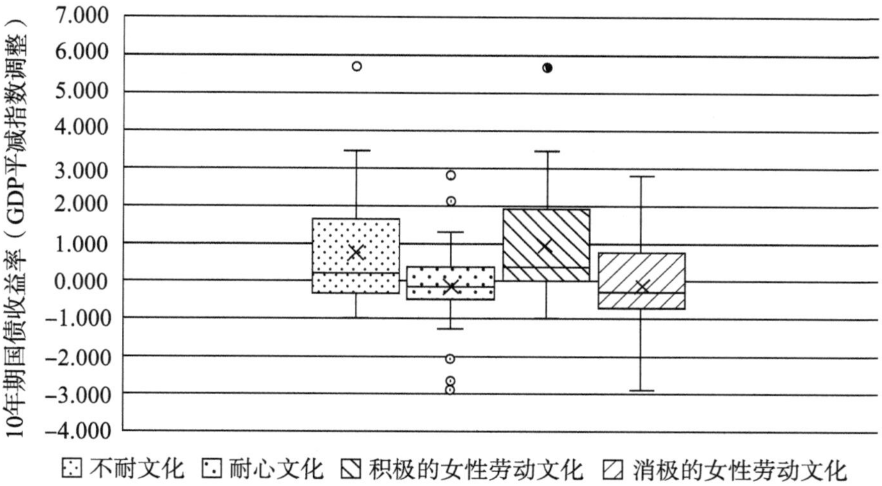

图 3.6　文化与实际利率关系的箱型图

三、文化对长期实际利率的影响——方差分析

在应用统计研究中，单因素方差分析（ANOVA）旨在研究特定控制变量的不同水平或类别能否对观测变量产生显著影响。通过对比观测变量组内变异和组间变异的相对大小，判断观测变量间的差异是由组内变异决定，还是由组间变异决定。若与组内变异相比，组间变异较大，说明观测变量间的差异主要由控制变量决定；若与组内变异相比，组间变异较小，则说明观测变量间的差异主要由随机因素或者影响观测变量的其他因素决定。方差分析采用 F 统计量，去检验组间变异是否足够大于组内变异。

在本节所探讨的问题中，控制变量分别指代耐心文化所对应的两种水平（或组别），即不耐文化（或称“低耐心文化”）和耐心文化，以及女性劳动文化所对应的两种水平（或组别），即积极的女性劳动文化和消极的女性劳动文化。观测变量为长期实际利率（经 CPI 调整或 GDP 平减指数调整的 10 年期国债收益率）、储蓄率，包括总储蓄占 GDP 比重、国内总储蓄占 GDP 比重两个指标，以及劳动参与率，包括女性劳动参与率和（总体）劳动参与率两个指标。

下面以长期实际利率为例，简要阐明本节的检验思路。从方差分析的角度看，各国实际利率的差异可能受耐心文化，或者女性劳动文化的不同水平，以及影响实际利率的其他因素等方面的影响。在此设定下，长期实际利率 rl_rate_{ij} 的数据结构为：

$$rl\_rate_{ij}=\mu_i+\varepsilon_{ij} \tag{3-4}$$

即耐心文化，或女性劳动文化维度中第 i 个水平下的第 j 个国家的长期实际利率，由位于该文化维度水平下各国的长期实际利率均值①，以及影响该国利率的其他因素或随机因素共同决定。

长期实际利率的组间变异，即组间离差平方和为：

$$SSA=\sum_{i=1}^{k}n_i(\overline{rl\_rate_i}-\overline{rl\_rate})^2 \tag{3-5}$$

其中，$\overline{rl\_rate_i}$ 为某一文化维度的第 i 种水平下长期实际利率的组内均值，$\overline{rl\_rate}$ 为长期实际利率的总体均值，n 为某一文化维度内，每一种水平（组别）所包含的样本数量。该式衡量某一文化维度中的不同水平所对应的长期实际利率的差异程度，反映了某一文化维度的不同水平对长期实际利率的影响。

长期实际利率的组内变异，即组内离差平方和为：

$$SSE=\sum_{i=1}^{k}\sum_{j=1}^{n_i}(rl\_rate_{ij}-\overline{rl\_rate_i})^2 \tag{3-6}$$

其中，rl_rate_{ij} 为某一文化维度的第 i 种水平下的第 j 个国家的长期实际利率。该式反映了由文化以外的随机因素引起的利率国别差异。

本例中，方差分析的原假设为：各国的长期实际利率在某一文化维度的不同水平下的均值无显著差异，即式（3-4）中的 $\mu_1=\mu_2=\cdots=\mu_n=0$。检验统

① 即样本国家在 2000—2019 年，经 CPI 调整，或者经 GDP 平减指数调整的 10 年期国债收益率的均值或中位数。

计量，即 F 统计量的构造为：

$$F=\frac{SSA/(k-1)}{SSE/(n-k)}=\frac{MSA}{MSE} \tag{3-7}$$

其中，MSA 为组间均方差，即经自由度调整后的组间平方和；MSE 为组内均方差，即经自由度调整后的组内平方和。直观地看，如果 F 统计量高于特定显著性水平（本书为 0.1）所对应的临界值，即 MSA 显著大于 MSE，则说明长期实际利率的国别差异主要由文化引起；反之则说明这种差异主要由文化以外的因素引起。

表 3.1 至表 3.2 分别展示了按样本期年度平均值数据，以及按样本期年度中位数数据计算的 ANOVA 结果，旨在检验耐心文化对储蓄率和长期实际利率是否存在系统性影响。可以看出，根据耐心文化强度水平分组的两类储蓄率指标，其组间均方差与组内均方差的比值，即 F 统计量，在 2.423～3.450 之间，P 值小于或接近 0.1，说明在 10% 或接近 10% 的显著性水平下，耐心文化能够影响一国的储蓄率。表格下方的说明列出了储蓄率在耐心文化的两类水平下的平均值，可以看出，耐心文化组别中的储蓄率，较不耐文化组别的储蓄率平均而言要高出 3～4 个百分点，结合以上 ANOVA 的结果，说明耐心文化对储蓄率的影响显著为正。

表 3.1　耐心文化对储蓄率和实际利率的 ANOVA（样本平均数数据）

变量	差异源	平方和	自由度	均方	F 值	P-value
总储蓄占 GDP 比重	组间	156.052	1	156.052	3.351	0.074
	组内	2002.305	43	46.565		
	总计	2158.357	44			
国内总储蓄占 GDP 比重	组间	150.053	1	150.053	2.423	0.127
	组内	2663.433	43	61.940		
	总计	2813.487	44			
10 年期国债收益率（CPI 调整）	组间	27.157	1	27.157	24.714	0.000
	组内	47.251	43	1.099		
	总计	74.408	44			

续表

变量	差异源	平方和	自由度	均方	*F* 值	P-value
10 年期国债收益率（GDP 平减指数调整）	组间	13.741	1	13.741	6.570	0.014
	组内	89.935	43	2.092		
	总计	103.675	44			

注：在不耐文化组别中，总储蓄占 GDP 比重、国内总储蓄占 GDP 比重的平均值分别为 22.164%和 23.890%；在耐心文化组别中，与此对应的数值分别为 24.105%和 27.758%。

表 3.2 耐心文化对储蓄率和实际利率的 ANOVA（样本中位数数据）

变量	差异源	平方和	自由度	均方	*F* 值	P-value
总储蓄占 GDP 比重	组间	156.888	1	156.888	3.450	0.070
	组内	1955.649	43	45.480		
	总计	2112.536	44			
国内总储蓄占 GDP 比重	组间	183.324	1	183.324	3.002	0.090
	组内	2626.175	43	61.074		
	总计	2809.499	44			
10 年期国债收益率（CPI 调整）	组间	16.856	1	16.856	14.622	0.000
	组内	49.572	43	1.153		
	总计	66.428	44			
10 年期国债收益率（GDP 平减指数调整）	组间	9.405	1	9.405	4.366	0.043
	组内	92.638	43	2.154		
	总计	102.043	44			

注：在不耐文化组别中，总储蓄占 GDP 比重、国内总储蓄占 GDP 比重的平均值分别为 22.199%和 23.864%；在耐心文化组别中，与此对应的数值分别为 25.934%和 27.901%。

接下来考察耐心文化对长期实际利率的影响。可以看出，根据耐心文化强度水平分组的两类实际利率指标，其组间均方差与组内均方差的比值，最小为 4.366，最高可达 24.714，*P* 值最大仅为 0.043，最小为 0，说明在 5%甚至 1%的显著性水平下，耐心文化能够影响一国的长期实际利率。结合箱型图的相应结果（图 3.5 至图 3.6），耐心文化对实际利率的影响是负向的。结合耐心文化与储蓄率的 ANOVA 结果还可以推测，耐心文化可能是经由储蓄率渠道，影响了长期实际利率，这与 3.3.1 节的原理分析是一致的。

表 3.3 和表 3.4 分别展示了按样本期年度平均值数据，以及按样本期年度中位数数据计算的 ANOVA 结果，旨在检验女性劳动文化对劳动参与率和长期实际利率是否存在系统性影响。可以看出，根据女性劳动文化积极程度分组的两类劳动参与率指标，其组间均方差与组内均方差的比值，在 9.340~11.418 之间，P 值均小于 0.01，说明在 1%的显著性水平下，女性劳动文化能够影响一国的女性劳动参与率以及（总体）劳动参与率。表格下方的注释列出了劳动参与率指标在女性劳动文化的两类水平下的平均值，可以看出，积极的女性劳动文化组别中的劳动参与率，较消极的女性劳动文化组别中的劳动参与率，平均而言要高出 6 个百分点；积极的女性劳动文化组别中的女性劳动参与率，较消极的女性劳动文化组别中的女性劳动参与率，平均而言要高出近 10 个百分点，结合以上 ANOVA 的结果，说明女性劳动文化对劳动参与率的影响显著为正。

表 3.3　女性劳动文化对劳动参与率和实际利率的 ANOVA（样本平均数数据）

变量	差异源	平方和	自由度	均方	F 值	P-value
女性劳动参与率	组间	934.236	1	934.236	9.953	0.003
女性劳动参与率	组内	3379.030	36	93.862		
女性劳动参与率	总计	4313.266	37			
劳动参与率	组间	365.617	1	365.617	10.443	0.003
劳动参与率	组内	1260.388	36	35.011		
劳动参与率	总计	1626.005	37			
10 年期国债收益率（CPI 调整）	组间	0.781	1	0.781	0.419	0.522
10 年期国债收益率（CPI 调整）	组内	67.151	36	1.865		
10 年期国债收益率（CPI 调整）	总计	67.932	37			
10 年期国债收益率（GDP 平减指数调整）	组间	5.023	1	5.023	1.912	0.175
10 年期国债收益率（GDP 平减指数调整）	组内	94.572	36	2.627		
10 年期国债收益率（GDP 平减指数调整）	总计	99.595	37			

注：在积极的女性劳动文化组别中，女性劳动参与率、劳动参与率的平均值分别为 68.658%和 74.801%；在消极的女性劳动文化组别中，与此对应的数值分别为 58.742%和 68.598%。

表 3.4 女性劳动文化对劳动参与率和实际利率的 ANOVA（样本中位数数据）

变量	差异源	平方和	自由度	均方	*F* 值	P-value
女性劳动参与率	组间	911.204	1	911.204	9.340	0.004
	组内	3511.974	36	97.555		
	总计	4423.178	37			
劳动参与率	组间	404.077	1	404.077	11.418	0.002
	组内	1274.023	36	35.390		
	总计	1678.100	37			
10 年期国债收益率（CPI 调整）	组间	3.388	1	3.388	2.137	0.152
	组内	57.066	36	1.585		
	总计	60.453	37			
10 年期国债收益率（GDP 平减指数调整）	组间	12.120	1	12.120	5.164	0.029
	组内	84.495	36	2.347		
	总计	96.615	37			

注：在积极的女性劳动文化组别中，女性劳动参与率、劳动参与率的平均值分别为 68.606%和 74.895%；在消极的女性劳动文化组别中，与此对应的数值分别为 58.812%和 68.373%。

接下来考察女性劳动文化对长期实际利率的影响。可以看出，根据女性劳动文化积极程度分组的两类实际利率指标，其组间均方差与组内均方差的比值所对应的 P 值，最小为 0.029，最大为 0.522，其余均在 0.2 以下，说明女性劳动文化对长期实际利率的影响大致上是显著的。结合女性劳动文化与劳动参与率的 ANOVA 结果还可以推测，女性劳动文化可能是经由劳动参与率渠道，影响了长期实际利率，这与 3.3.1 节的原理分析是一致的。

综合以上分析可以看出，除了女性劳动文化对实际利率的影响稍缺显著性以外，耐心文化对储蓄率、耐心文化对实际利率，以及女性劳动文化对劳动参与率的影响在统计意义上都较为显著。初步检验了文化对实际利率的影响方向以及影响渠道，本书第四章将对此进行更为细致的实证考察。

第四节　耐心文化、女性劳动文化指标介绍

一、耐心文化

费雪在其1930年出版的著作——《利息理论》中，就曾提到文化对不耐和利率的深远影响。费雪总结了影响不耐的六类非收入因素，分别为远见、自制、习惯、预期寿命、对他人生活的关怀以及习尚。在阐述这六大因素时，费雪特别强调了社会文化传统在其中的作用。费雪认为，具有远见、自制和集体主义传统的国家可能天然地较其他国家更有耐心，其均衡利率也会更低。但是，远见和自制等秉性属于不可观测的心理范畴，为避免套套逻辑，在经济分析中一般不用心理或者文化因素去解释现象。幸运的是，随着文化人类学以及社会心理学的发展，对国家文化或国民性格的分析也越来越量化，费雪所提及的各类非收入因素，大多能匹配到相应的国家文化指标，也就是下面要介绍的霍夫斯泰德文化指标。

2.4.1节提到，与实践活动相比，价值观是文化中较为稳定的因素，对文化的比较研究往往涉及对价值观的测度。从20世纪70年代开始，霍夫斯泰德等社会人类学者基于IBM公司在全球各地的雇员的调查数据，研究了50多个国家的国民价值观，归纳总结出了六大具有代表性的文化维度，以此衡量各国民众对权力、集体、不确定性、未来、性别差异，以及享乐等议题的基本看法和态度，对分析国别的宏观经济差异具有重要的启发意义，在这六大维度中，与储蓄率相关（Shoham、Malul，2013；叶德珠等，2015），从而与实际利率可能相关的维度有权力距离、长期导向、不确定性规避以及放纵—克制指数。本书将这四个变量统称为耐心文化变量①。以下是对这四个指标的简单介绍。

权力距离（Power Distance Index，PDI）。权力距离反映的是不同国家民

① 这四个变量仅在国家（截面）之间变化，对于同一个国家而言，这些变量是不变的。换言之，它们是“个异时恒”变量。

众对人与人之间不平等问题的基本看法，它折射了某一群体成员之间在等级、权力和威望之间的不平等程度。在权力距离较高的国家，国民更容易对权威（家长、上司、政府等）服从，对有权者和无权者的态度分明。高权力距离国家的民众通常看重“寡欲”“中庸”等性格特质，普通人群认为自己不应拥有超越其社会等级的抱负（霍夫斯泰德，2010），对公权侵害私权的现象具有较高的容忍度。据此可推测，高权力距离的国家，民众的耐心程度较高；低权力距离国家，民众的耐心程度较低。

长期导向（Long-Term Orientation，LTO）。长期导向亦被称作“儒家维度”，这一维度被定义为“培育和鼓励以追求未来回报为导向的品德”，其核心是坚韧和节俭。在所有人类社会，人们从小都会被教育要学会自我约束和延迟满足，然而在不同的社会，延迟满足给人带来的效用是不一样的。长期导向程度较低的社会，其成员更看重欲望的即时满足，更关注当下的目标和任务。从经济层面看，长期导向反映了人们为长期投资而推迟对即期欲望满足的程度，从相反的角度测度了时间偏好：长期导向程度越高则时间偏好越弱（叶德珠等，2015）。霍夫斯泰德等（2019）认为这一维度的独特之处在于它与经济增长直接相关：长期导向程度较强的国家拥有较高的储蓄率，后者是经济持续增长的必要前提，这也被认为是“亚洲五小虎”① 近年经济腾飞的关键因素之一，这五个国家的长期导向指数均高于调查样本均值。据此可推测，高长期导向国家，民众的耐心程度较高；低长期导向国家，民众的耐心程度较低。

不确定性规避（Uncertainty Avoidance Index，UAI）。这一维度是指某一社会群体在面对未来的不确定性因素时，心里所感受到的不安和焦虑的程度，以及对该不确定性的行为反应。极高的不确定性会导致人们的焦虑。为应对不确定性，不同的人类社会在不同的时期都尝试通过技术、法律、社会保障体系甚至宗教，去规避自然和人类行为所带来的不确定性。尽管对不确定性的厌恶是人类的共同天性，但不同的社会对不确定性本身的厌恶程度还是具有较大差异的。在不确定性规避程度较大的国家，人们对未知更为排

① 指印度尼西亚、马来西亚、泰国、菲律宾和越南。

斥，其行为相对保守，对风险的忍耐程度更低，更倾向平滑自己的消费（叶德珠等，2015）。民众对遵守自己的角色规范感到舒适，也更加依赖政府、专家等权威的意见。据此可推测，高不确定性规避国家，民众的耐心程度较高；低不确定性规避国家，民众的耐心程度较低。

放纵-克制指数（Indulgence versus Restraint，INDUL）。该指数衡量人们的幸福感、对生活选择的自由度以及对闲暇的重视程度。放纵代表“允许相对自由地满足与享受生活和娱乐有关的人类基本欲望的倾向”，克制所反映的信念是以严格的社会规范及不成文规定去限制即时欲望的满足。具有较高放纵程度国家的民众倾向随性地选择消费、休闲和生活，而放纵程度较低国家的民众则认为享受闲暇、消费以及类似的放纵行为在一定程度上应受到社会规范的约束。据此可推测，高放纵—克制程度的国家，民众的耐心程度较低；低放纵—克制程度的国家，民众的耐心程度较高。

以上文化维度，都是由各国在历史上，尤其是早期文明史的演进所决定的。如前文所述，霍夫斯泰德（2010）认为，各国早期的文明史就如同一个人的童年时期，童年时期的经历会对个人的性格产生重要影响，而早期的文明史则会对一国的国民性格产生重要影响。因为国家在早期的发展经历，有助于该地区的人们形成一种共有的“心理程序”。

首先来看权力距离的历史根源。历史上，拉丁语族的意大利、法国、西班牙和葡萄牙等国都曾为罗马帝国的一部分，由单一的权力中心所统治，这意味着这些国家的国民都习惯于服膺权力中心的命令，这类国家的权力距离相对较高。东亚的情况与之类似，如朝鲜半岛、日本和越南。反观日耳曼语系诸国，如德国、英国和丹麦，其在历史上的大部分时期均被分割为数量众多的小部落或小邦国，由裂土而治的酋长或封建领主统治，他们拒绝接受其他权威的命令；此外，日耳曼语系诸国（诸部落）位于纬度较高的寒冷区域，其人口规模和密度均小于南边的拉丁语系国家，对农业国家而言，人口分散意味着更高的治理成本（比如征税成本），中央政府的权力触角因而很少深入这些地区，导致这类国家的权力距离得分较低。

各国长期导向程度的差异可能起源于不同的传统农业形态，东亚国家很早就形成了精耕细作的农业生产模式，加之季风气候导致的自然灾害频发，农民需要根据对来年收成的预测来储备余粮，因此相比西方国家，这一地区的居民具有长远规划的行事风格。

不确定性规避程度的差异则可能起源于历史和宗教，罗马帝国最早制定了一套成熟的用以约束其治下所有民众的成文法律体系。此外，罗马天主教对宗教异端分子的打压和迫害也远超其他宗教，因此曾经被罗马帝国所统治的拉丁语系国家的民众习惯依照法律、秩序和信仰行事，不确定性规避程度较高；反观日耳曼语系国家和中华文化圈，前者在历史上没有形成成文法律体系，后者的政治传统具有鲜明的“人治”色彩，且二者的宗教信仰（基督新教或儒、佛、道教）对其他宗教的包容度也更强，因此这类国家的民众解决问题的灵活程度较高，不确定性规避程度较低。

对放纵—克制程度差异的历史根源而言。霍夫斯泰德等（2019）认为，传统经济形态①为密集型农业（定居农业）社会的国家，比如儒家文化圈的日本、越南等国，收获食物的过程相对辛劳，这可能是这些国家放纵程度较低的历史渊源，而传统经济形态为粗放型农业（游耕农业）或畜牧社会的劳动者则不用遭受辛勤耕作之苦，收获食物的过程相对轻松，具有这类经济传统的国家，如日耳曼语系国家或拉丁美洲国家，其放纵指数相对较高。

二、女性劳动文化

个体的劳动供给是其对收入与闲暇的取舍权衡。在经济学的语境中，闲暇既包括人们花在生物学意义上的活动，比如吃饭、睡觉等活动，也包括照看小孩、做家务，甚至是社区服务这类非市场劳动（赫舒拉发等，2009）。在劳动分工意义上，照看小孩和家务劳动天然更适合女性参与，而一国的文化，又在很大程度上放大，或者抑制了女性对专职于这类活动（即选择不加入劳动力市场）的选择，这是因为由文化所塑造的社会态度会深刻地影响一个群体的行为。本书将影响一国对待女性参与市场劳动的态度，以及该国女性对自己家庭—社会角色认知的文化，统称为女性劳动文化，这里的“劳

① 指前工业经济时代的经济形态。

动”，指的是市场化、商品化的劳动。本书采用的度量女性劳动文化的指标有以下四个。

传统耕犁使用密度（Traditionally Practiced Plough，TPU）。现有文献对女性劳动文化的原创性度量中，Alesina 等（2013）使用的传统耕犁习惯（traditionally practiced plough）是最具代表性之一，为了更符合中文语义，以下将其意译为耕犁使用密度。Alesina 等（2013）发现，漫长的农业社会塑造了一个社会的传统文化，一国对女性家庭—社会角色的认知取决于该国在历史上的农业形态。相较迁移型农业社会，定居型农业社会更加排斥女性的劳动参与。其原因在于定居型农业社会使用犁作为工具，而迁移型农业社会使用刀、木棍或锄头，犁对使用者体力的要求远超后者，这使得在定居型农业社会中，干农活也就是当时最主要的生产活动，成为男人的专属事务。在历史的惯性下，由定居型农业社会演变而来的国家中，“男主外”“女主内”的文化色彩就较为鲜明，社会对女性进入劳动力市场的容忍度较低，女性劳动参与率也就较低。

语言性别意识（Gender Intensity Index，GII）。语言是文化的重要载体，会潜移默化地影响女性对自身的角色定位。部分人类语言的一大特征在于其带有性别①意识，这种意识的相对大小是决定男女社会身份构建的重要因素。不同语言间性别意识的差异体现在对女性特征的强调程度，北日耳曼语系语言，比如丹麦语和挪威语，其阳性和阴性是通性的，表征男女性别的人称代词完全相同，所谓的“性”差异仅存在于人类和非人类之中；西日耳曼语系语言，比如德语和英语，虽然有男、女两套语言系统，但由于第三性别（表征非人类物体）的缓冲，其性别意识仍然较弱（Gay 等，2013）；拉丁语系语言，比如法语中，其阳性阴性不但区隔明显，很多表征职业的词汇甚至只以阳性形式出现，这意味着这类工作在传统意义上被视为只能由男性胜任，男女之间的等级秩序，以及一国社会对女性劳动参与的接纳程度可能就

① 英语中，“gender”代表社会学意义上的“性别”，而“sex”代表生物学意义上的“性”。Gay 等（2013，2018）的文章中使用“sex-based system”一词来区分各国语言的“性”特征，本书所指的“性别意识”指代的就是语言中的这种“sex-based system”。

潜藏于语言所塑造的集体无意识中。Gay 等（2013，2018）、Hicks 等（2015）从语言的角度考察女性的劳动参与，他们从语言学权威著作[①]中提取了四个反映特定语言性别意识的二值变量，以此构造了衡量语言性别意识强度的指数（gender intensity index），采用国家层面数据或微观个体数据，发现女性劳动参与率与 GII 负相关，一国语言的性别意识越强，该国女性就越容易被排除在市场化的工作岗位以外，劳动参与率也就越低。

性别劳动歧视。该指标取自世界价值观调查（WVS），该调查自 1981 年起至 2020 年为止，一共进行了 7 轮全球范围内的抽样调查，覆盖了家庭、社会、政治等多个层面的议题，Alesina 等（2013）认为，世界价值观调查中涉及男女差异的问题，在很大程度上能够衡量一个社会对女性参与市场劳动，以及从事政治、商业活动的态度。性别劳动歧视代表一国社会对“当工作稀缺时，男人应该比女人更有权利获得工作”这一问题的看法。性别劳动歧视程度得分越高的国家，社会对女性参与劳动的态度越负面，女性劳动参与率也就越低。

对男性从政的偏爱。该指标同样取自世界价值观调查。这一指标代表一国社会对“从总体上看，男性较女性更能胜任政治领袖的工作”这一问题的看法。该指标得分越高，说明社会对女性参与政治事务更加排斥，女性在这个社会所扮演的角色更偏向家庭，女性劳动参与率因而越低。

第五节　耐心文化、女性劳动文化的相关性及其历史起源

一、耐心文化和女性劳动文化的相关性

在进入正式的实证分析（第四章）以前，考察耐心文化和女性劳动文化的相关性很有必要，因为这能指导实证分析中的变量选择问题——如果反映一个社会耐心文化的代理变量，与反映一个社会女性劳动文化的代理变量，具有较强的相关性，那么在回归模型中就应该将这两类变量单独引入，而非一并

---

① 《语言结构世界地图集》（The World Altas of Language Structure）。

引入。直觉上，如果个体的时间偏好较高（比较不耐），即该个体对当期消费的主观评价较高，那么她的闲暇偏好就应该较低，因为她需要多参与劳动去满足较高的当期消费支出；反之，如果个体的时间偏好较低（比较耐心），即该个体对当期消费的主观评价较低，那么她的闲暇偏好就应该较高。将这一逻辑推广到群体层面，可以推测，一个社会越富有不耐文化色彩，则该社会的女性劳动文化色彩会越积极；一个社会越富有耐心文化色彩，则该社会的女性劳动文化色彩会越消极。图 3.7 展示了基于本书国家样本①的部分耐心文化代理变量，与部分女性劳动文化代理变量的散点图，可以看出，一国耐心文化色彩（横轴）越高，则其女性劳动文化色彩（纵轴）越消极。

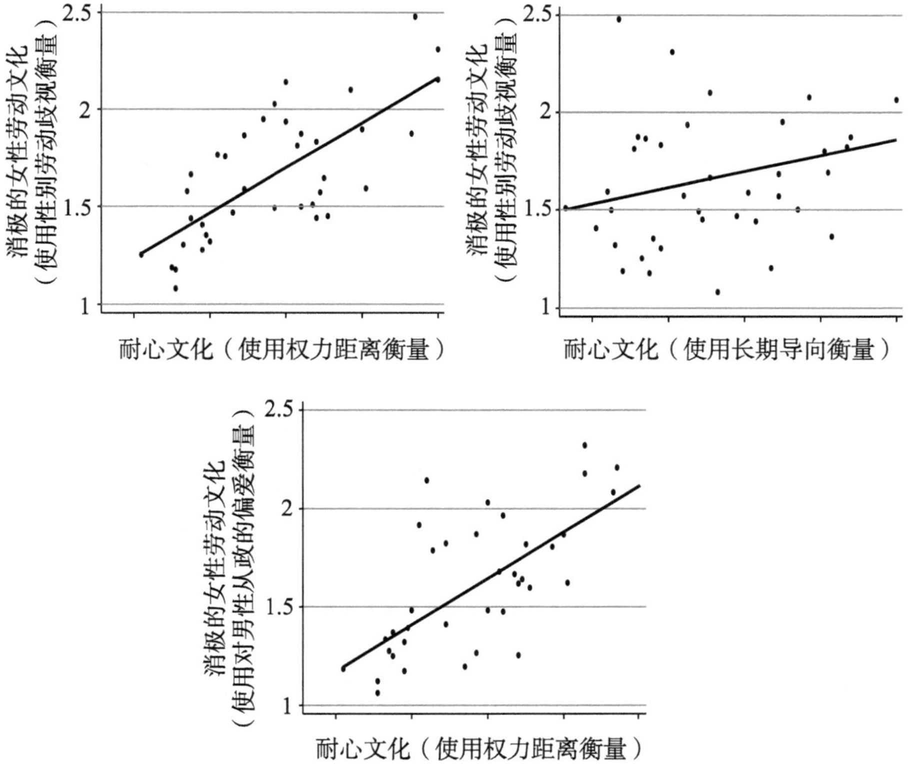

图 3.7　部分耐心文化变量和女性劳动文化变量的散点图

资料来源：Hofstede 等（2019）和 WVS，经作者整理绘制。

① 对样本的详细介绍请参阅第四章。

二、耐心文化和女性劳动文化的历史起源

耐心文化和女性劳动文化，从字面上理解，是两个不同的文化维度，然而从历史的角度看，二者却有着共同的起源。以下内容是笔者对此的简单梳理。

历史唯物主义认为，社会存在决定社会意识，社会意识对社会存在具有相对的独立性，即使当社会意识赖以存在的物质条件改变之后，社会意识也会依照历史的惯性独立地存在一段时间。农业时代持续了 1 万年，几乎贯穿了整个人类文明史，而工业时代持续至今不过 200 年（赫拉利，2014）。因此，即使进入工业时代以后，农业时代的社会意识仍会长期存在，形成各国迥异的价值观。

受生产力的限制，在距今 300 万年至 1 万年的旧石器时代，采集—渔猎经济在人类社会占据绝对的主导地位（赫拉利，2014）。采集—渔猎经济具有两个鲜明的特点，一是食物完全就地取材，现采现吃，这是因为当时人口稀少，食物相比而言显得极为丰富，并且不论是保管食物还是积累财货，在当时的生产力条件下都是不现实的。二是女性的地位与男性同等，甚至更高，这是因为在当时女性负责采集，男性负责渔猎的劳动分工下，女性通过采集所得到的食物，比男性通过狩猎—捕鱼所得到的食物更为广泛，并且更为稳定（斯塔夫里阿诺斯，2019）。第一个特点导致原始人类几乎不存在长期规划（赫拉利，2014），从而不存在时间偏好，第二个特点则导致原始人类不存在“男尊女卑”的观念，男女平等参与劳动（斯塔夫里阿诺斯，2019）。

在距今 1 万年至 2000 年前，大部分人类社会都由采集—渔猎经济转向了农业经济（斯塔夫里阿诺斯，2019），标志着人类由攫取经济迈入了生产经济。进入农业时代以后，人类对“未来”逐渐重视了起来，因为农业经济以生产的季节周期为基础，与采集者或狩猎者相比，农民更需要对时间的准确感知（McNeill，1996），需要精打细算一家人今年吃多少粮食，为来年留多少种子，这就有了消费—储蓄的决策，而制陶工艺的出现也为人们储藏粮食和财货提供了条件。另外，在农业经济形态下，性别劳动分工也发生了变

化，犁的发明和应用使耕地成为了不适合女性的重体力活，从农业中分离出的畜牧业和手工业也不适合女性从事，女性因而沦为次要的生产者，男女不平等的观点与现象由此产生。

农业经济的出现虽然令人类社会开始重视未来，出现了男女不平等现象，但是各个社会由于经济形态的不同，其对未来的重视程度，即时间偏好，以及男女不平等程度也存在明显的差异。在农业时代的各个社会之间，按照农业形态或生产工具的不同，主要分为两类经济形态，一是迁移[①]农业，二是定居农业（Alesina 等，2013）。迁移农业没有固定的农田，农民在林中清理出一片土地，用掘土的棍或锄头，挖出数个小坑，投下种子，靠土壤的自然肥力获得粮食，当土地的肥力减退时，就另外开发新的土地。此外还有一种更简单易行的方法，即在汛期来临之前，将种子撒在河滩上，让作物自然生长（吉拉尔德斯，2021）。犁耕农业的主要生产工具是犁，犁分为脚犁和牵引犁，前者将普通铲子稍加改装，利用人的体重，将犁片切入土中，使用者手持把柄向下压而翻土，后者将一柄铲子用绳捆绑在牲畜后面，使用者通过操纵畜力去翻地（McNeill，1996）。

对比迁移农业和定居农业，可以发现，迁移农业属于粗放农业，这一农业类型大多存在于低纬度地区或高纬度地区（何顺果，2012），低纬度地区四季如夏，水热资源丰富，诸如水稻之类的农作物能够一年三熟；高纬度地区虽然四季严寒，但是森林资源丰富（尤其是北欧地区），能够提供即采即吃的浆果和菌类。上述地区的农民无须掌握生产的季节周期，对未来的重视程度较低，这可能是此类社会时间偏好较高的历史渊源，本书将这种文化传统称作“不耐文化”。另外，迁移农业的主要生产工具是刀、木棍或锄头，此类工具对使用者力量的要求较小，使女性能够和男性一起参与劳动，这可能是此类社会女性劳动参与率较高的历史渊源，本书将这种文化传统称作“积极的女性劳动文化”。定居农业属于集约农业，这一农业类型大多存在于中纬度地区，这类地区四季分明，农业生产需严格按照季节周期，农民对未来的重视程度较高，这可能是此类社会时间偏好较低的历史渊源，本书将这种文化传

---

① 亦称“游耕农业”。

统称作“耐心文化”。除此之外，定居农业的主要生产工具是犁，这类工具对使用者的力量要求较高，不利于女性操作，集体对女性参与劳动较为排斥，这可能是此类社会女性劳动参与率较低的历史渊源，本书将这种文化传统称作“消极的女性劳动文化”。

根据霍夫斯泰德等（2010）的阐述，笔者猜测，农业形态除了直接影响一个社会的耐心文化和女性劳动文化以外，还可能经由政治组织形式这一中间变量，影响以上文化。

古代社会的政治组织形式，是根据当地经济基础，尤其是农业生产活动的要求历史地产生的。迁移农业对土地资源的利用程度较低，无须大规模群体合作，其政治组织形式通常是较为松散的部落制或城邦制，比如古代的日耳曼部落。在这一制度下，私权对公权、女权对男权的让渡较少，形成了较为“个性”的国民性格，以及相对较轻的性别歧视。前者意味着民众对事物的忍耐程度更低，对应不耐文化；后者意味着民众对女性扮演社会角色较为包容，对应积极的女性劳动文化。

与此相反，对定居农业而言，要想最大限度地垦殖土地、利用水利资源，防范洪涝灾害，就必须有一个高度集权的政治组织，进行劳动力和生产资料的调配，并协调大规模的群体合作。因此，与定居农业相伴随的政治组织形式，通常是中央集权制度（李达，2016），比如古罗马帝国。中央集权制度下，私权对公权、女权对男权的让渡较多，形成了较为“顺从”的国民性格，以及相对严重的性别歧视。前者意味着民众对事物的忍耐程度更高，对应耐心文化；后者意味着民众对女性扮演社会角色较为排斥，对应消极的女性劳动文化。

表 3.5 简单总结了以上两类农业形态的特征、对农民技能的要求、所对应的政治组织形式，以及它们分别（可能）引致的文化传统。就本书所选取的国家样本而言，迁移农业主要对应热带诸国，比如墨西哥、哥伦比亚、秘鲁、巴西和菲律宾等以及高纬度国家，比如由古日耳曼部落演变而来的德国、英国、荷兰、丹麦、瑞典、挪威和冰岛，及其后裔所建立的美国、加拿大、澳大利亚和新西兰等国。定居农业则主要对应欧洲的拉丁语族国家，比如法

国、意大利、西班牙、葡萄牙、比利时和瑞士，以及东亚的中、日、韩三国。

表 3.5　传统农业形态、政治组织形式及其可能引致的文化传统

农业形态	对技能的要求	政治组织形式	引致的文化传统	代表性国家
迁移农业	粗放经营，无须对未来进行“预测”；耕种是轻体力活，男女皆可参与。	松散	不耐文化；积极的女性劳动文化	拉丁美洲国家、菲律宾，以及古日耳曼语族国家
定居农业	精耕细作，需要对未来进行“预测”；耕种是重体力活，不适合女性参与。	集权	耐心文化；消极的女性劳动文化	欧洲的拉丁语族国家，以及东亚文化圈国家

注：该表列示了全球历史上最主要的两种农业形态和政治组织形式，以及在这两种经济、政治形态下可能产生的文化传统。

第六节　本章小结

本章简要回顾了均衡实际利率的决定，论证了储蓄和劳动供给是实际利率的核心决定要素，并通过文献回顾，指出耐心文化和女性劳动文化，分别是影响储蓄和劳动供给的重要因素。沿着上述逻辑，本章还初步讨论和检验了文化对实际利率的影响，为本书接下来的实证工作做了铺垫。本章的基本启示为：第一，文化可能是影响一国实际利率长期均值、决定实际利率在长期中的国别差异的重要变量。第二，一国的耐心文化和女性劳动文化形成于漫长的农业时代，具有高度的稳定性和持久性，对实证分析来说是较为合格的外生变量。第三，耐心文化和女性劳动文化具有一定的同源性，这意味着在本书接下来的实证分析中，要考虑这两类文化的各个代理变量之间的相关性。

第四章　文化对长期实际利率的影响
——对45个OECD国家和新兴市场国家的经验分析

第一节　引言

在第三章3.1节的分析中，笔者通过一个包含劳动参与率的索洛增长模型，说明了长期实际利率，或称均衡实际利率，与资本劳动比密切相关。资本劳动比越高，意味着资本要素相对劳动要素更充裕，这会压低资本要素的使用价格，即压低实际利率；反之，资本劳动比越低，意味着资本要素相对劳动要素更稀缺，这会抬高资本要素的使用价格，即抬高实际利率。

从国别或截面的视角比较，一国社会的储蓄倾向越高，该国的资本存量就会越多，在其他条件不变的前提下，这意味着更高的资本劳动比，从而更低的实际利率；一国社会对女性参与劳动越排斥，该国的女性劳动参与率就会越低，在男性劳动供给缺乏弹性的前提下，这同样意味着更高的资本劳动比，从而更低的实际利率。从这一点看，文化作为决定一国社会时间偏好，以及闲暇偏好（女性劳动偏好）的外生参数，能够深刻地影响一国民众的储蓄行为和劳动供给行为，决定资本相对于劳动的稀缺程度，从而决定实际利率在长期中的均值。在第三章3.3节的分析中，笔者针对耐心文化、女性劳动文化经由储蓄和劳动参与率影响实际利率的机制，做了初步的原理说明和统计检验。本章将采用更理论化的方法，以及更为细致的实证分析，去探讨耐心文化，以及女性劳动文化对一国实际利率长期均值的影响。

现有文献将影响储蓄的心理因素泛称为时间偏好，将影响劳动供给的心理因素泛称为闲暇偏好，却并未指明一个能够较好代理时间偏好或者闲暇偏好的变量。本书所做工作的很大一部分，就是参考现有文化心理学和劳动经济学文献，梳理出与一国社会的时间偏好或闲暇偏好紧密相关的文化维度，将这些文化维度分别作为社会时间偏好、社会闲暇偏好的代理变量。在第三章中，本书曾分别使用“耐心文化”和“女性劳动文化”来描述影响一个社会时间偏好和闲暇偏好的文化因素。这两个名词亦会伴随本书的整个写作。

在本书第三章所梳理、讨论的 8 个文化维度中，权力距离、长期导向、不确定性规避以及放纵—克制等 4 个维度，与群体的时间偏好潜在相关，这会影响一国的总储蓄，本书将以上维度统称为耐心文化（变量）；语言性别意识指数、性别劳动歧视、对男性从政的偏爱以及耕犁使用密度等 4 个维度，与群体对女性参与劳动的包容度，从而整个社会的闲暇偏好①潜在相关，这会影响一国的劳动总供给，本书将以上维度统称为女性劳动文化（变量）。利用这些度量文化的指标，本书为实证考察文化与利率的关系提供了一种新视角。

本章的基本逻辑链条（图 4.1）为：耐心文化或女性劳动文化，分别决定了一国群体的时间偏好和闲暇偏好，能够经由影响资本劳动比，决定一国的长期实际利率。给定其他条件相同，一国越是具有耐心（不耐）文化，其实际利率的长期均值就会越低（越高）；一国越是具有消极（积极）的女性劳动文化，其实际利率的长期均值也会越低（越高）。

本章其他安排如下，第 2 节是理论模型，该节将基于一个包含内生劳动供给的简单代际交叠（OLG）模型，探讨耐心文化和女性劳动文化对均衡实际利率的影响方向。第 3 节是实证分析，以 45 个国家 2000—2019 年的年度数据为样本，分别（或联合）考察表征耐心文化的 4 个文化指标，以及表征女性劳动文化的 4 个文化指标，对实际利率长期均值的数量效应。第 4 节是对第 3 节工作的延伸讨论，旨在考察一国与美国的耐心文化差异或女性劳动文

① 在经济学意义上，闲暇偏好除了涉及个体在工作与休闲之间的取舍，也涉及个体，尤其是女性个体，对参与市场劳动与非市场劳动（比如照看小孩和做家务）的选择。

化差异，对该国与美国实际利差长期均值的影响。鉴于本书所考察的 8 个文化指标不随时间变化①，本章实证分析主要采用截面数据，即样本国家在 2000—2019 年的年度平均数数据或年度中位数数据。

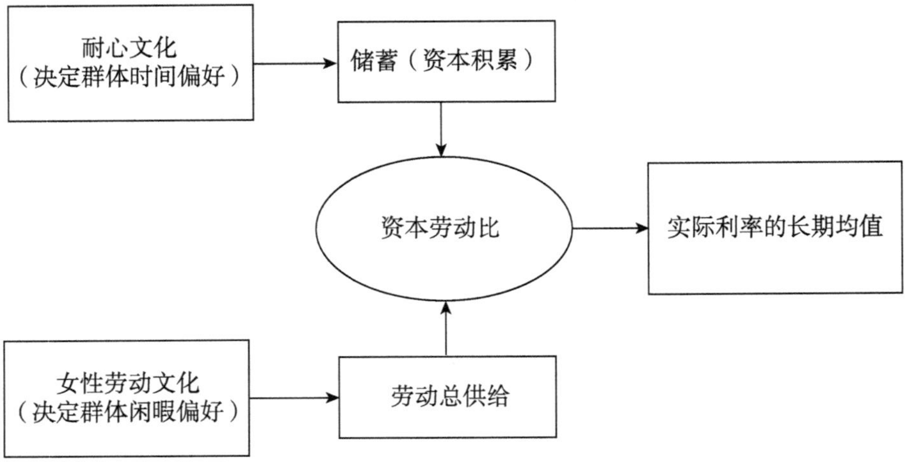

图 4.1　文化影响长期实际利率的逻辑链条

第二节　理论模型

理论设定采用标准的两期 OLG 形式。本书涉及对（女性）劳动文化的讨论，这在本质上是对群体闲暇偏好的讨论。鉴于此，需在模型中引入代表性个体的内生劳动供给。现有文献在增长框架中引入内生劳动供给，旨在考察劳动供给内生的前提下，OLG 模型中资本过度积累问题能否得到缓解，以及劳动偏好对劳动供给的影响（Spataro，2003；Fanti、Spataro，2006；Mocan、Pogorelova，2015），尚未探讨在内生劳动供给前提下，均衡实际利率的决定。此外，本书将个体时间偏好和闲暇偏好，分别视作个体所在国家的耐心文化和女性劳动文化的函数，从而将偏好内生化，这在现有 OLG 模型的理论分析

① 8 个文化指标中，只有性别劳动歧视和对男性从政的偏爱，会随着世界价值观调查（WVS）轮数的改变而改变。但是本书在实证分析中，将这两个指标按照每轮的调查结果，求了算术平均或者取了中位数。换言之，这两个指标在本书的实证分析中也是不随时间变化的数据。

中也是第一次。需要说明的是，在经济学语境中，闲暇既包括人们花在生物学意义上的活动，比如吃饭、睡觉等活动，也包括小孩照护、家务劳动，甚至是社区服务这类非市场劳动，后一类活动占据了女性大量时间，是女性参与（市场）劳动的主要机会成本（赫舒拉发等，2009）。因此，群体闲暇偏好较多地反映了该群体的女性对市场劳动—非市场劳动的主观偏好，这种偏好在很大程度上又由文化所决定。其完整的逻辑链条可以表述为女性劳动文化→女性自我角色认知→闲暇偏好→劳动参与决策。

厂商部门方面，经济体的生产函数为 $Y_t=F(K_t, L_t)=K_t^{\alpha}(A_t l_t N_t)^{1-\alpha}$，其中，定义 $L_t=A_t l_t N_t$ 为有效劳动供给，A_t 为劳动生产率；l_t 为劳动投入程度，以劳动年龄人口的劳动参与率衡量，取值区间为 0 到 1。本书第三章曾提到，从长期看，男性在家庭—社会角色的扮演中偏向后者，其劳动供给相对无弹性，因此劳动参与率 l_t 的国别差异主要由女性劳动参与率决定；N_t 为劳动年龄人口，定义为 15~64 岁人口。A_t 和 N_t 分别以 g 和 n 的外生速率增长。生产函数满足规模报酬不变和稻田条件①等基本假设。市场是竞争性的，实际利率和工资等于资本和劳动各自的边际产出。

消费者部门方面。经济体由大量同质的、存活两期的代表性个体组成。个体在青年时期做出终生的消费决策，以及青年时期的储蓄和劳动供给决策，其消费来源为劳动收入以及初始财富。个体在老年时期退出劳动力市场，并依靠青年时期积累的储蓄，以及上一期未消耗完的财富进行消费。代表性个体的最优化问题如下：

$$\underset{c_{1,t},l_t,c_{2,t+1}}{\text{Max}}\ \ln c_{1,t}+\gamma(fl)\ln(1-l_t)+\frac{1}{1+\rho(pt)}\ln c_{2,t+1} \tag{4-1}$$

$$\text{s. t.}\quad c_{1,t}+\frac{c_{2,t+1}}{1+r_{t+1}}=w_t l_t+a_t \tag{4-2}$$

其中，$c_{1,t}$ 和 $c_{2,t+1}$ 分别为个体在青年期和老年期的消费，l_t 为个体的劳动供给，w_t 为劳动收入即工资，a_t 为初始财富或禀赋②，r_{t+1} 为 $t+1$ 期的利率水

① 即随着资本（或劳动）投入趋向于零，资本（或劳动）的边际产品趋近于无穷大；随着资本（或劳动）投入趋向于无穷大，资本（或劳动）的边际产品趋近于零。

② 可将其视作消费者作为企业（厂商）股东而得到的企业利润分红（Wickens，2012）。

平。ρ 为个体的主观贴现率，γ 为个体对闲暇的偏好。

根据本书第一至三章的相关论述，耐心文化通过影响一国居民对当前—未来的偏好、对现状的忍耐和顺从，以及对及时行乐欲望的克制，决定了该国居民的时间偏好；女性劳动文化通过影响一国社会对女性家庭—社会角色的认知，影响该国女性的劳动参与决策，以此决定了该国居民的闲暇偏好（由于成年男性群体在任何社会都是主要劳动力，闲暇偏好通常较低，因此一国群体的闲暇偏好主要由该国女性群体的闲暇偏好决定）。简言之，耐心文化塑造了一国群体的时间偏好，女性劳动文化塑造了一国群体的闲暇偏好。鉴于此，笔者将个体主观贴现率 ρ 假定为耐心文化（patience culture，pt）的函数 $\rho(pt)$，并假定 $\rho'(pt)<0$，即一国文化色彩越耐心，平均而言，该国个体的时间偏好率越低；将个体闲暇偏好 γ 假定为女性劳动文化（female labor participation culture，fl）的函数 $\gamma(fl)$，并假定 $\gamma'(fl)<0$，即一国女性劳动文化越积极，平均而言，该国个体的闲暇偏好越低。

以上最优化问题的一阶条件为：

$$c_{2,t+1}=\frac{1+r_{t+1}}{1+\rho(pt)}c_{1,t} \tag{4-3}$$

$$1-l_t=\frac{\gamma(fl)c_{1,t}}{w_t} \tag{4-4}$$

个体在青年时期的消费和劳动供给的局部均衡解为：

$$c_{1,t}=\frac{(w_t+a_t)(1+\rho(pt))}{(2+\rho(pt))+\gamma(fl)(1+\rho(pt))} \tag{4-5}$$

$$l_t=\frac{w_t(2+\rho(pt))-\gamma(fl)a_t(1+\rho(pt))}{[(2+\rho(pt))+\gamma(fl)(1+\rho(pt))]w_t} \tag{4-6}$$

$c_{1,t}$ 和 l_t 的局部均衡解表明，个体在青年时期的消费和劳动供给取决于劳动收入、初始财富以及时间偏好和闲暇偏好，从而也取决于耐心文化和女性劳动文化。

得到个体在青年时期消费的均衡解以后，进一步求出个体在青年时期的储蓄为：

$$s_t=w_tl_t+a_t-c_{1,t}=\frac{w_t+a_t}{(2+\rho(pt))+\gamma(fl)(1+\rho(pt))} \tag{4-7}$$

s_t 的局部均衡解表明，个体的储蓄正向决定于劳动收入和财富，负向决定于时间偏好和闲暇偏好。可见，在引入内生劳动供给 l 以后，储蓄也是劳动供给的函数，从而也是闲暇偏好的函数。换言之，人们的储蓄行为和劳动供给行为并非独立的，而是存在一定的相关性。因此，后文实证部分用来刻画耐心文化的 4 个变量，与用来刻画女性劳动文化的 4 个变量之间，可能存在一定的相关性，在实证设定中需考虑各文化变量的多重共线性问题，这也呼应了第三章 3. 5. 1 节和 3. 5. 2 节对耐心文化和女性劳动文化的相关性及其共同起源的讨论。

假设资本在每一期期末完全折旧，在两期 OLG 模型[①]的假定下，这是合理的。社会总资本的积累方程从而为：

$$K_{t+1}=s_tA_tN_t \tag{4-8}$$

即下一期的资本源自上一期有效劳动总供给的储蓄。上式两端同除以有效劳动供给 $L_{t+1}=A_{t+1}l_{t+1}N_{t+1}$，得到有效资本劳动比的运动方程：

$$\tilde{k}_{t+1}=\frac{w_t(w_t+a_t)}{[w_t(2+\rho(pt))-\gamma(fl)a_t(1+\rho(pt))](1+g)(1+n)} \tag{4-9}$$

由于本节假定效用函数为对数形式，生产函数为柯布—道格拉斯形式，因此经济会收敛至唯一的稳态（罗默，2014），从而 $r_{t+1}=r^*$，$k_{t+1}=k^*$，$w_{t+1}=w^*$，此时有：

$$r^*=f'(k^*)=\alpha\left(\frac{w^*(w^*+a)}{[w^*(2+\rho(pt))-\gamma(fl)a(1+\rho(pt))](1+g)(1+n)}\right)^{\alpha-1} \tag{4-10}$$

式（4-10）表明：（1）一国社会的时间偏好 ρ 越高，有效资本劳动比就越低，均衡实际利率因而越高；一国社会的时间偏好 ρ 越低，有效资本劳动比就越高，均衡实际利率因而越低[②]。（2）一国社会的闲暇偏好 γ 越高，有效资本劳动比就越高，均衡实际利率因而越低；反之，一国社会的闲暇偏好 γ 越低，有效资本劳动比就越低，均衡实际利率因而越高。

---

① 每期约为 40 年。

② 需满足 $w*>\gamma a$。在两期 OLG 模型设定中，每期一般大于 30 年，第一期累积的劳动收入通常不会低于初始财富，闲暇偏好通常也小于 1，因此这一约束是合理的。

将均衡实际利率对耐心文化求导，可得：

$$\frac{dr^*}{dpt}=\frac{\alpha(1-\alpha)(k^*)^{\alpha-2}\rho'(pt)[w^*-\gamma(fl)a(1+g)(1+n)]w^*(w^*+a)}{\{w^*(2+\rho(pt))-\gamma(fl)a(1+\rho(pt))](1+g)(1+n)\}^2}<0 \tag{4-11}$$

由前文的假定可知 $\rho'<0$，并且 $w^*>\gamma a$（$1+g$）（$1+n$）①。因此，式（4-11）恒小于 0。即随着耐心文化色彩的增加，均衡实际利率会下降。

将均衡实际利率对女性劳动文化求导，可得：

$$\frac{dr^*}{dfl}=\frac{\alpha(\alpha-1)(k^*)^{\alpha-2}\gamma'(fl)a(1+\rho(pt))(1+g)(1+n)w^*(w^*+a)}{\{w^*(2+\rho(pt))-\gamma(fl)a(1+\rho(pt))](1+g)(1+n)\}^2}>0 \tag{4-12}$$

由前文的假定可知 $\gamma'<0$，并且 $\alpha-1<0$。因此，式（4-12）恒大于 0。即随着女性劳动文化积极程度的增加，均衡实际利率会上升。

根据式（4-11）和式（4-12），本书提出：

假说 4.1：一国的文化色彩越偏耐心，实际利率越低；反之，一国的文化色彩越偏不耐，实际利率越高。

假说 4.2：一国的女性劳动文化越消极，实际利率越低；反之，一国的女性劳动文化越积极，实际利率越高。

本章第 3 节将应用 45 个发达国家和新兴市场国家 2000—2019 年的数据，实证考察耐心文化和女性劳动文化对长期实际利率，即对 10 年期国债实际收益率在样本期内的年度均值，或者年度中位数的影响。

第三节　经验证据

一、实证设定

本章的核心实证问题是：在控制了利率的主要决定因素以后，耐心文化和女性劳动文化能否影响该国实际利率的长期均值。具体而言，拥有耐心文

① 在本书的模型设定中，$w*>\gamma a$（$1+g$）（$1+n$）是合理的。

化或消极的女性劳动文化的国家，其10年期国债的实际收益率在样本期内的年度均值或者中位数，是否显著低于拥有不耐文化或积极的女性劳动文化的国家。式（4-12）表明，一国均衡实际利率，决定于以下外生变量或参数，即劳动年龄人口增长率（$dwkg$）、劳动生产率的增长率（dlp）、资本占国民收入份额（$cpsh$）、财富（a），以及本书所讨论的两个核心变量，分别为刻画社会时间偏好 ρ 的耐心文化变量，以及刻画社会闲暇偏好 γ 的女性劳动文化变量。由于式（4-12）并非解析解，为使讨论更加直观，本书假定实际利率由以上变量线性决定，进而估计以下回归：

$$rl\_rate_i = \alpha + \beta_1 culture\_s_i + \beta_2 culture\_l_i + \sum_{s=1}^{S} \delta_s control_i^s + \sum_{c=1}^{C} \phi_c control_i^c + \varepsilon_i \tag{4-13}$$

$$rl\_rate_{it} = c + \gamma_1 culture\_s_i + \gamma_2 culture\_l_i + \sum_{s=1}^{S} \varphi_s control_{i,t}^s + \sum_{c=1}^{C} \eta_c control_{i,t-1}^c + \lambda_t + e_{it} \tag{4-14}$$

式（4-13）为本书的基准回归，该回归采用的数据为截面数据，包括45个国家在2000—2019年的年度平均数数据或年度中位数数据。式（4-14）采用的数据为面板数据（除文化变量以外），包括45个国家在2000—2019年的年度数据。样本国家包括34个OECD国家和11个非OECD国家。在34个OECD国家中，属于发达经济体的有25国，属于新兴经济体的有9国，因此本书的国家样本共包括25个发达经济体①和20个新兴经济体②。相比绝大多数国家，这45个国家在人口规模和GDP总量方面具有较好的全球代表性，更重要的是，这45国的金融市场相对完善，或已取得长足进步，利率能够较好地反映基本面信息。

式（4-13）中，rl_rate_i 对应式（4-10）中的 r^*，它代表样本国家 i 的实际利率在样本期内的均值或中位数；$culture\_s_i$ 对应式（4-12）中的

① 美国、日本、英国、法国、意大利、韩国、加拿大、澳大利亚、丹麦、瑞典、挪威、芬兰、爱尔兰、荷兰、比利时、新西兰、德国、奥地利、西班牙、葡萄牙、希腊、以色列、瑞士、冰岛、卢森堡。

② 巴西、智利、哥伦比亚、捷克、印度、马来西亚、墨西哥、波兰、南非、泰国、俄罗斯、斯洛伐克、匈牙利、菲律宾、中国、拉脱维亚、秘鲁、斯洛文尼亚、保加利亚、立陶宛。

ρ，它代表耐心文化变量，即刻画样本国家 i 的居民储蓄行为的 4 个文化指标，分别为权力距离（*pdi*）、长期导向（*lto*）、不确定性规避（*uai*）以及放纵—克制指数（*indul*）；$culture\_\ l_i$ 对应式（4-12）中的 γ，它代表女性劳动文化变量，即刻画样本国家 i 的女性劳动参与行为的 4 个文化指标，分别为语言性别意识（*gii*）、性别劳动歧视（*malefirst*）、对男性从政的偏爱（*menbetter*），以及耕犁使用密度（*tpu*）。$control_i^s$ 为外生控制变量集，代表影响样本国家 i 的实际利率的一系列外生变量的年度平均数或中位数，这些变量包括从式（4-12）推导出的劳动年龄人口增长率（*dwkg*）、劳动生产率的增长率（*dlp*）、资本占国民收入份额（*cpsh*），以及一国对气候变化的脆弱性（*vuln*）和坚韧性（*res*）。前三个变量在经济增长理论中通常被假定为外生因素，后两个变量涉及一国人民健康、生态环境等对气候的敏感度，这些因素显然也不受实际利率的影响。$control_i^c$ 为周期控制变量集，包括一系列与经济周期相关的变量。

式（4-14）中，$rl\_\ rate_{it}$ 代表样本国家 i 在第 t 年的长期实际利率。$culture\_\ s_i$ 和 $culture\_\ l_i$ 的含义与式（4-13）完全一样。$control_{i,t}^s$ 为外生控制变量在当期的取值。$control_{i,t-1}^c$ 为滞后一期的周期控制变量集，之所以将此类变量滞后一期，是因为实际利率和经济周期类变量可能相互影响，存在联立性偏误，将周期类变量滞后一期，可以缓解潜在的内生性。最后，λ_t 代表时间（年度）虚拟变量。

本书的被解释变量为长期实际利率，即扣除当年 CPI 增长率后的 10 年期国债收益率，记为 *rl_ rate*。在稳健性检验中，本书也将扣除当年 GDP 平减指数增长率后的 10 年期国债收益率作为被解释变量，记为 *rl_ rate2*。各解释变量和控制变量的详细释义如下。

（一）核心解释变量

核心解释变量 $culture\_\ s_i$ 为与一国居民储蓄行为相关的 4 个耐心文化指标，即霍夫斯泰德文化维度中的权力距离、长期导向、不确定性规避以及放纵—克制指数。这 4 大维度衡量了一国的耐心文化，大致反映了一国居民的时间偏好，可能经由储蓄渠道影响资本劳动比中的分子，从而影响实际利率。

核心解释变量 $culture\_\ l_i$ 为与一国女性劳动参与行为相关的 4 个女性劳动文化指标，包括语言性别意识、性别劳动歧视、对男性从政的偏爱以及耕犁使用密度。这 4 大维度衡量了一国的女性劳动文化，大致反映了一国社会对女性参与劳动的态度，以及女性对自身家庭—社会角色的认知，可能经由劳动供给渠道影响资本劳动比中的分母，从而影响实际利率。以上维度的具体含义，及其对实际利率影响方向的推测在第三章已有论述，以下为扼要重述。

耐心文化变量 $culture\_\ s_i$，即刻画一国居民储蓄行为的文化指标，分别为：

（1）权力距离（*pdi*）。权力距离衡量一国社会对权力分配不平等的期望和接受程度。权力距离得分越高的国家，民众的性格越加顺从和节制，时间偏好（不耐程度）可能越低，从而导致越高的储蓄率。因此，该维度与实际利率可能负相关。

（2）长期导向（*lto*）。长期导向衡量一国社会对长期利益—短期利益的相对重视程度。一些学者（Shoham、Malul，2013；叶德珠等，2015）认为该维度是与时间偏好最为对应的文化维度。长期导向得分越高的国家，民众的时间偏好可能越低，从而储蓄率越高。因此，该维度与实际利率可能负相关。

（3）不确定性规避（*uai*）。不确定性规避衡量一国社会对风险以及非传统行为的接受程度。不确定性规避得分越高的国家，民众的行为越趋于保守，其时间偏好可能越低，但对风险索取的补偿也可能越高，前者与实际利率负相关，后者与实际利率正相关。因此，该维度对实际利率的影响方向不确定。

（4）放纵—克制指数（*indul*）。放纵—克制指数衡量一国社会成员对自己欲望满足的克制程度，欲望主要指享受生活和娱乐。放纵—克制指数得分越高的国家，民众越看重享受当下，这意味着更高的时间偏好。因此，该维度与实际利率可能正相关。

以上 4 个文化维度的数据来自霍夫斯泰德（2019）。

女性劳动文化变量 $culture\_\ l_i$，即刻画一国女性劳动参与行为的文化指标，分别为：

（5）语言性别意识（*gii*）。语言性别意识用以衡量一国语言对男女性征差异的强调程度。语言性别意识得分越高的国家，社会对女性参与劳动的态度越负面，同时女性对自身家庭—社会角色的自我定位也更偏向于家庭，从而劳动参与率越低。因此，该维度与实际利率可能负相关。该数据来自 Gay 等（2013）和 Gay 等（2018）。

（6）性别劳动歧视（*malefirst*）。性别劳动歧视代表一国社会对“当工作稀缺时，男人应该比女人更有权利获得工作”① 这一问题的看法。性别劳动歧视程度得分越高的国家，社会对女性参与劳动的态度越负面，劳动参与率越低。因此，该维度与实际利率可能负相关。该数据来自世界价值观调查（WVS），从 1981 年起，截至 2020 年，WVS 一共对本书 45 个样本国家中的 38 国进行了 7 轮（或少于 7 轮）抽样调查②，受访者可以对这一问题回答赞同（agree）、不赞同（disagree），或者两者都不（neither agree nor disagree），参考 Mocan（2019），本书赋值赞同为 3、两者都不为 2、不赞同为 1，定义 *malefirst* 为一国民众在各轮抽样调查中对该问题回答的加权平均得分。

（7）对男性从政的偏爱（*menbetter*）。这一指标代表一国社会对“从总体上看，男性较女性更能胜任政治领袖的工作”③ 这一问题的看法。该指标得分越高，说明社会对女性参与政治事务更加排斥，或者说女性在社会中所扮演的角色更偏向家庭，女性劳动参与率因此也越低。该数据同样来自 WVS，1981 年至 2020 年，WVS 一共对本书 45 个样本国家中的 37 国进行了 7 轮（或少于 7 轮）抽样调查，受访者可以对该问题回答非常赞同（agree strongly）、赞同（agree）、不赞同（disagree）、非常不赞同（strongly disagree）或者不清楚（don' t know）。参考 Alesina 等（2013），本书赋值非常赞同为 4、赞同为 3、不赞同为 2、非常不赞同为 1，其余为 0。定义 *menbetter* 为一国民众在各轮

---

① 原文为“When jobs are scarce, men should have more right to a job than women”。

② 即 World Value Survey Wave（1981—1984）、World Value Survey Wave（1990—1994）、World Value Survey Wave（1995—1998）、World Value Survey Wave（1999—2004）、World Value Survey Wave（2005—2009）、World Value Survey Wave（2010—2014）和 World Value Survey Wave（2017—2020）。本书的 45 个样本国家中，有 38 个国家的民众至少经历过以上 7 轮调查中的其中 1 轮，每个国家的受调查人数均在 1000 人以上。

③ 原文为“On the whole, men make better political leaders than women do”。

抽样调查中对该问题回答的加权平均得分。

（8）耕犁使用密度（*tpu*）。耕犁使用密度衡量一国社会在前工业时代中，耕犁在农业人群中的覆盖率。由于耕犁是一种重体力型生产工具，并不适合女性操作，耕犁使用密度越高的国家，女性在该国传统社会中越可能扮演非生产者的角色，此类社会对女性参与劳动的态度也越负面，劳动参与率也就越低。因此，该维度与实际利率可能负相关。该数据来自 Alesina 等（2013）。

（二）控制变量

作为宏观经济中最重要、最基础的变量之一，利率与很多因素相互关联，在实证设定中忽视这些因素会导致遗漏变量偏误，从而带来内生性问题。鉴于实际利率与经济增长和经济周期密切相关，本书的控制变量主要包括两类，一类是根据理论分析结果［式（4-12）］选择的变量，另一类是根据现有经验文献选择的变量。第一类变量用来控制与经济增长相关的因素，第二类变量用来控制与经济周期相关的因素（Ferrero 等，2017）。此外，鉴于气候变化对主权债务风险的经验研究在近年也有所涌现，本书还控制了一国对气候变化的脆弱度和坚韧度。

本章所采用的外生控制变量（$control^s$）如下。

（9）劳动年龄人口增长率（*dwkg*）。理论分析表明，人口结构的变动（在模型中表现为劳动年龄人口增长率）改变了经济中的有效劳动供给，通过影响有效资本劳动比，改变资本的边际产出，从而正向牵引实际利率变动。根据 4.2 节的理论设定，本书采用劳动年龄人口增长率作为人口结构的代理变量。其中，劳动年龄人口指一国处于 15~64 岁的人口数量。

（10）劳动生产率增长率（*dlp*）。理论分析表明，劳动生产率的变化亦会改变经济中的有效劳动供给，经由有效资本劳动比，改变了资本的边际产出，从而正向牵引实际利率变动。根据 4.2 节的理论设定，本书采用劳动生产率的增长率作为技术进步的代理变量。其中，劳动生产率指每个就业者平均每工时创造的实际 GDP。

（11）资本占国民收入份额（*cpsh*）。理论分析表明，资本占国民收入的份额越高，表明资本要素参与国民收入分配的比重越大，这会提高资本的边际产出，从而牵引实际利率上升。

（12）一国对气候变化的脆弱性（*vuln*）和坚韧性（*res*）。近年的经验研究（Kling 等，2018；Berine、Renzhi，2020；Cevik、Jalles，2020）认为，一国对气候变化的敏感度或脆弱性（vulnerability）的增加会提高该国在国际金融市场的融资成本，从而抬高该国的国债收益率；反之，一国对气候变化的坚韧性（resilience）的增加会降低该国在国际金融市场的融资成本，从而压低该国的国债收益率。气候变化（主要指气候变暖）通过以下渠道提高一国的国债（实际）收益率。首先，气候异常所引致的自然灾害会摧毁实物资本，减少资本劳动比。另外，灾后重建所需的基础设施投资也会导致该国负债增加，从而提高该国主权债务的风险溢价。其次，自然灾害会减弱甚至中断一个地区的经济活动，减少出口，恶化一国的经常账户，频发的自然灾害还会减少国外投资者对该国的商业信心，从而提高该国主权债务的风险溢价。最后，政府为因应气候变化所做出的支出，比如对清洁能源的财政补贴，也会提高该国的债务水平，对私人投资产生挤出效应。因此，本书将一国对气候变化的脆弱性（*vuln*）以及对气候变化的坚韧性（*res*）纳入控制变量集，前者综合衡量一国的居民健康、食物资源、能源、生态系统，以及水资源等维度对气候变化的敏感度或脆弱性，后者综合衡量一国对气候变化的应对能力。

本章所采用的周期类控制变量（$control^c$）如下。

（13）期限利差（*ts*）。利率的期限结构理论表明，不同期限债券的利率皆有随时间共同变化的趋势。给定债券的种类，长期债券的利率等于短期债券的平均利率加上流动性溢价（罗默，2014）。债券的期限利差能够很好地捕捉这一行为（Davis、Li，2003）。定义 *ts* 为 10 年期国债名义收益率与 3 个月期国债名义收益率之差。

（14）财富。理论分析表明，财富或非劳动收入会对个体产生正向的闲暇激励，抑制其劳动供给，从而拉高经济的有效资本劳动比，导致实际利率下降。参考 Berine 等（2020）以及 Cevik 、Jalles（2020），将按不变价计算的人均 GDP 的对数值（*lgdpc*）作为财富的代理变量。

（15）实际 GDP 增长率。一方面，实际 GDP 增长率的增长意味着资本的边际产出增加，与实际利率直接相关；另一方面，实际 GDP 增长率与劳动年龄人口增长率和劳动生产率的增长率紧密相关，遗漏该变量会导致遗漏变量偏误。参考 Gruber 和 Kamin（2012）、Ferrero 等（2017），本书将实际 GDP 增长率（*gdp*）纳入控制向量。

（16）政府债务。大量实证文献（Engen、Hubbard，2004；Gruber、Kamin，2012；Ichiue、Shimizu，2015）表明，政府财政状况的恶化会抬升长期利率（名义的或实际的）。这类文献认为财政状况主要通过四条渠道影响利率。第一条渠道是挤出效应——政府支出的增加意味着政府部门在金融市场（债券、银行信贷等）中和私人企业竞争融资，此外，政府支出的增加意味着政府储蓄的减少，挤出了提供给私人投资的可贷资金，这些因素都可能导致利率上升。第二条渠道是资产组合平衡——政府支出的增加意味着政府债券供给的大幅增加，要使投资者在其资产组合中增加对政府债券的配置，就必须提供给对方更高的回报率。第三条渠道是通货膨胀预期——大规模的政府举债可能会引发居民对赤字货币化的担忧，强化经济中的通胀预期。第四条渠道是违约风险——政府支出的持续扩张会增加政府债务违约的风险，导致投资者索取更高的风险贴水，从而抬高长期利率。现有研究表明，代表政府财政状况的流量变量和存量变量对债券收益率都有显著影响，因此，本书参考 Gruber 和 Kamin（2012）、Cevik 和 Jalles（2020），将基础财政收支占 GDP 比重（*pb*），以及公共债务占 GDP 比重（*pd*）纳入控制向量。

（17）经常账户盈余。经常账户盈余意味着外国居民对本国产品的需求超过本国居民对外国产品的需求，产生了正的净出口。根据国民收入恒等式 $S-I=NX$，这意味着该国的储蓄大于投资，如果该国资本流出的渠道不顺畅（比如存在资本账户管制），则利率会降低。反之，经常账户赤字意味着本国居民对外国产品的需求超过外国居民对本国产品的需求，产生了负的净出口。根据国民收入恒等式，这意味着该国的投资小于储蓄，如果该国资本流入的渠道不顺畅，则利率会升高。参考 Ichiue 和 Shimizu（2015），将经常账户盈余占 GDP 比重（*cb*）纳入控制向量。

（18）23 个最早加入 OECD 集团的国家虚拟变量。笔者考察的样本既包括发达国家，又包括新兴市场国家，与发达国家相比，新兴市场国家的市场经济体制确立较晚，比如，俄罗斯、波兰、捷克等苏联—东欧阵营国家的市场经济体制在 20 世纪 90 年代中后期才逐步确立并完善。相比发达国家，新兴市场国家的金融市场完善程度较低，经济增长、通货膨胀的波动更大，这些因素都可能导致它们的实际利率与发达国家相比呈现系统差异。此外，根据增长理论，随着经济不断增长，要素的边际回报率会逐渐降低，不同发展阶段的国家，要素的边际回报率会呈现明显差异（Wickens，2012）。因此可以预期，发达经济体的实际利率会显著低于新兴经济体。为了控制这种差异，本书将代表 23 个老牌 OECD 国家[①]的虚拟变量（*oecd*23）也纳入了控制向量。

表 4.1 至表 4.3 列示了各变量的描述性统计，从最大值和最小值的角度看，各国长期实际利率（*rl_ rate* 或 *rl_ rate*2）的差异十分明显（表 4.3），这种扰动主要来自本世纪初的俄罗斯，对样本均值或中位数的干扰并不大。文化变量方面，从标准差的角度看，*pdi*、*lto*、*uai*、*indul* 和 *tpu* 等百分制的文化变量在各样本中的变异明显，超过了 *cpsh*、*vuln*、*res* 等可比较的经济变量[②]。

表 4.1　各变量的描述性统计（截面维度，2000—2019 年度平均数）

Variable	Obs	Mean	Median	Std. Dev.	Min	Max
rl rate（长期实际利率）	45	1.950	1.564	1.300	0.212	6.464
*rl_ rate*2（长期实际利率 2）	45	0.372	0.181	1.535	−3.455	5.560
pdi（权力距离）	45	53.644	54	21.787	13	100
lto（长期导向）	45	50.733	48	22.094	13	100
uai（不确定性规避）	45	65.778	65	21.555	23	100
indul（放纵—克制指数）	44	49.682	49	20.192	13	97

① 在本书中，这 23 个 OECD 国家特指 23 个在 1990 年以前就已加入 OECD 集团的国家。

② *cpsh*、*vuln*、*res* 等变量同样为百分制，其平均数与中位数与上述 5 个文化变量相近，但标准差却远小于这 5 个文化变量。

续表

Variable	Obs	Mean	Median	Std. Dev.	Min	Max
gii（语言性别意识）	45	0.822	0	1.051	0	3
malefirst（性别劳动歧视）	38	1.660	1.590	0.334	1.079	2.480
menbetter（对男性从政的偏爱）	37	2.114	2.119	0.347	1.563	2.821
tpu（耕犁使用密度）	39	78.564	100	37.766	0	100
dwkg（劳动年龄人口增长率）	45	0.697	0.608	0.885	-1.412	2.288
dlp（劳动生产率增长率）	45	1.784	1.231	1.629	-0.070	8.525
cpsh（资本占国民收入份额）	45	44.995	44.025	7.193	32.002	65.117
vuln（一国对气候变化的脆弱性）	45	33.944	33.001	5.849	24.728	51.513
res（一国对气候变化的坚韧性）	45	56.815	53.869	12.232	31.319	74.788
ts（长短期利差）	45	1.360	1.154	1.058	-0.788	5.276
lgdpc（人均实际 GDP 对数）	45	9.936	10.130	1.005	7.146	11.559
gdp（实际 GDP 增长率）	45	2.960	2.667	1.681	0.322	8.980
pb（一般财政盈余占 GDP 比重）	45	0.313	0.533	2.222	-4.971	8.702
ca（经常账户盈余占 GDP 比重）	45	0.286	-0.970	4.394	-6.537	11.348
pd（公共债务占 GDP 比重）	45	56.228	48.137	33.796	13.373	180.706

注：*malefirst* 和 *menbetter* 分别为该指数在 WVS 各轮调查的平均得分。

数据来源：霍夫斯泰德等（2019）、Gay 等（2013，2018）、World Value Survey、Alesina 等（2013）、OECD、Economist Intelligence Unit（EIU）Countrydata、World Development Indicators、Penn World Table version 10.0、ND-GAIN。经作者整理计算。

表 4.2　各变量的描述性统计（截面维度，2000—2019 年度中位数）

Variable	Obs	Mean	Median	Std. Dev.	Min	Max
rl rate（长期实际利率）	45	1.892	1.561	1.229	-0.162	6.788
rl_ rate2（长期实际利率 2）	45	0.298	0.068	1.523	-2.896	5.671
pdi（权力距离）	45	53.644	54	21.787	13	100
lto（长期导向）	45	50.733	48	22.094	13	100
uai（不确定性规避）	45	65.778	65	21.555	23	100
indul（放纵—克制指数）	44	49.682	49	20.192	13	97
gii（语言性别意识）	45	0.822	0	1.051	0	3

续表

Variable	Obs	Mean	Median	Std. Dev.	Min	Max
malefirst（性别劳动歧视）	38	1.650	1.582	0.334	1.081	2.515
menbetter（对男性从政的偏爱）	37	2.122	2.117	0.354	1.563	2.869
tpu（耕犁使用密度）	39	78.564	100	37.766	0	100
dwkg（劳动年龄人口增长率）	45	0.731	0.605	0.897	-1.556	2.467
dlp（劳动生产率增长率）	45	1.804	1.164	1.551	0.049	7.950
cpsh（资本占国民收入份额）	45	45.029	44.526	7.213	31.649	64.475
vuln（一国对气候变化的脆弱性）	45	33.874	32.842	5.842	24.493	51.326
res（一国对气候变化的坚韧性）	45	57.095	54.213	13.100	30.888	76.549
ts（长短期利差）	45	1.273	1.100	0.802	-0.409	3.457
lgdpc（人均实际 GDP 对数）	45	9.949	10.094	0.998	7.158	11.562
gdp（实际 GDP 增长率）	45	3.200	2.852	1.620	0.831	8.800
pb（一般财政盈余占 GDP 比重）	45	0.481	0.406	2.118	-4.768	8.631
ca（经常账户盈余占 GDP 比重）	45	0.322	-0.619	4.324	-7.325	12.262
pd（公共债务占 GDP 比重）	45	54.850	48.045	33.623	9.709	180.871

注：*malefirst* 和 *menbetter* 为该指数在 WVS 各轮调查的中位数得分。

资料来源：霍夫斯泰德等（2019）、Gay 等（2013，2018）、World Value Survey、Alesina 等（2013）、OECD、EIU Countrydata、World Development Indicators、Penn World Table version 10.0、ND-GAIN。经作者整理计算。

表 4.3　各变量的描述性统计（面板维度）

Variable	Obs	Mean	Median	Std. Dev.	Min	Max
rl rate（长期实际利率）	945	2.040	1.932	2.576	-8.980	20.998
*rl_ rate*2（长期实际利率 2）	945	0.477	0.371	3.765	-59.422	18.250
pdi（权力距离）	945	53.644	54	21.555	13	100
lto（长期导向）	945	50.733	48	21.859	13	100
uai（不确定性规避）	945	65.778	65	21.326	23	100
indul（放纵—克制指数）	924	49.682	49	19.972	13	97
gii（语言性别意识）	945	0.878	1	1.029	0	3
malefirst（性别劳动歧视）	798	1.660	1.590	0.329	1.079	2.480

续表

Variable	Obs	Mean	Median	Std. Dev.	Min	Max
menbetter（对男性从政的偏爱）	37	2.114	2.119	0.347	1.563	2.821
tpu（耕犁使用密度）	819	78.564	100	37.302	0	100
dwkg（劳动年龄人口增长率）	900	0.697	0.599	1.028	-2.149	6.748
dlp（劳动生产率增长率）	945	1.824	1.500	2.885	-22.800	21.100
cpsh（资本占国民收入份额）	945	44.923	44.169	7.527	29.001	69.427
vuln（一国对气候变化的脆弱性）	945	34.015	32.897	5.852	24.110	53.578
res（一国对气候变化的坚韧性）	945	56.542	56.070	12.758	28.632	80.658
ts（长短期利差）	945	1.369	1.161	3.282	-14.941	74.456
lgdpc（人均实际 GDP 对数）	945	9.923	10.175	1.015	6.602	11.638
gdp（实际 GDP 增长率）	945	2.976	2.850	3.138	-14.839	25.305
pb（一般财政盈余占 GDP 比重）	945	0.380	0.194	3.472	-29.200	18.475
ca（经常账户盈余占 GDP 比重）	945	0.255	0	5.579	-23.907	16.325
pd（公共债务占 GDP 比重）	945	56.027	46.900	36.280	3.879	222.884

注：*malefirst* 和 *menbetter* 分别为该指数在 WVS 各轮调查的平均得分。

资料来源：霍夫斯泰德等（2019）、Gay 等（2013，2018）、World Value Survey、Alesina 等（2013）、OECD、EIU Countrydata、World Development Indicators、Penn World Table version 10.0、ND-GAIN。经作者整理计算。

二、文化变量间的多重共线性问题

第三章 3.5 节曾简要考察了耐心文化指标与女性劳动文化指标的相关性（图 3.7），本节继续考察二者的相关性。表 4.4 展示了 8 个文化指标的偏相关系数。可以看出，在这 8 个文化维度中，不但衡量耐心文化的 4 个文化指标间的相关性较显著，并且这 4 个文化指标中的一些指标，与衡量女性劳动文化的 4 个文化指标也呈现出显著关联。比如，在 5%或 1%的显著性水平下，权力距离（*pdi*）与放纵—克制指数（*indul*）、长期导向（*lto*）与放纵—克制指数（*indul*）的偏相关系数分别高达-0.353 和-0.593；在 1%的显著性水平下，长期导向（*lto*）与耕犁使用密度（*tpu*）、放纵—克制指数（*indul*）与耕犁使用密度（*tpu*）的偏相关系数分别高达 0.619 和-0.539。

导致这种状况的原因可能在于，本书所讨论的 8 个文化维度中，不少维度拥有共同的历史根源①。此外，4.2 节理论分析中对储蓄和劳动供给的局部均衡分析也表明，居民的储蓄行为以及劳动供给行为，同时受时间偏好和闲暇偏好两方面的影响，这也可能是导致各文化维度之间相互关联的原因。

鉴于各文化变量间的这种相关性，为减轻多重共线性，笔者在基准回归的第一步每次只考察一种文化变量对利率的影响，第二步再根据这些回归结果中各文化变量的显著性，以及表 4.4 所展示的偏相关系数，将衡量耐心文化的变量和衡量女性劳动文化的变量同时放入回归中②。

表 4.4　8 个文化指标的偏相关系数

Variables	(1)	(2)	(3)	(4)	(5)	(6)	(7)	(8)
(1) *pdi*	1.000							
(2) *lto*	0.137 (0.369)	1.000						
(3) *uai*	0.277*** (0.065)	0.179 (0.240)	1.000					
(4) *indul*	−0.353*** (0.019)	−0.593*** (0.000)	−0.302 (0.046)	1.000				
(5) *gii*	0.142 (0.352)	−0.243** (0.108)	0.407*** (0.006)	0.075 (0.628)	1.000			
(6) *malefirst*	0.728*** (0.000)	0.278** (0.092)	0.071 (0.670)	−0.484*** (0.002)	−0.020 (0.903)	1.000		
(7) *menbetter*	0.709*** (0.000)	0.156 (0.356)	−0.004 (0.981)	−0.504*** (0.001)	0.000 (0.998)	0.792*** (0.000)	1.000	
(8) *tpu*	−0.044 (0.790)	0.619*** (0.000)	0.090 (0.584)	−0.539*** (0.000)	−0.285*** (0.078)	0.288*** (0.099)	0.102 (0.572)	1.000

注：1. *、**、*** 分别表示双侧 t 分布检验在 10%、5%、1% 的显著性水平。2. *malefirst* 和 *menbetter* 分别为该指数在 WVS 各轮调查的平均得分。

① 详情请参阅第三章的相关综述。

② 换言之，每个回归式最多包括两个文化变量。

三、基准回归：OLS 估计

表4.5和表4.6分别展示了按各样本国家2000—2019年的年度平均数据，或者年度中位数数据估计的回归结果，每列所展示的回归式均只包含一个文化变量。由于实际利率的驱动因素众多，为最大限度地避免遗漏变量偏误，在本章各个估计方程中都控制了4.3.1节所提及的一系列相关变量。

对比表4.5和表4.6可以发现，8个文化变量中，耐心文化变量中的 *pdi* 和 *indul*，女性劳动文化变量中的 *menbetter* 和 *tpu*，其系数在两个表格中都至少在10%的显著性水平下显著，方向符合预期，并且系数大小在两个表格中都较接近，说明这4个变量对实际利率影响的显著程度和大小都较为稳健。*lto* 和 *malefirst* 的估计系数在方向上也符合预期，但仅在其中一个表格中显著。回归结果大致表明，一国实际利率的均值（或中位数）受该国文化传统的影响，高权力距离、高长期导向、低放纵程度、高性别劳动歧视、对男性从政的偏爱，以及高密度的耕犁使用传统，将导致较低的长期实际利率水平；低权力距离、低长期导向、高放纵程度、低性别劳动歧视、对女性从政的相对认可，以及低密度的耕犁使用传统，将导致较高的长期实际利率水平。其他两个文化变量，*uai* 和 *gii* 则不显著，这可能是因为，对不确定性规避而言，较高的不确定性虽然意味着更多的预防性储蓄，但从另一个角度分析，高不确定性也对应着高风险溢价，前者对利率的负向效应可能被后者的正向效应所抵消；对语言性别意识而言，本书的国家样本量不大①，操同一种语言的国家（比如和宗主国操同种语言的其前殖民地国家）在样本中占有较大比重，使得此变量在样本中的变异较小，从而较大程度地增加了估计系数的标准误。

从定性的角度看，表4.5和表4.6的估计结果说明，在其他条件一定的前提下，拥有耐心文化的国家，其长期实际利率水平相比拥有不耐文化的国家偏低。同样地，女性劳动文化较消极的国家，其长期实际利率水平相比女性劳动文化较积极的国家也偏低。

---

① Gay 等（2013）创造并使用该指标（*gii*）考察了一国女性劳动参与率的决定，采用的国家样本数量为82个。

表 4.5　基准回归：OLS 估计，样本平均数数据，仅含单个文化变量

Dep：*rl_ rate*	(1)	(2)	(3)	(4)	(5)	(6)	(7)	(8)	(9)
Culture proxy：		*pdi*	*lto*	*uai*	*indul*	*gii*	*malefirst*	*menbetter*	*tpu*
culture_ s		−0. 018** (0. 009)	−0. 020* (0. 010)	0. 001 (0. 010)	0. 034*** (0. 011)				
culture_ l						0. 145 (0. 196)	−1. 677 (0. 916)	−1. 736* (0. 877)	−. 025*** (0. 008)
dwkg	0. 617* (0. 358)	0. 505 (0. 360)	0. 325 (0. 411)	0. 629 (0. 421)	0. 005 (0. 452)	0. 638* (0. 349)	0. 511 (0. 452)	0. 572* (0. 332)	0. 514* (0. 290)
dlp	0. 239 (0. 345)	0. 227 (0. 328)	0. 204 (0. 377)	0. 250 (0. 379)	0. 183 (0. 365)	0. 304 (0. 393)	0. 165 (0. 411)	0. 262 (0. 368)	0. 415 (0. 294)
cpsh	0. 006 (0. 018)	0. 018 (0. 021)	0. 004 (0. 020)	0. 006 (0. 018)	0. 005 (0. 028)	0. 006 (0. 019)	0. 007 (0. 028)	0. 004 (0. 035)	−0. 041 (0. 026)
ts	0. 046 (0. 340)	−0. 040 (0. 362)	0. 047 (0. 314)	0. 042 (0. 342)	0. 087 (0. 310)	0. 013 (0. 361)	0. 026 (0. 394)	0. 055 (0. 390)	0. 250 (0. 277)
vuln	0. 060 (0. 075)	0. 045 (0. 074)	0. 056 (0. 063)	0. 060 (0. 076)	0. 020 (0. 059)	0. 056 (0. 070)	0. 083 (0. 102)	0. 092 (0. 094)	0. 010 (0. 057)
res	−0. 030 (0. 044)	−0. 050 (0. 045)	−0. 024 (0. 038)	−0. 029 (0. 046)	−0. 036 (0. 039)	−0. 027 (0. 043)	−0. 052 (0. 058)	−0. 052 (0. 055)	−0. 028 (0. 038)
lgdp	0. 532 (0. 804)	0. 313 (0. 753)	0. 559 (0. 659)	0. 531 (0. 821)	0. 119 (0. 550)	0. 525 (0. 788)	0. 879 (1. 105)	1. 176 (1. 055)	0. 401 (0. 594)

续表

Dep：*rl_ rate*	(1)	(2)	(3)	(4)	(5)	(6)	(7)	(8)	(9)
gdp	−0. 417 (0. 337)	−0. 425 (0. 317)	−0. 311 (0. 365)	−0. 425 (0. 357)	−0. 185 (0. 408)	−0. 471 (0. 372)	−0. 254 (0. 412)	−0. 219 (0. 380)	−0. 572* (0. 301)
pb	0. 128* (0. 071)	0. 096 (0. 074)	0. 111 (0. 076)	0. 126 (0. 075)	0. 170** (0. 080)	0. 115 (0. 080)	0. 117 (0. 100)	0. 173 (0. 148)	−0. 038 (0. 116)
ca	−0. 098** (0. 038)	−0. 079** (0. 038)	−0. 061 (0. 047)	−0. 097** (0. 040)	−0. 088** (0. 035)	−0. 093** (0. 042)	−0. 081* (0. 045)	−0. 105* (0. 056)	−0. 008 (0. 043)
pd	0. 009* (0. 005)	0. 009* (0. 005)	0. 012** (0. 005)	0. 009 (0. 006)	0. 012 (0. 008)	0. 009 (0. 006)	0. 010 (0. 010)	0. 012 (0. 012)	0. 013* (0. 007)
oecd23	−0. 874 (0. 544)	−0. 739 (0. 557)	−1. 140* (0. 578)	−0. 855 (0. 610)	−0. 828 (0. 841)	−0. 835* (0. 553)	−0. 864 (1. 090)	−1. 748 (1. 125)	−1. 401* (0. 683)
Constant	−3. 729 (8. 05)	0. 725 (7. 867)	−3. 109 (6. 618)	−3. 815 (8. 068)	0. 022 (5. 887)	−3. 671 (7. 834)	−5. 888 (11. 994)	−6. 48 (11. 319)	3. 242 (6. 691)
Observations	45	45	45	45	44	45	38	37	39
R^2	0. 484	0. 521	0. 550	0. 484	0. 588	0. 494	0. 500	0. 554	0. 674
调整的 R^2	0. 291	0. 319	0. 361	0. 268	0. 410	0. 282	0. 229	0. 302	0. 504

注：1. 被解释变量和控制变量为样本国家 2000—2019 年的年度平均数据，估计方法为 OLS（Ordinary Least Squares）。2. 本组回归中，每列回归式只包含一个文化变量［第（1）列仅含控制变量］，第（2）~（9）列回归所包含的文化变量分别对应 *pdi*、*lto*、*uai*、*indul*、*gii*、*malefirst*、*menbetter* 以及 *tpu*。3. *、**、*** 分别表示双侧 *t* 分布检验在 10%、5%、1%的显著性水平。4. 括号中数值为异方差稳健标准误。

表 4.6 基准回归：OLS 估计，样本中位数数据，仅含单个文化变量

Dep：*rl_ rate*	(1)	(2)	(3)	(4)	(5)	(6)	(7)	(8)	(9)
Culture proxy：		*pdi*	*lto*	*uai*	*indul*	*gii*	*malefirst*	*menbetter*	*tpu*
culture_ s		−0.025** (0.009)	−0.016 (0.009)	−0.004 (0.010)	0.032*** (0.011)				
culture_ l						0.149 (0.169)	−1.693** (0.762)	−2.051** (0.836)	−0.024*** (0.006)
dwkg	0.308 (0.254)	0.191 (0.227)	0.178 (0.230)	0.295 (0.257)	−0.050 (0.252)	0.315 (0.245)	0.302 (0.301)	0.258 (0.296)	0.124 (0.191)
dlp	−0.190 (0.272)	−0.189 (0.275)	−0.055 (0.302)	−0.192 (0.276)	0.063 (0.282)	−0.134 (0.288)	−0.086 (0.268)	−0.163 (0.287)	0.098 (0.264)
cpsh	−0.004 (0.021)	0.015 (0.024)	−0.003 (0.024)	−0.005 (0.021)	−0.004 (0.031)	−0.005 (0.021)	0.016 (0.031)	0.004 (0.034)	−0.049* (0.026)
ts	−0.282 (0.369)	−0.534 (0.384)	−.0317 (0.334)	−0.260 (0.367)	−0.216 (0.362)	−0.327 (0.372)	−0.350 (0.438)	−0.270 (0.424)	−0.062 (0.249)
vuln	0.066 (0.061)	0.046 (0.059)	0.063 (0.054)	0.064 (0.061)	0.027 (0.056)	0.061 (0.058)	0.065 (0.080)	0.094 (0.074)	0.021 (0.052)
res	−0.017 (0.035)	−0.047 (0.035)	−0.017 (0.033)	−0.019 (0.037)	−0.025 (0.031)	−0.015 (0.035)	−0.039 (0.044)	−0.039 (0.042)	−0.037 (0.028)
lgdp	0.009 (0.614)	−0.254 (0.542)	0.107 (0.563)	0.031 (0.636)	−0.214 (0.478)	−0.013 (0.608)	0.183 (0.969)	0.650 (0.930)	0.266 (0.440)

续表

Dep：*rl_ rate*	(1)	(2)	(3)	(4)	(5)	(6)	(7)	(8)	(9)
gdp	-0.195 (0.211)	-0.248 (0.234)	-0.276 (0.223)	-0.210 (0.218)	-0.250 (0.237)	-0.234 (0.216)	-0.160 (0.233)	0.040 (0.293)	-0.264 (0.236)
pb	0.152** (0.068)	0.095 (0.072)	0.130* (0.073)	0.156** (0.067)	0.182** (0.067)	0.144* (0.072)	0.065 (0.077)	0.159 (0.123)	0.003 (0.106)
ca	-0.092** (0.034)	-0.077** (0.028)	-0.064 (0.041)	-0.094** (0.036)	-0.082** (0.033)	-0.088** (0.035)	-0.066* (0.036)	-0.098* (0.051)	-0.023 (0.039)
pd	0.008* (0.004)	0.007* (0.004)	0.009** (0.004)	0.009* (0.005)	0.010* (0.006)	0.008* (0.004)	0.011 (0.008)	0.009 (0.009)	0.013** (0.006)
oecd23	-0.755 (0.516)	-0.594 (0.504)	-0.983* (0.518)	-0.862 (0.609)	-0.870 (0.626)	-0.714 (0.528)	-0.739 (0.934)	-1.567 (1.076)	-1.051** (0.499)
Constant	1.710 (6.261)	7.864 (6.123)	1.841 (5.589)	2.024 (6.147)	3.913 (5.083)	1.980 (6.041)	2.811 (10.304)	-0.701 (9.677)	5.117 (5.306)
Observations	45	45	45	45	44	45	38	37	39
R^2	0.505	0.580	0.544	0.507	0.605	0.516	0.577	0.589	0.716
调整的 R^2	0.319	0.403	0.353	0.300	0.434	0.314	0.348	0.357	0.568

注：1. 被解释变量和控制变量为样本国家2000—2019年的年度中位数数据，估计方法为OLS。2. 本组回归中，每列回归式只包含一个文化变量［第（1）列仅含控制变量］，第（2）～（9）列回归所包含的文化变量分别对应 *pdi*、*lto*、*uai*、*indul*、*gii*、*malefirst*、*menbetter* 以及 *tpu*。3. *、**、*** 分别表示双侧 *t* 分布检验在10%、5%、1%的显著性水平。4. 括号中数值为异方差稳健标准误。

进一步考察各文化变量对实际利率的数量效应。从耐心文化角度看，表4.5和表4.6第（2）列的结果表明，权力距离（*pdi*）每增加1分，将导致实际利率减少1.8~2.5个基点；或者说，权力距离每增加1个标准差（21.8分），将导致实际利率减少39.2~54.5个基点。表4.5第（3）列的结果表明，长期导向（*lto*）每增加1分，将导致实际利率减少2个基点，或者说，长期导向每增加1个标准差（22.1分），将导致实际利率减少44.2个基点。表4.5和表4.6第（6）列的结果表明，放纵—克制（*indul*）每增加1分，将导致实际利率增加3.2~3.4个基点，或者说，放纵—克制每增加1个标准差（20.2分），将导致实际利率增加64.6~68.7个基点。

从女性劳动文化角度看，表4.6第（7）列的结果表明，性别劳动歧视（*malefirst*）每增加1分，将导致实际利率减少约1.69个百分点（169个基点），或者说，性别劳动歧视每增加1个标准差（0.334分），将导致实际利率减少约0.56个百分点（56个基点）。表4.5和表4.6第（8）列的结果表明，对男性从政的偏爱（*menbetter*）每增加1分，将导致实际利率减少1.74~2.05个百分点（174~205个基点），或者说，对男性从政的偏爱每增加1个标准差（0.347或0.354分），将导致实际利率减少0.60~0.73个百分点（60~73个基点）。第（9）列的结果表明，（前工业时代的）耕犁使用密度（*tpu*）每增加1分，将导致实际利率减少2.4~2.5个基点，或者说，耕犁使用密度每增加1个标准差（37.8分），将导致实际利率减少91.7~94.5个基点。

表4.1和表4.2说明，在横截面样本中，长期实际利率 *rl_ rate* 的样本标准差为130个或123个基点。换言之，表4.5和表4.6的估计结果表明，耐心文化每变化1个标准差所引致的实际利率变动，最高可占实际利率标准差的55.9%①；女性劳动文化每变化1个标准差所引致的实际利率变动，最高可占实际利率标准差的76.8%②。

对比以上文化变量和各个经济变量的估计系数可以发现，从统计显著性

① 即表4.4中，*indul* 的系数估计结果。

② 即表4.4中，*tpu* 的系数估计结果。

看，相较文化变量，各经济变量系数的估计结果与理论预期虽然基本吻合，但多数不具备统计显著性，说明从截面维度看，经济变量对实际利率的解释效力低于文化变量。从数量效应看，文化变量对实际利率的数量效应甚至大于人口、贸易盈余、债务等频繁出现在经验文献中的利率决定变量。以表 4. 5 第（9）列为例，*dwkg* 的估计系数表明，劳动年龄人口增长率每增加 1 个标准差（0. 89 个百分点），将导致实际利率增加 45. 7 个基点；*pd* 的估计系数表明，公共债务占 GDP 比重每增加 1 个标准差（33. 79 个百分点），将导致实际利率增加 43. 9 个基点，从单位标准差变化导致的数量效应看，劳动年龄人口增长率，以及公共债务占 GDP 比重对利率的影响仅相当于耕犁使用密度（*tpu*）的一半。再以表 4. 6 第（2）列为例，*ca* 的估计系数表明，经常账户盈余占 GDP 比重每增加 1 个标准差（4. 324 个百分点），将导致实际利率减少 33. 3 个基点，从单位标准差变化导致的数量效应看，经常账户盈余占 GDP 比重对利率的影响仅相当于权力距离（*pdi*）的 61%。

接下来通过对比表 4. 5 和表 4. 6 各列回归的可决系数（调整的 R^2），考察文化变量对实际利率的解释力。对比表 4. 5、表 4. 6 的第（1）列和其他各列，笔者发现：文化变量的估计系数具有统计显著性的各列回归，即包含耐心文化变量 *pdi*、*lto* 或 *indul*，以及女性劳动文化变量 *malefirst*、*menbetter* 或 *tpu* 的各列回归，其调整的 R^2 相较仅含经济变量的回归，均有显著的提高。以表 4. 6 为例，在仅包括经济变量的回归结果［第（1）列］中，调整的 R^2 为 0. 32，说明经济变量解释了大约 32% 的实际利率变异。引入 *pdi* 后［第（2）列］，调整的 R^2 上升至 0. 40，提高了约 20%；引入 *indul* 第（5）列或 *tpu* 第（9）列后，调整的 R^2 分别增加至 0. 43 或 0. 57，提高了约 34%或 78%。换言之，在引入表征耐心文化或女性劳动文化的变量以后，实证模型对利率决定的解释力相比仅包含经济变量的模型，能够增加多达 78%。

表 4. 7 展示了将耐心文化变量和女性劳动文化变量同时放入回归式的估计结果。由于两类文化变量存在较高的相关性（见 3. 6 节与 4. 3. 2 节），在此类回归中需避免多重共线性问题。通过考察各个变量的相关系数，并反复尝试了两类文化变量的各种组合以后，笔者发现仅有包含 *pdi* 和 *tpu* 回归式的估

计结果能够保证两类文化变量同时显著。第（1）、（3）列的结果表明，在其他条件一定的前提下，如果一国兼具耐心文化和消极的女性劳动文化，那么相比兼具不耐文化和积极的女性劳动文化的国家，该国的长期实际利率会明显偏低。权力距离与耕犁使用密度每共同增加 1 个标准差，将导致实际利率减少 126.8~133.7 个基点，占实际利率样本标准差的近 100%。

表 4.7　基准回归：OLS 估计，同时包含两个文化变量

	样本平均数数据		样本中位数数据	
Dep：*rl_ rate*	(1)	(2)	(3)	(4)
Culture proxy：	*pdi&tpu*			
culture_ s	−0.018* (0.009)	−0.021** (0.009)	−0.020** (0.008)	−0.025*** (0.008)
culture_ l	−0.025*** (0.007)	−0.034*** (0.010)	−0.022*** (0.006)	−0.034*** (0.007)
culture_ s×oecd23		0.013 (0.017)		0.015 (0.014)
culture_ l×oecd23		0.019 (0.012)		0.023** (0.011)
dwkg	0.382 (0.266)	0.287 (0.312)	0.041 (0.153)	−0.012 (0.169)
dlp	0.412 (0.259)	0.287 (0.293)	0.083 (0.258)	−0.074 (0.247)
cpsh	−0.023 (0.029)	−0.025 (0.028)	−0.026 (0.028)	−0.026 (0.026)
vuln	0.163 (0.303)	0.138 (0.334)	−0.277 (0.271)	−0.312 (0.268)
res	−0.005 (0.059)	−0.039 (0.054)	0.009 (0.055)	−0.033 (0.049)
ts	−0.051 (0.043)	−0.023 (0.045)	−0.062* (0.032)	−0.024 (0.035)
lgdp	0.279 (0.498)	−0.014 (0.501)	0.120 (0.347)	−0.272 (0.335)

续表

	样本平均数数据		样本中位数数据	
gdp	−0.541** (0.259)	−0.315 (0.314)	−0.265 (0.239)	−0.009 (0.243)
pb	−0.068 (0.112)	−0.019 (0.113)	−0.028 (0.097)	0.001 (0.087)
ca	0.011 (0.039)	−0.018 (0.042)	−0.016 (0.031)	−0.043 (0.034)
pd	0.013* (0.007)	0.013* (0.008)	0.012** (0.005)	0.011** (0.005)
oecd23	−1.198* (0.677)	−3.409* (1.784)	−0.868 (0.508)	−3.629** (1.505)
Constant	−0.018* (0.009)	9.539 (6.227)	−0.020** (0.008)	12.740** (4.873)
Observations	39	39	39	39
R^2	0.705	0.737	0.760	0.805
调整的 R^2	0.533	0.546	0.619	0.663

注：1.（1）、（2）列的被解释变量和控制变量为样本国家 2000—2019 年的年度平均数数据，（3）、（4）列则为相应的年度中位数数据，估计方法为 OLS。2. 本组回归中，每列回归式同时包含两个文化变量，分别为表征耐心文化（*culture_ s*）的 *pdi*，以及反映女性劳动文化（*culture_ l*）的 *tpu*。3. *、**、*** 分别表示双侧 *t* 分布检验在 10%、5%、1%的显著性水平。4. 括号中数值为异方差稳健标准误。

值得注意的是，第（1）、（3）列的回归结果相较表 4.5 和表 4.6 的第（1）列结果，调整后的 R^2 分别从 0.29 增加至 0.53，以及从 0.32 增加至 0.62，这说明在引入表征耐心文化，以及表征女性劳动文化的变量以后，实证模型的解释力相较仅包含经济变量的模型提高了约 62%或 93%。此外，第（1）、（3）列估计结果调整的 R^2 亦大于表 4.5 或表 4.6 的第（2）～（9）列回归结果调整的 R^2，说明同时包含耐心文化和女性劳动文化变量的回归方程，对长期实际利率国别差异的解释力要高于仅含耐心文化变量，或者仅含女性劳动文化变量的回归方程。

鉴于本书的国家样本既有发达国家，又有新兴市场国家，两类国家在经济发展水平上具有较大差异，表 4.7 还将两类文化变量分别与表征 23 个老牌 OECD 国家的虚拟变量（*oecd*23）做了交互，借以检验文化对实际利率的影响强度是否依赖于国家的经济发展水平，结果分别如第（2）、（4）列所示。引入文化变量和国家类别的交互项以后，*pdi* 和 *tpu* 的系数仍然显著为负，并且其绝对值相较第（1）列或第（3）列均有所膨胀，此外，*pdi* 和 *tpu* 与 *oecd*23 的交互项的系数均为正，并且这些系数的绝对值均小于同一列中 *pdi* 和 *tpu* 的系数，说明相较发达国家而言，文化对实际利率的影响强度在新兴市场国家间更大。但是从统计意义上看，文化对实际利率的影响强度在发达国家和新兴市场国家之间并不存在显著差异［除了第（4）列的 *tpu*×*oecd*23 以外，交互项的系数在 10%的水平上均不显著］，换言之，文化对实际利率的影响强度与一国经济发展水平的相关性较弱——不论发达国家还是新兴市场国家，其实际利率都会受到文化的影响，并且这种影响强度在两类国家之间几乎没有显著差异。

表 4.5 至表 4.7 所展示的 OLS 估计结果表明，从截面维度看，文化对长期实际利率的影响是显著并具有解释力的，在实证考察利率的国别差异时，忽略文化因素可能造成严重的遗漏变量问题。但是，纵观本书所用到的 8 个文化变量，可以看出，在 6 个对实际利率影响显著的文化变量（*pdi*、*lto*、*indul*、*malefirst*、*menbetter* 和 *tpu*）中，有 5 个变量都是根据调查数据构造的，它们反映的是一国居民在某一时点上的群体观念，这些观念可能随社会经济环境的变化而变化，换言之，这类文化变量可能是时变而非固定的。在 4.3.5 节，笔者将探讨由调查数据所带来的内生性隐患，并通过寻找工具变量，建立两阶段最小二乘回归去克服该隐患。

四、基准回归：残差分析

表 4.5 至表 4.7 表明，在实际利率决定的回归方程中引入耐心文化变量 *pdi*、*lto* 或 *indul*，以及女性劳动文化变量 *malefirst*、*menbetter* 或 *tpu*，与仅包含经济变量的估计结果相比，其拟合优度（R^2 或调整的 R^2）均有明显的提高。从另一个角度说，这意味着包含以上文化变量的估计结果，相比仅含经济变

量的估计结果，拥有明显较小的残差平方和。表 4.8 和表 4.9 列示了 7 个 G7 成员国[①]，以及 6 个新兴经济体[②]在表 4.5 至表 4.7 的部分估计结果（见表注）中的残差值。其中，加粗的字体意味着一国在某个估计结果中的残差绝对值，低于该国在不含文化变量的估计结果中的残差绝对值。

从表 4.8 和表 4.9 可以看出，第一，在仅含经济变量的回归基础上［第（1）列］，引入耐心文化变量 *pdi*、*lto* 或 *indul*，以及女性劳动文化变量 *malefirst*、*menbetter* 或 *tpu*，在多数情况下都会缩小估计结果的残差绝对值，尤其在同时引入耐心文化变量 *pdi* 和女性劳动文化变量 *tpu* 以后［第（8）列］。第二，同时引入耐心文化变量 *pdi* 和女性劳动文化变量 *tpu* 的估计结果［第（8）列］中，大多数国家的残差绝对值都缩小至 0.5 个百分点以内[③]（发达经济体和新兴经济体均是如此）。说明在引入文化变量后，各国实际利率均值或中位数的拟合值与实际值的差距明显缩小，实证模型的估计精度明显提高。

表 4.8　基准回归：部分国家的残差值，样本平均数数据

	残差							
	（1）无文化变量	（2）*pdi*	（3）*lto*	（4）*indul*	（5）*malefirst*	（6）*menbetter*	（7）*tpu*	（8）*pdi&tpu*
美国	−0.614	−0.414	−0.898	−0.480	−0.754	−0.463	−0.127	0.059
日本	−0.679	−0.627	−0.572	−0.483	−0.629	−0.990	−1.419	−1.381
德国	1.501	1.315	1.476	1.083	1.566	1.426	0.733	0.522
英国	−0.180	−0.348	0.000	−0.431	0.022	0.055	0.338	0.176
法国	−0.024	0.363	0.196	0.180	−0.117	−0.134	−0.009	0.374
意大利	−1.025	−1.187	−0.654	−0.210	−1.188	−1.144	−0.234	−0.437
加拿大	−0.616	−0.515	−0.787	−0.830	−0.782	−0.734	−0.254	−0.150
中国	0.720	0.797	0.982	0.341	0.534	0.199	0.270	0.218

① 美国、日本、德国、英国、法国、意大利和加拿大。

② 中国、印度、巴西、俄罗斯、墨西哥和菲律宾。

③ 作为对比，回顾表 4.1，实际利率（*rl_ rate*）的样本均值为 1.95%。

续表

	残差							
印度	−0.596	−0.721	−0.410	−0.175	−0.400	−0.629	0.452	0.378
巴西	2.910	2.958	3.068	2.991	2.729	2.510	1.896	2.022
俄罗斯	−0.703	−0.275	−0.538	−0.563	−0.605	−0.148	−0.775	−0.356
墨西哥	−0.374	−0.298	−0.421	−1.176	−0.486	−0.514	−0.417	−0.343
菲律宾	−0.870	−0.702	−0.996	−0.702	−0.586	−0.356	−0.570	−0.408

注：1. 第（1）~（8）列分别对应表4.5的第（1）、（2）、（3）、（5）、（7）、（8）、（9）列，以及表4.7第（1）列的估计结果的残差值。2. 单位为%。

表4.9　基准回归：部分国家的残差值，样本中位数数据

	残差							
	（1） 无文化 变量	（2） *pdi*	（3） *lto*	（4） *indul*	（5） *malefirst*	（6） *menbetter*	（7） *tpu*	（8） *pdi&tpu*
美国	−0.337	−0.138	−0.600	−0.299	−0.771	−0.338	0.108	0.224
日本	−0.215	−0.083	−0.164	−0.067	−0.328	−0.711	−1.026	−0.863
德国	0.357	0.084	0.595	0.495	0.383	0.460	0.396	0.215
英国	−0.350	−0.656	−0.257	−0.659	−0.189	−0.287	0.189	−0.088
法国	−0.091	0.463	0.047	0.127	−0.385	−0.235	−0.116	0.348
意大利	−0.383	−0.591	−0.224	0.144	−0.617	−0.465	0.088	−0.137
加拿大	−0.733	−0.602	−0.804	−0.843	−0.954	−0.771	−0.367	−0.291
中国	1.429	1.513	1.576	0.884	0.901	0.664	0.532	0.569
印度	−0.876	−1.189	−0.708	−0.392	−0.838	−0.980	0.165	−0.131
巴西	2.279	2.189	2.461	2.491	2.166	2.010	1.612	1.653
俄罗斯	−1.479	−0.798	−1.263	−1.242	−1.122	−0.869	−1.091	−0.588
墨西哥	−0.703	−0.750	−0.797	−1.509	−1.130	−1.047	−0.533	−0.573
菲律宾	−0.946	−0.476	−0.942	−0.708	−0.089	−0.414	−0.700	−0.369

注：1. 第（1）~（8）列分别对应表4.4的第（1）、（2）、（3）、（5）、（7）、（8）、（9）列，以及表4.7第（3）列的估计结果的残差值。2. 单位为%。

五、基准回归：2SLS 估计

在表 4.5 和表 4.6 的回归结果中，表征耐心文化的 *pdi* 和 *indul*，以及表征女性劳动文化的 *menbetter* 和 *tpu* 等变量的系数均至少在 10%的显著性水平下显著；表征耐心文化的 *lto*，以及表征女性劳动文化的 *malefirst* 等变量的系数分别在表 4.5 和表 4.6 中显著，且方向符合预期。说明文化确实是影响长期实际利率的重要因素。然而在这些变量中，除了 *tpu* 是基于历史地理的变量外，其余 5 个变量均是基于调查数据的变量。理论上，以调查数据为基础的变量①存在潜在的内生解释变量问题，其原因在于，人们在某一时期的观念会受社会、政治、经济环境的制约，而政治、经济环境中的一些因素又可能和利率相关。比如，权力距离得分较高的国家，政府对经济干预的动机可能更强；长期导向得分较高的国家，养老保险体系可能更完善，从而会有更高的国民储蓄率；性别劳动歧视得分，或者对男性的从政偏爱得分越高的国家，其劳动力市场的隐性制度安排可能更不利于女性，从而会有更低的劳动参与率。此类不可观测的因素可能与本书核心解释变量（*pdi*、*lto*、*malefirst*、*menbetter* 等文化指标）相关，却未被计量模型所控制，从而混入了模型的扰动项，导致核心解释变量和扰动项相关，使得估计结果是有偏的和不一致的。为解决这一问题，本节将寻找一组与耐心文化或女性劳动文化相关的工具变量，从中分离出与扰动项不相关的部分，对表 4.5 至表 4.6 中包含 *pdi*、*lto*、*indul*、*malefirst* 和 *menbetter* 的实证方程进行两阶段最小二乘（2SLS）估计。

一组有效的工具变量必须满足工具变量相关性（instrument relevance）和工具变量外生性（instrument exogeneity）这两大条件，此两大条件均具备以后，则可以通过 2SLS 回归估计内生解释变量的系数（Stock、Watson，2011）。就本研究而言，这两大条件分别指：

---

① 针对 *pdi*、*lto*、*uai* 和 *indul* 等文化维度数据，霍夫斯泰德等（2019）认为，在其组织的历次文化维度调查中，虽然各国的具体得分略有变化，但各国的相对排序却保持稳定，他据此判断一国的文化，或者价值观是稳定的。但是，笔者认为，由于霍氏所组织的价值观调查集中在 20 世纪七八十年代，此时本书样本中的大部分国家，特别是 OECD 国家的基本经济体制已经确立，这些经济体制中的一些因素可能是既影响人们的观念，又影响长期实际利率的。

（1）工具变量 Z 与内生解释变量，即文化变量 *culture* 相关，其中，*culture* 分别代指 *pdi*、*lto*、*indul* 以及 *malefirst* 和 *menbetter*。

$$corr(Z_i, culture_i) \neq 0 \tag{4-15}$$

（2）工具变量 Z 与扰动项 *u* 无关。

$$corr(Z_i, u_i) = 0 \tag{4-16}$$

根据霍夫斯泰德等（2010，2019），虽然每一文化维度各代表一个独立的价值观，但这些维度之间往往具有相似的历史、地理渊源，本书第三章的 3.6 节曾对此做了专门的梳理和总结。比如权力距离（*pdi*）得分较高的国家具备以下特征：（1）曾经为古罗马帝国的领土，或者为中华文化圈的一部分，这类国家在历史上均受单一权力中心统治。（2）纬度适中，四季分明、雨热同期，适合发展密集（集约）农业。水利兴修、灌溉等大型农业工程客观上使这类社会孕育出严密的分工—协调组织结构，更容易演化成中央集权的政治制度。长期导向（*lto*）、性别劳动歧视（*malefirst*）或对男性从政偏爱（*menbetter*）得分较高，放纵—克制指数（*indul*）得分较低国家的传统政治形态多数为中央集权制，恰好对应单一权力中心；农业形态也正好对应密集农业①。简单说来，这是因为相比热带或寒带地区的迁移（粗放）农业，温带地区的定居（密集）农业需要耗费人们更多的耐心（对应更高的 *lto* 或更低的 *indul*），也更加排斥女性的劳动参与（对应更高的 *malefirst* 或 *menbetter*）。此外，密集农业能够养活更多的人口，这就需要更加复杂的社会组织体系去协调人们的经济关系，从而演化出了相对森严的等级制度（对应更高的 *pdi*），在这种体制下生活的人们对自身的欲望也更加克制（对应更低的 *indul*）。从表 4.4 也可以看出，*pdi*、*lto*、*indul*、*malefirst* 和 *menbetter* 等 5 个文化指标，无论是在耐心文化的 3 个指标之间、在女性劳动文化的 2 个指标之间，抑或是耐心文化和女性劳动文化二者之间，其偏相关性都较高，这在一定程度上印证了它们相近的历史、地理渊源。

为了缓解潜在的内生性困扰，本书根据霍夫斯泰德等（2010；2019）对各文化维度历史、地理渊源的叙述，构造以下变量，作为 *pdi*、*lto*、*indul*、

① 详细论述请参阅第二章、第三章。

malefirst 和 *menbetter* 共同的工具变量，分别为：

（1）帝国传统（*empire*）。该变量为虚拟变量，取值为 1 的样本在历史上曾经为中央集权帝国的一部分，或者在政治制度上受中央帝国的深刻影响，包括曾作为古罗马帝国行省的西欧、南欧各国①，中国和引入了中国律令制（中央集权制）的日本、韩国，以及具有 400 年帝国传统的俄罗斯。具有帝国传统的国家，私权对公权的让渡较多，民众对权力的忍耐程度较高，因而更为耐心；此外，具有帝国传统的国家，社会等级更加森严，女性的地位较低，在劳动分工中更多扮演非生产者的角色。

（2）密集农业传统（*cultivation*）。密集农业讲究精耕细作，在较少的土地上投入较多精细的生产资料，因此该变量实际上可以用耕犁使用密度（*tpu*）代理。考虑到 *tpu* 已经是本书的主要解释变量，参考 Alesina 等（2013），将耕犁使用密度（*tpu*）超过 50%的国家定义为具有密集农业传统的国家。该变量为虚拟变量，取值为 1 即代表该样本具有密集农业传统。具有密集农业传统的国家，民众更为耐心，女性的地位也更低②。

（3）纬度（*latitude*）。纬度决定一国的传统农业经济形态，从而间接塑造了文化。低纬度的热带地区，人们能够轻易且快速地获取食物，因而时间偏好较高。此外，热带地区也更容易产生迁移农业，迁移农业的主要耕作工具是对身体力量要求较低的刀、木棍或者锄头，使得女性也能广泛参与农业生产；中纬度的亚热带和温带地区更容易产生密集农业，密集农业的主要耕作工具是对力量要求较高的犁和耕牛，使得女性通常被排除在生产之外。参考 Acemoglu 等（2001），将各样本国家纬度的绝对值标准化为取值 0 至 1 的连续变量。数值越大，表明所处的纬度越远离赤道。

（4）纬度的平方（*latitude_ sqr*）。该变量（结合 *latitude*）刻画纬度对一国传统农业形态，从而对文化的非线性影响。适中的纬度有助于形成密集农业传

---

① 罗马帝国鼎盛时期的疆域范围包括样本国家中的意大利、法国、西班牙、葡萄牙、希腊、以色列、匈牙利、奥地利、瑞士、保加利亚、卢森堡以及比利时。英国的英格兰和威尔士地区（不列颠行省）虽然也是罗马帝国的一部分，然而，彼时的被统治民族并非今日英国的主体民族，故未将英国包括在其中。

② 请参阅第三章对农耕文化与时间偏好及女性地位关系的讨论。

统，过高的纬度则不利于农业的发展。高纬度地区的社会在农业时代通常具有游耕或游牧传统（斯塔夫里阿诺斯，2019），典型的如古代日耳曼部落①。由于生存环境恶劣，这类社会的居民具有较高的时间偏好（不够耐心）；恶劣的生存环境使这些部落对生存资源的争夺更加激烈，男性的频繁出征令女性承担了家庭主要生产者的角色（霍夫斯泰德，2019），女性在这类社会的地位反而较高。

以上 4 个变量与 *pdi*、*lto*、*indul*、*malefirst* 以及 *menbetter* 相关，但除影响以上指标以外，并不直接影响一国的实际利率，符合工具变量的相关性条件和外生性条件。

表 4.10 展示了工具变量的回归结果，其中，第（1）~（4）列分别对应表 4.5 的第（2）、（3）、（5）、（7）、（8）列，第（6）~（9）列分别对应表 4.6 的第（2）、（3）、（5）、（7）、（8）列。从第一阶段回归可以看出，至少在 10%的显著性水平下，作为工具变量的帝国传统（*empire*）、密集农业传统（*cultivation*）以及纬度（*latitude*），分别与 5 个（可疑的）内生解释变量中的 2 个或 3 个相关，说明各文化变量之间确实存在同源的关系。从第二阶段回归可以看出，各文化变量的 2SLS 估计系数在统计显著性和符号方向上与 OLS 回归的对应结果完全一致，*lto* 和 *malefirst* 的系数较基准回归甚至更为显著，呼应了 OLS 的估计结果。但是从系数的大小看，除了以 *menbetter* 为解释变量的回归以外，2SLS 的估计结果相比 OLS 有较大程度的膨胀，换言之，在解释变量为外生的前提下，采用 2SLS 的估计结果可能会夸大文化对实际利率的影响程度，因此需对工具变量的适用性进行检验。

如前文所述，使用工具变量方法估计回归方程时，应尽量满足以下条件：（1）工具变量与内生解释变量相关；（2）工具变量与扰动项不相关。此外，还应证明在 OLS 回归模型中，被怀疑为内生解释变量的 5 个文化变量确实是内生的。这是因为在解释变量为外生的前提下，OLS 比工具变量法更有效，此时，在两种方法所估计的系数均一致的情况下，工具变量法的估计结果会产生更大的方差，导致“无病用药”（陈强，2014）。

---

① 其主体民族对应本书的英国、美国、加拿大、澳大利亚、新西兰、德国、奥地利、荷兰、卢森堡、丹麦、挪威、瑞典、冰岛等样本。

表 4.10　基准回归：2SLS 估计

	样本平均数数据					样本中位数数据				
Dep：*rl_ rate*	(1) *pdi*	(2) *lto*	(3) *indul*	(4) *malefirst*	(5) *menbetter*	(6) *pdi*	(7) *lto*	(8) *indul*	(9) *malefirst*	(10) *menbetter*
culture_ s	-0.027 (0.024)	-0.038*** (0.012)	0.047*** (0.012)			-0.032** (0.012)	-0.041*** (0.013)	0.052*** (0.011)		
culture_ l				-3.548* (2.200)	-1.755** (0.821)				-4.688** (2.040)	-1.840** (0.745)
dwkg	0.457 (0.425)	0.068 (0.467)	-0.274 (0.449)	0.624 (0.394)	0.531* (0.309)	0.185 (0.224)	-0.037 (0.195)	-0.248 (0.219)	0.233 (0.316)	0.245 (0.222)
dlp	0.264 (0.257)	0.351 (0.330)	0.174 (0.306)	0.417 (0.387)	0.379 (0.290)	-0.051 (0.200)	0.489* (0.251)	0.345* (0.177)	-0.097 (0.191)	-0.006 (0.171)
cpsh	0.038 (0.037)	0.034 (0.022)	0.024 (0.020)	0.061 (0.045)	0.028 (0.023)	0.032 (0.021)	0.032 (0.022)	0.017 (0.021)	0.069 (0.044)	0.019 (0.020)
vuln	0.018 (0.052)	0.011 (0.050)	-0.021 (.047)	0.007 (0.103)	0.233 (0.285)	0.026 (0.051)	0.008 (0.053)	-0.029 (0.051)	-0.023 (0.098)	-0.042 (0.320)
res	-0.047 (0.058)	-0.006 (0.029)	-0.020 (0.030)	-0.034 (0.053)	0.063 (0.074)	-0.052 (0.032)	-0.014 (0.027)	-0.014 (0.024)	-0.007 (0.038)	0.067 (0.066)
ts	0.117 (0.320)	0.279* (0.170)	0.311 (0.190)	0.263 (0.335)	-0.042 (0.044)	-0.359 (0.299)	-0.058 (0.161)	0.201 (0.223)	-0.129 (0.452)	-0.031 (0.036)
lgdp	0.197 (0.583)	0.477 (0.501)	-0.175 (0.444)	0.333 (1.021)	0.920 (0.855)	-0.101 (0.457)	0.336 (0.424)	-0.211 (0.393)	-0.692 (0.932)	0.473 (0.771)

续表

	样本平均数数据					样本中位数数据				
gdp	−0.306 (0.276)	−0.198 (0.393)	0.050 (0.385)	−0.280 (0.415)	−0.282 (0.284)	−0.125 (0.201)	−0.384* (0.204)	−0.080 (0.184)	0.036 (0.232)	−0.040 (0.185)
pb	0.030 (0.071)	0.097 (0.069)	0.136** (0.055)	−0.072 (0.149)	0.110 (0.119)	0.010 (0.064)	0.099* (0.058)	0.130** (0.055)	−0.172 (0.150)	0.053 (0.095)
ca	−0.057 (0.040)	−0.003 (0.042)	−0.066*** (0.025)	−0.007 (0.058)	−0.069** (0.033)	−0.079*** (0.024)	−0.004 (0.045)	−0.063** (0.027)	0.008 (0.059)	−0.071** (0.033)
pd	0.008** (0.004)	0.013*** (0.004)	0.012** (0.005)	0.017* (0.009)	0.007 (0.007)	0.006* (0.003)	0.011*** (0.004)	0.012*** (0.004)	0.017** (0.008)	0.005 (0.006)
oecd23	−0.368 (0.628)	−0.777 (0.537)	−0.372 (0.619)	−1.003 (0.842)	−1.149* (0.681)	−0.174 (0.422)	−0.554 (0.450)	−0.562 (0.518)	−0.824 (0.873)	−1.015 (0.744)
Constant	1.354 (5.718)	−3.184 (5.773)	0.778 (5.213)	2.358 (13.000)	−4.947 (8.992)	5.717 (5.321)	−0.254 (4.930)	1.494 (4.615)	14.125 (12.472)	−0.101 (8.063)
Observations	39	39	38	34	33	39	39	38	34	33
R^2	0.549	0.610	0.655	0.277	0.565	0.552	0.520	0.600	0.149	0.519
Endogeneity. p	0.847	0. 301	0.431	0.137	0.768	0.638	0.111	0.139	0.048	0.995
第一阶段回归										
Dep:	*pdi*	*lto*	*indul*	*malefirst*	*menbetter*	*pdi*	*lto*	*indul*	*malefirst*	*menbetter*
empire	20.668** (9.606)	14.578 (9.628)	−9.902* (5.921)	−0.019 (0.129)	−0.053 (0.091)	25.182** (9.141)	14.432* (7.724)	−11.291* (5.625)	0.064 (0.126)	−0.029 (0.105)

续表

	样本平均数数据					样本中位数数据				
cultivation	-3.553 (11.923)	14.715 (10.249)	-29.196** (8.643)	0.356* (0.198)	0.621*** (0.118)	7.671 (9.832)	15.152 (9.553)	-26.94*** (7.288)	0.373* (0.193)	0.659*** (0.123)
latitude	-112.06 (82.580)	122.249* (69.775)	-17.026 (56.352)	0.595 (1.284)	-1.054 (0.750)	-158.20* (77.920)	107.964 (64.790)	-22.376 (71.237)	-0.512 (1.386)	-1.810* (0.946)
latitude_ sqr	149.811 (93.215)	-123.500 (99.843)	27.960 (84.798)	-1.365 (1.522)	-0.116 (1.227)	191.614* (98.011)	-126.991 (101.208)	53.793 (99.283)	0.021 (1.532)	0.606 (1.251)
Controls	yes	yes	yes	yes	yes	yes	yes	yes	yes	yes
Weak. Instrument. p	0.287	0.001	0.001	0.380	0	0.111	0	0	0.390	0
Over. Identification. p	0.032	0.041	0.116	0.311	0.099	0.033	0.121	0.432	0.568	0.095

注：1. 作为对比，（1）～（5）列分别对应表 4.5 的（2）、（3）、（5）、（7）、（8）列，（6）～（10）列分别对应表 4.6 中的（2）、（3）、（5）、（7）、（8）列的估计结果。2. 估计方法为 Two-Stage Least Squares（2SLS）。3. Endogeneity. p 为内生性检验统计量，即 Durbin-Wu-Hausman F 统计量所对应的 p 值，原假设 H_0 为待检验变量在模型中可作为外生变量，拒绝原假设则表明，待检验的变量在统计意义上为内生变量。4. Weak. Instrument. p 表示第一阶段回归中工具变量的联合显著性检验，即 F 统计量所对应的 p 值，原假设 H_0 为工具变量对内生解释变量不存在显著性影响，拒绝原假设则表明，工具变量与内生解释变量相关，从而在统计意义上不存在“弱工具变量”问题。5. Over. Identification. p 为过度识别检验的卡方统计量所对应的 p 值，原假设 H_0 为工具变量有效，拒绝原假设则表明，模型中使用的工具变量在统计意义上无效。6. *、**、*** 分别表示双侧 t 分布检验在 10%、5%、1%的显著性水平。7. 括号中数值为异方差稳健标准误。

对于第一类条件的判断，可以通过观察第一阶段回归结果中各工具变量的联合显著性来做判断。从第一阶段的回归结果看，检验弱工具变量的 *F* 统计量的 *p* 值（表 4.10 的 Weak. Instrument. p 一栏）在第（2）、（3）、（5）、（6）、（7）、（8）、（10）列回归中都小于或接近 0.1，说明弱工具变量问题仅在以 *malefirst* 作为解释变量的 2SLS 回归中存在。本书所采用的工具变量基本能满足第一类条件。

对于第二类条件的判断，一是定性讨论（本节前半段对此已作了论述），二是（在恰好识别的前提下）对 2SLS 回归作过度识别检验。该检验的原假设是工具变量与扰动项不相关，即工具变量是有效的。过度识别检验的结果（表 4.10 的 Over. Identification. p 一栏）表明，除了第（1）、（2）、（6）列，与检验相关的卡方统计量的 *p* 值均大于或接近 0.1，说明除了 *pdi* 以外，其余 3 个文化变量的工具变量都是有效的。

对原解释变量的内生性检验采用的是 Durbin-Wu-Hausman Test，该检验方法对扰动项为异方差的情况下也同样适用（陈强，2014）。检验结果（表 4.10 的 Endogeneity. p 一栏）表明，5 个文化变量基本可被视作外生的，除第（9）列外，其余各列的 p 值均大于 0.1。这就说明，虽然本书寻找的工具变量基本上是与解释变量相关并且有效的，但由于原解释变量并未被证明是内生变量，OLS 的回归（表 4.5 至表 4.6）结果相比 2SLS 的回归结果仍然更具参考价值。此外还需说明的是，鉴于 *pdi* 在表 4.10 的相应检验中已被证明是外生的，本书没有对表 4.7 进行相应的 2SLS 估计。

六、将被解释变量和控制变量替换成面板数据

在这一小节，笔者将被解释变量和控制变量替换为样本国家 2000—2019 年的面板数据①，采用时间固定效应（Least Square Dummy Variable，LS-DV）法对式（4-14）进行估计。对本书的研究目的而言，面板数据的优势在于：第一，扩大样本容量，提高估计的精确度。在表 4.5 至表 4.7 的各个截

① 文化变量不随时间变化，所用的数据仍和基准回归一致。其中，一国的 *malefirst* 和 *menbetter* 采用各轮 WVS 调查的平均数数据。

面维度的估计中，样本容量最大仅为45，采用面板数据能让本书的样本容量增加到900，从而提高估计的精确度。第二，采用面板数据，可以缓解联立方程偏误。在前面的截面维度估计中，长期实际利率，以及各个经济变量的取值均为其在2000—2019年的年度平均数或者年度中位数。其中，GDP增长率（*gdp*）、公共债务占GDP比重等周期变量和利率可能存在互为因果的关系。在面板数据估计的设定中，笔者将此类周期变量滞后一期，从而减轻由联立偏误带来的内生性。

表4.11为基于面板数据的LSDV估计结果。作为对比，第（1）~（9）列分别对应表4.5或表4.6中的第（1）~（9）列，第（10）列分别对应表4.7中的第（1）列或第（3）列的估计结果。从统计的显著程度看，对面板数据回归的结果与基准回归的结果几乎一致——对文化变量而言，在10%的显著性水平下，第（2）、(3)、(6)、(8)、(9)、(10）列的估计结果是显著的。

接下来对回归结果进行数量效应分析。

从耐心文化层面看，第（2）、(3）列的估计结果表明，给定其他条件不变，平均而言，权力距离和长期导向每增加1分，实际利率会分别减少2.4个和2.7个基点，第（5）列的估计结果表明，放纵—克制指数每增加1分，实际利率则会高出3.4个基点；从单位标准差导致的边际效应看，权力距离和长期导向每增加1单位标准差，实际利率会分别减少51.7个和59个基点，放纵—克制指数每增加1单位标准差，实际利率则会高出67.9个基点。

从女性劳动文化层面看，第（7）~（9）列的估计结果表明，给定其他条件不变，平均而言，性别劳动歧视、对男性从政的偏爱以及耕犁使用密度每增加1分，实际利率会分别减少105个、204个和2.6个基点；性别劳动歧视、对男性从政的偏爱，以及耕犁使用密度每增加1单位标准差，实际利率则会分别减少34.7个、74.1个和96.7个基点。

综合耐心文化和女性劳动文化。第（10）列的估计结果表明，给定其他条件不变，平均而言，权力距离和耕犁使用密度每共同增加1分，实际利率会减少4.4个基点；权力距离和耕犁使用密度每共同增加1单位标准差，实际利率则会减少148.6个基点。

表 4.11　面板数据回归：LSDV 估计

Dep：*rl_ rate*	(1)	(2) *pdi*	(3) *lto*	(4) *uai*	(5) *indul*	(6) *gii*	(7) *malefirst*	(8) *menbetter*	(9) *tpu*	(10) *pdi&tpu*
culture_ s		−0.024***	−0.027***	−0.004	0.034***					−0.018***
		(0.007)	(0.008)	(0.007)	(0.009)					(0.006)
culture_ l						0.098	−1.052*	−2.037**	−0.026***	−0.026***
						(0.150)	(0.580)	(0.764)	(0.006)	(0.006)
dwkg	0.398**	0.336*	0.192	0.379**	0.059	0.386**	0.443**	0.339	0.159	0.113
	(0.165)	(0.182)	(0.158)	(0.172)	(0.181)	(0.176)	(0.191)	(0.212)	(0.146)	(0.134)
dlp	0.047	0.039	0.059	0.043	0.071	0.048	0.070	0.079	0.063	0.060
	(0.057)	(0.058)	(0.055)	(0.056)	(0.052)	(0.058)	(0.067)	(0.064)	(0.065)	(0.065)
cpsh	0.012	0.019	0.003	0.011	0.007	0.011	0.008	0.020	−0.041*	−0.029
	(0.019)	(0.020)	(0.023)	(0.019)	(0.024)	(0.020)	(0.022)	(0.022)	(0.023)	(0.024)
vuln	0.067	0.054	0.061	0.065	0.023	0.064	0.092	0.094	0.025	0.013
	(0.069)	(0.069)	(0.057)	(0.068)	(0.054)	(0.065)	(0.086)	(0.083)	(0.051)	(0.051)
res	−0.028	−0.043**	−0.015	−0.031	−0.026	−0.024	−0.038	−0.040	−0.033	−0.045**
	(0.022)	(0.021)	(0.020)	(0.025)	(0.019)	(0.022)	(0.025)	(0.027)	(0.019)	(0.019)
L. ts	0.180***	0.173***	0.179***	0.182***	0.190***	0.178***	0.176***	0.184***	0.187***	0.181***
	(0.053)	(0.050)	(0.052)	(0.052)	(0.054)	(0.053)	(0.054)	(0.050)	(0.055)	(0.053)
L. lgdp	0.409	0.166	0.426	0.451	−0.099	0.372	0.569	0.579	0.301	0.136
	(0.621)	(0.623)	(0.522)	(0.636)	(0.474)	(0.590)	(0.832)	(0.825)	(0.465)	(0.457)

续表

Dep：*rl_ rate*	（1）	（2） *pdi*	（3） *lto*	（4） *uai*	（5） *indul*	（6） *gii*	（7） *malefirst*	（8） *menbetter*	（9） *tpu*	（10） *pdi&tpu*
L. gdp	−0.305*** （0.072）	−0.298*** （0.071）	−0.282*** （0.073）	−0.308*** （0.072）	−0.279*** （0.072）	−0.303*** （0.074）	−0.319*** （0.092）	−0.333*** （0.092）	−0.298*** （0.084）	−0.286*** （0.085）
L. pb	0.033 （0.060）	0.016 （0.057）	0.010 （0.054）	0.036 （0.058）	0.036 （0.056）	0.030 （0.061）	0.040 （0.055）	0.018 （0.069）	−0.037 （0.061）	−0.051 （0.058）
L. ca	−0.027 （0.030）	−0.014 （0.028）	0.001 （0.032）	−0.030 （0.031）	−0.024 （0.027）	−0.025 （0.032）	−0.019 （0.034）	−0.023 （0.038）	0.010 （0.035）	0.021 （0.031）
L. pd	0.007 （0.006）	0.007 （0.006）	0.009* （0.005）	0.008* （0.005）	0.008 （0.007）	0.007 （0.006）	0.007 （0.008）	0.003 （0.010）	0.010* （0.006）	0.010* （0.006）
oecd23	−0.716 （0.578）	−0.733 （0.574）	−1.197* （0.618）	−0.823 （0.606）	−0.806 （0.835）	−0.697 （0.583）	−0.890 （0.936）	−1.473 （1.111）	−1.134* （0.599）	−1.102** （0.537）
Constant	−1.782 （7.415）	2.885 （7.603）	−0.288 （6.144）	−1.598 （7.300）	3.280 （5.712）	−1.543 （7.126）	−1.712 （9.982）	0.780 （9.485）	5.725 （5.645）	8.831 （5.651）
Year. Dummy	Yes	Yes	Yes	Yes	Yes	Yes	Yes	Yes	Yes	Yes
Observations	900	900	900	900	880	900	760	740	780	780
R^2	0.359	0.377	0.395	0.359	0.395	0.360	0.371	0.394	0.436	0.448
调整的 R^2	0.336	0.354	0.372	0.336	0.372	0.336	0.343	0.367	0.412	0.423

注：1. 作为对比，（1）~（9）列分别对应表 4.5 或表 4.6 中的（1）~（9）列，（10）列分别对应表 4.5 中的（1）列或（3）列的估计结果。2. 估计方法为引入了时间固定效应的最小二乘虚拟变量（LSDV）估计。3. *、**、*** 分别表示双侧 t 分布检验在 10%、5%、1%的显著性水平。4. 括号中数值为按国家聚类的稳健标准误。

表4.3显示，在面板样本中，实际利率的标准差约为258个基点。表4.11的结果表明，耐心文化每变动1个标准差所引致的实际利率变动，最高可达实际利率样本标准差（258个基点）的26.3%。女性劳动文化每变动1个标准差所引致的实际利率变动，最高可达实际利率样本标准差的37.5%。耐心文化和女性劳动文化每共同变动1个标准差所引致的实际利率变动，最高可达实际利率样本标准差的57.6%。拟合优度方面，在引入文化变量以后，调整的R^2能够从0.336最高增加至0.423。考虑到面板数据兼有截面维度和时间序列维度，而文化变量只有截面维度，以上分析所揭示的文化对实际利率的解释力是很强的。

综合以上分析可以看出，就文化变量对实际利率的边际效应而言，采用面板数据的估计结果和采用截面数据的估计结果，在统计显著性和经济显著性上基本一致，说明基于截面数据的基准回归结果是稳健的。

七、机制检验

在前文所展示的基准回归结果中（表4.5至表4.7），比较显著的变量（集）有*pdi*、*lto*、*indul*、*malefirst*、*menbetter*、*tpu*以及*pdi*和*tpu*的组合。从理论分析部分（4.2节）可以看出，耐心文化变量，如*pdi*、*lto*和*indul*，以及女性劳动文化变量，如*malefirst*、*menbetter*和*tpu*，其影响均衡实际利率的渠道皆为资本劳动比——给定其他条件相同，较高的*pdi*或*lto*对应耐心文化，较高的*malefirst*、*menbetter*或*tpu*对应消极的女性劳动文化，以上情况意味着较高的资本劳动比，从而较低的实际利率，反之亦然；较高的*indul*对应不耐文化（耐心文化的反面），这意味着较低的资本劳动比，从而较高的实际利率，反之亦然。从机制检验的角度看，这意味着如果在包含以上文化变量的方程中加入表征资本劳动比的变量，则可以预期表征资本劳动比的变量会显著为负，而文化变量的显著性，无论在经济意义上，还是在统计意义上，都应该下降。

定义资本劳动比为平均每个就业人员所拥有的资本存量（Carbaugh，2015）①，在表4.5至表4.7中包含*pdi*、*lto*、*indul*、*malefirst*、*menbetter*或*tpu*

① 以2017年不变价格计算，数据来源为Penn World Table version 10.0。

的回归中引入资本劳动比的对数〔*ln*（*cl_ ratio*）〕，表 4.12 的估计结果表明，*ln*（*cl_ ratio*）在多数估计结果中均至少在 5%的水平下显著；对比表 4.5 的相应结果，可以发现，*pdi* 和 *lto* 的估计系数的经济显著性有所下降，并且在 10%的水平下变得不显著，*malefirst* 和 *indul* 的估计系数在经济显著性和统计显著性方面都略有下降。表 4.13 的估计结果表明，*ln*（*cl_ ratio*）在多数估计结果中均至少在 10%的水平下显著；*pdi* 和 *tpu* 的估计系数的经济显著性略有下降，*lto*、*malefirst* 、*menbetter* 和 *indul* 估计系数的经济显著性和统计显著性都有所下降（并且在 10%的水平下，*lto*、*malefirst* 和 *menbetter* 的估计系数变得不显著）。总的来说，在引入表征资本劳动比的变量以后，文化变量的估计结果在经济显著性和统计显著性方面都有一定程度下降，说明资本劳动比的确是文化影响实际利率的渠道。

表 4.12　机制检验：OLS 估计，样本平均数数据

Dep：*rl_ rate*	（1）	（2）	（3）	（4）	（5）	（6）	（7）
Culture proxy：	*pdi*	*lto*	*indul*	*malefirst*	*menbetter*	*tpu*	*pdi&tpu*
ln（*cl_ ratio*）	−0.925** （0.373）	−0.843** （0.382）	−0.856** （0.348）	−0.953** （0.368）	−0.557 （0.462）	−0.666 （0.510）	−0.555 （0.536）
culture_ s	−0.016 （0.009）	−0.017 （0.012）	0.032** （0.013）				−0.016* （0.009）
culture_ l				−0.308 （0.941）	−1.266 （0.908）	−0.023** （0.008）	−0.023*** （0.008）
Constant	5.130 （8.515）	1.433 （7.886）	4.488 （6.52）	−1.188 （12.877）	−3.278 （12.959）	6.698 （7.892）	8.987 （7.414）
Controls	Yes	Yes	Yes	Yes	Yes	Yes	Yes
Observations	45	45	44	38	37	39	39
R^2	0.566	0.587	0.628	0.548	0.565	0.694	0.719

注：1.（1）～（7）列分别为对表 4.5 第（2）、（3）、（5）、（7）、（8）、（9）列，以及对表 4.7 第（1）列估计结果的机制检验，估计方法为 OLS。2. *、**、*** 分别表示双侧 *t* 分布检验在 10%、5%、1%的显著性水平。3. 括号中数值为异方差稳健标准误。4. 为节省篇幅，控制变量的估计结果未列出。

表 4.13 机制检验：OLS 估计，样本中位数数据

Dep：*rl_ rate*	(1)	(2)	(3)	(4)	(5)	(6)	(7)
Culture proxy：	*pdi*	*lto*	*indul*	*malefirst*	*menbetter*	*tpu*	*pdi&tpu*
ln（*cl_ ratio*）	-1.222*** (0.379)	-1.223*** (0.428)	-1.149*** (0.370)	-1.023** (0.382)	-0.877** (0.421)	-0.693* (0.409)	-0.633 (0.435)
culture_ s	-0.022** (0.009)	-0.010 (0.010)	0.027** (0.011)				-0.019** (0.008)
culture_ l				-1.197 (0.782)	-1.270 (0.954)	-0.020*** (0.007)	-0.018*** (0.006)
Constant	13.596** (5.275)	8.401 (6.217)	9.717* (5.017)	7.467 (9.733)	4.214 (9.372)	8.438 (5.722)	11.540** (5.013)
Controls	Yes	Yes	Yes	Yes	Yes	Yes	Yes
Observations	45	45	44	38	37	39	39
R^2	0.677	0.639	0.691	0.640	0.626	0.740	0.780

注：1.（1）~（6）列分别为对表 4.6 第（2）、（3）、（5）、（7）、（8）、（9）列，以及对表 4.7 第（3）列估计结果的机制检验，估计方法为 OLS。2. *、**、*** 分别表示双侧 t 分布检验在 10%、5%、1%的显著性水平。3. 括号中数值为异方差稳健标准误。4. 为节省篇幅，控制变量的估计结果未列出。

八、扩展回归：文化与实际利率变动速度——基于随机增长模型

本章的理论分析表明，耐心文化和女性劳动文化通过影响资本劳动比，决定一国的均衡实际利率水平。以上各小节的分析则说明，从横向对比（截面）的角度看，文化决定了各国（在样本期内）的平均实际利率水平，换言之，文化决定了各国在同一时期内的实际利率水平差异。对此问题的一个自然延伸是——从纵向对比（时序）的角度看，文化能否影响一国实际利率（在样本期内的）的平均变动幅度。

从利率演变的一般规律来看，受妇女生育率的限制，随着经济的不断发展和资本的持续积累，各国的资本相对于劳动都会不断增长（即资本深化现象），导致资本要素的价格，即实际利率，随时间下降①（陈斌开和陆铭，

① 此外，根据马克思主义政治经济学原理，利率亦会伴随社会平均利润率的下降而呈现下降趋势。

2016)。在本书的样本中，44 个国家在 2000—2019 年，其实际利率在各年的变动幅度（Δrl_rate），平均数为-18.2 个基点，中位数为-32.3 个基点，和以上规律吻合。但是本书认为，尽管实际利率随时间下降可能是一种全球趋势，但由于各国不同的文化背景，亦会使实际利率随时间的下降幅度呈现出明显差异。

假设耐心文化对一国民众的储蓄行为的影响是稳定的、持久的，女性劳动文化对一国女性的劳动参与行为的影响也是稳定的、持久的。那么可以预见，给定其他条件，具有耐心文化或者消极女性劳动文化的国家，该国的资本相对于劳动随时间的增长速度会更快，即资本劳动比的增长速度会更快，从而实际利率的下降速度也会越快。反之，具有不耐文化或者积极女性劳动文化的国家，该国的资本相对于劳动随时间的增长速度会越慢，即资本劳动比的增长速度会越慢，从而实际利率的下降速度也会越慢。换言之，各国实际利率的平均变动速度会因文化差异而有所不同。

表 4.14 列示了样本期内，资本劳动比的变动率（Δcl_ratio），与在前文的实证结果中统计显著程度最高的 6 个文化变量的偏相关系数，可见，Δcl_ratio 与表征耐心文化的 *pdi*、*lto* 显著正相关，与表征不耐文化的 *indul* 显著负相关，并且与（从消极方向）表征女性劳动文化的 *malefirst* 和 *menbetter* 显著正相关。说明在耐心文化或者消极的女性劳动文化背景下，资本劳动比随时间增长的速度可能更快。

表 4.14　资本劳动比变化率与 6 个文化变量的偏相关系数

Variables	(1)	(2)	(3)	(4)	(5)	(6)	
(1) Δcl_ratio	1.000						
(2) *pdi*	0.195*** (0.000)	1.000					
(3) *lto*	0.055 (0.096)	0.137*** (0.000)	1.000				
(4) *indul*	-0.275*** (0.000)	-0.353*** (0.000)	-0.593*** (0.000)	1.000			

续表

Variables	(1)	(2)	(3)	(4)	(5)	(6)	
(5) *malefirst*	0.214*** (0.000)	0.728*** (0.000)	0.278*** (0.000)	-0.484*** (0.000)	1.000		
(6) *menbetter*	0.200*** (0.000)	0.701*** (0.000)	0.141*** (0.000)	-0.485*** (0.000)	0.790*** (0.000)	1.000	
(7) *tpu*	0.050 (0.167)	-0.044** (0.207)	0.619*** (0.000)	-0.539*** (0.000)	0.288*** (0.000)	0.076* (0.044)	1.000

注：*、**、***分别表示双侧 t 分布检验在 10%、5%、1%的显著性水平。

本小节将采用随机增长模型，去检验各国（在样本期内的平均）实际利率变动是否会因文化而有所不同。实证模型设定如下：

$$rl\_rate_{it} = c_i + \theta_t + g_i \times t + g_s culture\_s_i \times t + g_l culture\_l_i \times t + \sum_{s=1}^{S} \varphi_s control_{i,t}^{s} + \sum_{c=1}^{C} \eta_c control_{i,t-1}^{c} + e_{it} \quad (4-17)$$

将式（4-15）一阶差分，去除国别固定效应 c 和趋势项 t，可以得到与之等价的方程（Wooldridge，2010）：

$$\Delta rl\_rate_{it} = \xi_t + g_i + g_s culture\_s_i + g_l culture\_l_i + \sum_{s=1}^{S} \Delta\varphi_s control_{i,t}^{s} + \sum_{c=1}^{C} \Delta\eta_c control_{i,t-1}^{c} + \Delta e_{it} \quad (4-18)$$

其中，ξ_t 为时间虚拟变量（时间固定效应），g_i 为国别趋势，即国家 i 的实际利率在样本期内的平均增长（不考虑文化的前提下），$g_s culture\_s_i$ 和 $g_l culture\_l_i$ 是本节考察的重点，二者分别代表在给定耐心文化或者女性劳动文化的条件下，国家 i 的实际利率在样本期内，每年的平均增长（不考虑国家特有增长的前提下），在控制了 g_i 的条件下考察 $g_s culture\_s_i$ 和 $g_l culture\_l_i$，能够将一国文化对实际利率变动的影响，与该国其他非时变因素对实际利率变动的影响相分离①，从而更好地识别文化对实际利率变动的影响。笔者仍然采用 44 个样本国家在 2000—2019 年的面板数据，并且只选用在前文的估计

① 比如，样本中的新兴市场国家，其资本相对于劳动力的积累速度，相比发达经济体更快，从而实际利率的下降速度可能也更快。

结果中显著的6个文化变量，利用固定效应（Fix Effects，FE）方法估计式（4-17），结果如表4.15所示。

表4.15　文化对实际利率变动速度的影响：FE估计

Dep：*rl_ rate*	(1)	(2)	(3)	(4)	(5)	(6)	(7)
Culture proxy：	*pdi*	*lto*	*indul*	*malefirst*	*menbetter*	*tpu*	*pdi&tpu*
culture_ s×t	-0.014*** (0.002)	-0.003*** (0.004)	0.012*** (0.001)				-0.015*** (0.002)
culture_ l×t				-3.317*** (0.505)	-4.770*** (0.928)	-0.003*** (0.001)	0*** (0)
Constant	0.096 (7.529)	6.202 (7.167)	0.941 (7.522)	8.817 (7.212)	15.101** (6.942)	-2.895 (7.859)	-4.818 (7.91)
Country. Trend	Yes	Yes	Yes	Yes	Yes	Yes	Yes
Year. Dummy	Yes	Yes	Yes	Yes	Yes	Yes	Yes
Controls	Yes	Yes	Yes	Yes	Yes	Yes	Yes
Observations	855	855	836	722	703	741	741
withinR^2	0.536	0.536	0.535	0.530	0.543	0.530	0.530

注：1. 估计方法为FE。2. 控制了国家特有趋势（Country Trend）和时间虚拟变量。3. *、**、***分别表示双侧t分布检验在10%、5%、1%的显著性水平。4. 括号中数值为按国家聚类的稳健标准误。5. 为节省篇幅，国家特有趋势以及控制变量的估计结果未列出。

表4.15展示了式（4-17）的估计结果。结果表明，一国越具有耐心文化（更高的*pdi*或*lto*，或者更低的*indul*），或者越具有消极的女性劳动文化（更高的*malefirst*、*menbetter*或*tpu*），其实际利率的负增长程度就会越高①。以第（2）、（6）列的结果为例，给定一国具有很高的长期导向，或者在前工业时代具有很高的耕犁使用密度，比如韩国（*lto*＝100，*tpu*＝100），其实际利率每年的负增长幅度（在不考虑该国特有趋势g_i的条件下）可高达30个基点，这与该国的实际利率在样本期内的平均变动幅度（-0.329个百分点）非

① 表4.15中，单位相同的各个文化变量，比如*pdi*、*lto*与*indul*（满分均为100分且标准差大小相近），它们的估计系数的绝对值差异较大，是因为国别趋势（表4.15未列出）的系数大小在表4.15的各列估计中差异很大。

常接近[①]。再比如与韩国同为儒家文明的中国（$lto = 87$，$tpu = 90$），第（2）、（6）列的结果表明，中国的实际利率每年的负增长幅度（在不考虑该国特有趋势 g_i 的条件下）可高达 26.1 个或 27 个基点，这与该国的实际利率在样本期内的平均变动幅度（-0.220 个百分点）亦比较接近。

表 4.15 表明，耐心文化或消极的女性劳动文化，不但会导致一国的实际利率水平较低，也会使该国的实际利率变动呈现出较快的负增长状态。基本的经济学原理认为，长期较低的实际利率会鼓励投资，促进资本积累，从而提升经济增长的潜力。从这一点看，由耐心文化或消极的女性劳动文化所带来的（持续的）利率下降可能是件好事。但是从另一方面看，实际利率的持续下降会压缩货币政策的腾挪空间，减少一国央行在面临经济衰退时能够采用的政策工具。此外，实际利率的持续下降还会鼓励企业采用机器替代劳动力，降低每单位 GDP 增长所吸纳劳动力的能力[②]（陆铭，2017），从而损害社会总福利，在全球人口老龄化、劳动力要素减少的背景下，这一问题尤其值得决策层关注。

九、稳健性检验

除了采用工具变量回归和面板数据回归去检验基准回归结果的稳健性以外，本节还做了以下 3 个稳健性检验，依次扼要说明。

（1）替换被解释变量

将长期实际利率重新定义为 10 年期国债收益率与当年 GDP 平减指数增长率之差，记为 *rl_ rate*2，以此重新估计横截面和面板数据模型。

（2）扩大 23 个老牌 OECD 国家的样本区间

正文之所以将样本区间限制在 2000—2019 年，主要考虑在样本国家之中，新兴经济体占有较大比重。在这些新兴经济体中，诸如苏东集团国家，在 20 世纪 90 年代的激进经济体制改革中，金融市场经历了剧烈的动

① 如果将其与韩国所对应的国别趋势相加的话，第（3）列和第（7）列的估计所预测的韩国的实际利率在样本期内的平均变动幅度，分别为-0.326 个和-0.265 个百分点，这与该国的实际利率在样本期内的平均变动幅度（-0.329 个百分点）仍然很接近。

② 亦称“就业弹性”。

荡，并且这些国家的市场经济制度在 90 年代末期才基本确立。与之相似的是，韩国、泰国、马来西亚、印尼和菲律宾等东亚、东南亚国家在 20 世纪八九十年代也屡受政局动荡乃至金融风暴的侵扰。因此，对新兴经济体而言，采用 2000 年以前的数据可能令实证估计受异常值干扰，此外还存在数据可得性的问题。但是对于探讨长期实际利率的决定因素而言，更长的样本区间可能会提供更可靠的经验证据，有鉴于此，笔者对 23 个老牌 OECD 国家采用 1985—2019 年的数据（其余国家仍然采用 2000—2019 年的数据），重新估计表 4.5 至表 4.7。需要说明的是，为使结果更加简明，以上两类稳健性检验均仅展示核心解释变量的估计结果。

（3）增加控制变量

在基准回归中，笔者尽可能地控制了主流经验文献中涉及的所有影响实际利率的变量，然而影响实际利率的潜在因素众多，这些因素甚至有可能来自宏观经济学和金融学以外的领域。鉴于此，笔者根据区域经济学和劳动经济学的相关研究，在基准回归的基础上，增加城市化率（*urban*）和服务业—工业比率（*siratio*）作为控制变量。城市化率衡量一国城市人口占总人口的比重（单位为%），它反映了一国经济的集聚程度。集聚通过匹配、学习和共享等机制，创造了规模经济，提高了各种生产要素（比如资本）的边际产出（陆铭，2017；郝寿义，2016），因此，实际利率可能与城市化率正相关①。服务业—工业比率衡量一国服务业的从业人数与工业的从业人数之比，它反映了一国服务业相对工业的发展程度。服务业相比工业对劳动者的体力要求更低，对女性更加友好，并且服务业的发展还深化了社会分工，促成了儿童照护、家务劳动等女性劳动的市场化。第二次世界大战以后，服务业的发展创造了大量适宜女性的工作岗位，提高了女性的劳动参与率（陆铭和梁文泉，2017），给定资本存量会压低社会资本劳动比，因此，实际利率可能与服务业—工业比率正相关。城市化率和服务业—工业比率的数据均来自世界银行的世界发展指标（WDI）数据库。

① 在本书样本中，*rl_ rate* 和 *urban* 的偏相关系数为 0.104（样本平均数数据）或 0.118（样本中位数数据）。

表 4.16 至表 4.20 分别展示了替换被解释变量后的回归结果，以及将 23 个老牌 OECD 国家的样本区间替换为 1985—2019 年的年度平均数数据（或中位数数据）的回归结果。总体而言，在替换了被解释变量和样本时区以后，*pdi*、*lto*、*indul*、*malefirst*、*menbetter* 和 *tpu* 等在基准回归中具有统计显著性的变量，在相应的回归中仍然基本显著，并且方向和系数的大小与基准回归的估计结果也基本一致。此外，从模型解释力的角度看，引入文化变量以后，估计结果的拟合优度相比只包含经济变量的模型，均有明显的提高，以表 4.20 为例，引入单个耐心文化变量后，比如 *indul*，调整的 R^2 从 0.337 增加至 0.424，提高了约 26%；引入单个女性劳动文化变量后，调整的 R^2 从 0.337 增加至 0.491，提高了约 46%；同时引入耐心文化变量 *pdi* 和女性劳动文化变量 *tpu* 以后，调整的 R^2 从 0.337 增加至 0.571，提高了约 69%。以上结果说明基准回归的估计结果不受被解释变量的度量方式或者样本区间选择的影响。

表 4.21 和表 4.22 展示了增加控制变量后的回归结果。观察 *urban* 和 *siratio* 在各列回归中的估计系数可以看出：第一，城市化率和服务业—工业比率对实际利率的长期均值或长期中位数的影响基本为正，符合预期，说明城市化和后工业化均能提高一国的长期实际利率，但以上结果在 10% 的水平上不显著①。第二，即便在控制了以上两个变量之后，*pdi*、*lto*、*indul* 以及 *malefirst*、*menbetter* 和 *tpu* 等文化变量仍然基本显著，并且方向和系数的大小与基准回归的估计结果也基本一致，说明基准回归的估计结果不受新增变量的影响。第三，从模型解释力的角度看，包含文化变量的估计结果，相比仅含控制变量的估计结果，在拟合优度方面均有明显的提高，这与基准回归的结果以及其他稳健性回归的估计结果是一致的。

总的来说，表 4.16 至表 4.22 的估计结果表明，基准回归的估计结果对解释变量的度量方式、样本区间的选择，以及控制变量的选择均不敏感，具有较强的稳健性。

---

① 表 4.19 第（3）列和第（9）列，以及表 4.20 第（3）列除外。

表 4.16 稳健性检验 I：替换被解释变量，样本平均数数据，OLS 估计

Dep：rl_ rate2	(1)	(2) *pdi*	(3) *lto*	(4) *uai*	(5) *indul*	(6) *gii*	(7) *malefirst*	(8) *menbetter*	(9) *tpu*	(10) *pdi&tpu*
culture_ s		-0.012 (0.011)	-0.015 (0.012)	-0.004 (0.011)	0.028** (0.013)					-0.011 (0.013)
culture_ l						0.080 (0.199)	0.239 (0.948)	-1.374 (1.008)	-0.018** (0.008)	-0.018** (0.008)
Constant	-3.059 (8.585)	-0.058 (8.422)	-2.607 (7.927)	-2.595 (8.478)	-0.342 (7.517)	-3.028 (8.556)	-8.080 (12.57)	-6.695 (12.533)	2.299 (8.807)	4.203 (8.636)
Controls	Yes	Yes	Yes	Yes	Yes	Yes	Yes	Yes	Yes	Yes
Observations	45	45	45	45	44	45	38	37	39	39
R^2	0.614	0.625	0.639	0.615	0.664	0.616	0.627	0.624	0.683	0.691
调整的 R^2	0.469	0.468	0.487	0.454	0.519	0.455	0.425	0.411	0.518	0.511

注：1. 作为对比，(1) ~ (9) 列分别对应表 4.5 的 (1) ~ (9) 列，(10) 列对应表 4.7 中的 (1) 列。2. 估计方法为 OLS。3. *、**、*** 分别表示双侧 t 分布检验在 10%、5%、1%的显著性水平。4. 括号中数值为异方差稳健标准误。

表 4.17　稳健性检验 II：替换被解释变量，样本中位数数据，OLS 估计

Dep：rl_ rate2	(1)	(2) *pdi*	(3) *lto*	(4) *uai*	(5) *indul*	(6) *gii*	(7) *malefirst*	(8) *menbetter*	(9) *tpu*	(10) *pdi&tpu*
culture_ s		−0.019** (0.009)	−0.009 (0.011)	0.003 (0.011)	0.024** (0.011)					−0.011 (0.009)
culture_ l						0.058 (0.158)	−1.209 (0.959)	−2.235** (0.944)	−0.022*** (0.005)	−0.021*** (0.005)
Constant	2.940 (6.745)	7.641 (6.945)	3.018 (6.550)	2.701 (6.807)	4.902 (6.358)	3.045 (6.708)	5.522 (10.947)	4.916 (9.787)	7.729 (6.211)	9.718 (6.563)
Controls	Yes	Yes	Yes	Yes	Yes	Yes	Yes	Yes	Yes	Yes
Observations	45	45	45	45	44	45	38	37	39	39
R^2	0.661	0.689	0.670	0.661	0.702	0.662	0.698	0.708	0.803	0.812
调整的 R^2	0.533	0.559	0.531	0.519	0.573	0.520	0.535	0.544	0.701	0.703

注：1. 作为对比，（1）~（9）列分别对应表 4.6 的（1）~（9）列，（10）列对应表 4.7 中的（3）列。2. 估计方法为 OLS。3. *、**、*** 分别表示双侧 t 分布检验在 10%、5%、1%的显著性水平。4. 括号中数值为异方差稳健标准误。

表 4.18　稳健性检验 III：替换被解释变量，面板数据，LSDV 估计

Dep：rl_ rate2	(1)	(2) *pdi*	(3) *lto*	(4) *uai*	(5) *indul*	(6) *gii*	(7) *malefirst*	(8) *menbetter*	(9) *tpu*	(10) *pdi&tpu*
culture_ s		−0.006 (0.008)	−0.017* (0.010)	−0.009 (0.008)	0.026** (0.010)					0 (0.008)
culture_ l						−0.054 (0.167)	−0.269 (0.559)	−1.421* (0.857)	−0.024*** (0.006)	−0.024*** (0.006)
Constant	−0.725 (8.049)	0.408 (8.201)	0.218 (7.333)	−0.332 (7.901)	2.566 (6.822)	−0.856 (7.84)	−4.355 (10.237)	0.646 (10.750)	6.627 (7.118)	6.615 (7.096)
Controls	Yes	Yes	Yes	Yes	Yes	Yes	Yes	Yes	Yes	Yes
Year. Dummy	Yes	Yes	Yes	Yes	Yes	Yes	Yes	Yes	Yes	Yes
Observations	900	900	900	900	880	900	760	740	780	780
R^2	0.330	0.331	0.340	0.332	0.343	0.330	0.339	0.340	0.406	0.406
调整的 R^2	0.306	0.306	0.315	0.308	0.318	0.306	0.310	0.310	0.380	0.379

注：1. 作为对比，(1) ~ (10) 列分别对应表 4.11 中的 (1) ~ (10) 列的估计结果。2. 估计方法为时间固定效应最小二乘虚拟变量（LSDV）估计。3. *、**、*** 分别表示双侧 t 分布检验在 10%、5%、1%的显著性水平。4. 括号中数值为按国家聚类的稳健标准误。

表 4.19 稳健性检验 IV：对 23 个老牌 OECD 国家扩充样本时区，样本平均数数据，OLS 估计

Dep：rl_ rate	(1)	(2) *pdi*	(3) *lto*	(4) *uai*	(5) *indul*	(6) *gii*	(7) *malefirst*	(8) *menbetter*	(9) *tpu*	(10) *pdi&tpu*
culture_ s		-0.019* (0.010)	-0.021* (0.010)	-0.002 (0.009)	0.026** (0.012)					-0.018* (0.011)
culture_ l						0.105 (0.187)	-1.252 (0.753)	-1.236 (0.905)	-0.016* (0.008)	-0.017** (.008)
Constant	-7.237 (9.049)	-2.310 (8.494)	-7.376 (7.587)	-6.971 (9.008)	-3.410 (7.252)	-7.123 (8.672)	-4.736 (11.787)	-9.533 (9.659)	-2.316 (7.810)	2.317 (7.635)
Controls	Yes	Yes	Yes	Yes	Yes	Yes	Yes	Yes	Yes	Yes
Observations	45	45	45	45	44	45	38	37	39	39
R^2	0.445	0.482	0.516	0.445	0.508	0.451	0.492	0.682	0.551	0.585
调整的 R^2	0.237	0.265	0.313	0.213	0.294	0.221	0.217	0.502	0.318	0.343

注：1. 将 23 个老牌 OECD 国家的样本时区从 2000—2019 年扩展为 1985—2019 年。2. 作为对比，(1) ~ (9) 列分别对应表 4.3 的 (1) ~ (9) 列，(10) 列对应表 4.5 中的 (3) 列。3. 估计方法为 OLS。4. *、**、*** 分别表示双侧 t 分布检验在 10%、5%、1%的显著性水平。5. 括号中数值为异方差稳健标准误。

表 4.20 稳健性检验 V：对 23 个老牌 OECD 国家扩充样本时区，样本中位数数据，OLS 估计

Dep：rl_ rate	(1)	(2) *pdi*	(3) *lto*	(4) *uai*	(5) *indul*	(6) *gii*	(7) *malefirst*	(8) *menbetter*	(9) *tpu*	(10) *pdi&tpu*
culture_ s		−0.024** (0.010)	−0.020* (0.010)	−0.007 (0.009)	0.028** (0.011)					−0.024** (0.009)
culture_ l						0.147 (0.160)	−1.672** (0.650)	−1.806** (0.823)	−0.018** (0.007)	−0.018*** (0.006)
Constant	−5.048 (6.608)	0.002 (5.513)	−5.318 (5.44)	−4.235 (6.035)	−2.535 (4.903)	−5.227 (6.34)	0.647 (9.353)	−2.171 (9.173)	0.413 (5.865)	5.601 (5.428)
Controls	Yes	Yes	Yes	Yes	Yes	Yes	Yes	Yes	Yes	Yes
Observations	45	45	45	45	44	45	38	37	39	39
R^2	0.518	0.583	0.577	0.526	0.598	0.530	0.605	0.606	0.665	0.729
调整的 R^2	0.337	0.408	0.399	0.327	0.424	0.228	0.391	0.383	0.491	0.571

注：1. 将 23 个老牌 OECD 国家的样本时区从 2000—2019 年扩展为 1985—2019 年。2. 作为对比，(1) ~ (9) 列分别对应表 4.6 的 (1) ~ (9) 列，(10) 列对应表 4.7 中的 (3) 列。3. 估计方法为 OLS。4. *、**、*** 分别表示双侧 t 分布检验在 10%、5%、1%的显著性水平。5. 括号中数值为异方差稳健标准误。

表 4.21　稳健性检验 VI：添加控制变量，样本平均数数据，OLS 估计

Dep：rl_ rate	(1)	(2) *pdi*	(3) *lto*	(4) *uai*	(5) *indul*	(6) *gii*	(7) *malefirst*	(8) *menbetter*	(9) *tpu*	(10) *pdi&tpu*
culture_ s		−0.016* (0.010)	−0.021** (0.009)	0.001 (0.010)	0.030** (0.012)					−0.013 (0.010)
culture_ l						0.086 (0.191)	−0.304 (0.873)	−0.967 (1.011)	−0.024*** (0.007)	−0.024*** (0.007)
urban	0.013 (0.020)	0.016 (0.019)	0.025* (0.015)	0.012 (0.021)	0.004 (0.020)	0.011 (0.021)	0.033 (0.029)	0.038 (0.029)	−0.001 (0.020)	−0.001 (0.018)
siratio	0.580 (0.526)	0.426 (0.530)	0.334 (0.403)	0.594 (0.545)	0.431 (0.477)	0.564 (0.512)	0.678 (0.546)	0.639 (0.521)	0.718* (0.440)	0.591 (0.449)
Constant	5.452 (9.178)	7.63 (8.923)	4.336 (8.618)	5.378 (9.31)	5.417 (8.66)	5.117 (9.643)	5.086 (11.202)	3.103 (9.494)	13.06 (9.796)	13.624 (9.614)
Controls	Yes	Yes	Yes	Yes	Yes	Yes	Yes	Yes	Yes	Yes
Observations	45	45	45	45	44	45	38	37	39	39
R^2	0.539	0.563	0.603	0.539	0.607	0.542	0.597	0.650	0.719	0.733
调整的 R^2	0.323	0.336	0.398	0.300	0.397	0.305	0.323	0.400	0.535	0.539

注：1. 除 *urban* 和 *siratio* 外，基准回归中的其他 12 个控制变量也包含在回归方程中。2. 作为对比，（1）~（9）列分别对应表 4.5 的（1）~（9）列，（10）列对应表 4.7 中的（1）列。3. 估计方法为 OLS。4. *、**、*** 分别表示双侧 t 分布检验在 10%、5%、1% 的显著性水平。5. 括号中数值为异方差稳健标准误。

表 4.22　稳健性检验 VII：添加控制变量，样本中位数数据，OLS 估计

Dep：*rl_ rate*	（1）	（2） *pdi*	（3） *lto*	（4） *uai*	（5） *indul*	（6） *gii*	（7） *malefirst*	（8） *menbetter*	（9） *tpu*	（10） *pdi&tpu*
culture_ s		−0.024** （0.010）	−0.018** （0.009）	−0.007 （0.011）	0.028** （0.012）					−0.018* （0.009）
culture_ l						0.090 （0.168）	−1.391* （0.752）	−1.592* （0.863）	−0.024*** （0.006）	−0.022*** （0.006）
urban	0.024 （0.020）	0.027 （0.017）	0.031* （0.016）	0.029 （0.020）	0.015 （0.019）	0.023 （0.020）	0.030 （0.025）	0.035 （0.027）	−0.002 （0.018）	0 （0.014）
siratio	0.285 （0.427）	0.102 （0.386）	0.166 （0.338）	0.227 （0.449）	0.221 （0.393）	0.274 （0.419）	0.401 （0.474）	0.361 （0.475）	0.441 （0.321）	0.285 （0.315）
Constant	9.886 （9.250）	12.881 （8.864）	8.874 （8.532）	10.027 （9.625）	9.265 （9.303）	9.678 （9.495）	10.974 （11.042）	6.807 （9.976）	12.997 （9.376）	13.481 （9.001）
Controls	Yes	Yes	Yes	Yes	Yes	Yes	Yes	Yes	Yes	Yes
Observations	45	45	45	45	44	45	38	37	39	39
R^2	0.561	0.624	0.609	0.568	0.628	0.565	0.638	0.655	0.737	0.768
调整的 R^2	0.355	0.430	0.407	0.344	0.428	0.340	0.391	0.409	0.565	0.600

注：1. 除 *urban* 和 *siratio* 以外，基准回归中的其他 12 个控制变量也包含在回归方程中。2. 作为对比，（1）~（9）列分别对应表 4.6 的（1）~（9）列，（10）列对应表 4.7 中的（3）列。3. 估计方法为 OLS。4. *、**、*** 分别表示双侧 *t* 分布检验在 10%、5%、1% 的显著性水平。5. 括号中数值为异方差稳健标准误。

第四节 延伸讨论：文化差异对实际利差的影响

4.3 节的实证结果表明，表征耐心文化的变量，以及表征女性劳动文化的变量，能够对样本国家的 10 年期国债实际收益率产生显著的、符合理论预期的影响，说明在截面维度上，文化能够解释实际利率的长期均值，或者长期中位数在各国之间的差异。本节将基本沿用本章前半部分的理论和实证框架，考察一个颇具政策实践价值的问题，即一国与美国的文化差异对该国与美国的长期实际利差①的影响。

本国国债与美债利差的变化，是一国经济基本面的晴雨表，反映了全球经济格局的相对变化。图 4.2 和图 4.3 分别展示了 2000—2019 年，三个大型发达经济体，以及三个大型发展中经济体的 10 年期国债实际收益率，与美国的 10 年期国债实际收益率之差（以下简称实际利差）。可以看出：第一，从全球经济周期层面看，以上经济体，尤其是三个大型发达经济体，其实际利差均呈逆周期变化——当全球经济扩张时，实际利差缩小，一旦经济衰退，比如 2000 年代早期的互联网泡沫，2008 年的全球金融危机以及随后的欧债危机，实际利差就会扩大，凸显了美国国债作为全球避险资产的地位。第二，大型发达经济体，尤其是日本和德国，其实际利差在样本期内的多数时期为负，反映了这些国家在经济基本面，比如劳动年龄人口增长率、技术进步等方面相对于美国的不足②。第三，大型发展中经济体，新兴经济体的实际利差在样本期内的大部分时间都明显更高，反映了发展中国家资本相比劳动更稀缺，即资本劳动比较低的现实③。

---

① 本书所提及的“长期实际利差”，指的是各国经通胀调整后的 10 年期国债收益率，与美国经通胀调整后的 10 年期国债收益率之差。

② 样本期内，日本和德国的劳动年龄人口增长率分别较美国低约 1.5 个和 1 个百分点，劳动生产率增速分别较美国低 0.7 个和 0.8 个百分点。

③ 对中国而言，这一现象不明显，这可能和中国的金融抑制政策有关。

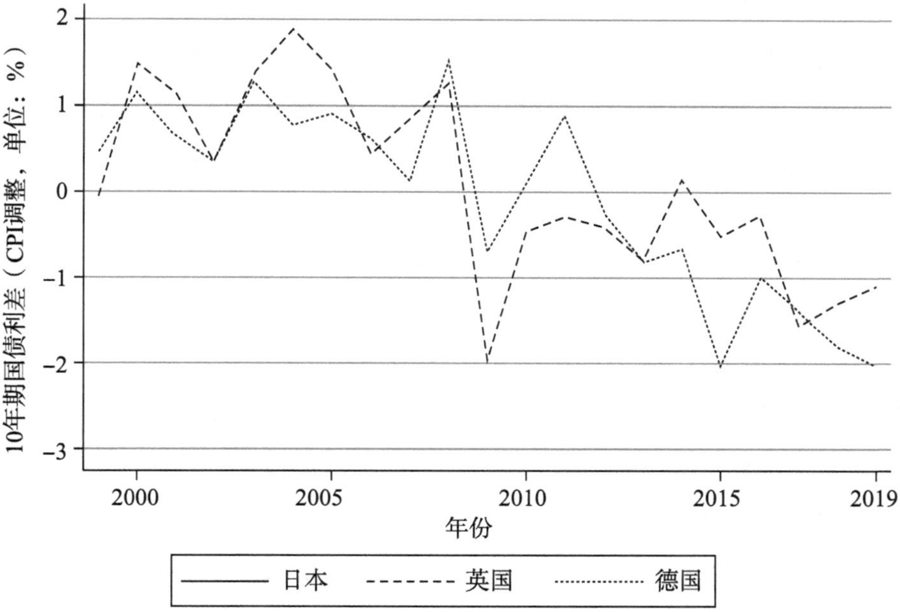

图 4.2　2000—2019 年，三个大型发达经济体与美国的实际利差变动

图 4.3　2000—2019 年，三个大型发展中经济体与美国的实际利差变动

对于图 4.2，如果抛开以上经济视角，仅从文化的角度去观察，还能发现，在样本期的大部分时间内，相较德国和日本（文化色彩偏耐心），尤其是后者而言，英语圈的英国（文化色彩偏不耐，和美国相似），其实际利差的绝对值①更小，这可能表明一国与美国的文化差异越大，其实际利率相对美国的偏离（正向的或负向的）也会越高。图 4.3 虽然不能直接观测到以上信息，然而考虑到新兴经济体和发达经济体在经济发展水平上的差异，本书预期一旦控制了其他因素后，图 4.2 所揭示的现象在新兴经济体中也仍然存在。

表 4.23 列示了 44 个样本国家在 2000—2019 年，实际利差的年度平均值，以及 6 个表征耐心文化或女性劳动文化的文化指标得分。这 6 个文化指标在第 4 节已经被证明和一国的长期实际利率紧密相关，因此也可以作为对各国实际利差的分析工具。观察表 4.23 可以发现：

表 4.23　样本国家与美国的文化差异及其与美国的实际利差

10 年期国债利差（CPI 调整）		耐心文化差异			女性劳动文化差异		
		权力距离	长期导向	放纵程度	性别劳动歧视	偏爱男性从政	耕犁使用密度
日本	**−0.394**	14	**62**	−26	**0.630**	−0.286	3
英国	0.084	−5	25	1	0.344	−0.113	3
法国	0.250	28	37	−20	0.122	−0.229	3
意大利	0.887	9	35	−38	0.268	−0.072	3
韩国	0.594	20	74	−39	0.820	0.550	3
加拿大	0.124	−1	10	0	0.033	−0.091	0
澳大利亚	0.567	−2	−5	3	0.086	−0.162	−97
丹麦	**−0.145**	−22	**9**	2			3
瑞典	0.277	−9	27	10	−0.240	−0.359	
挪威	0.195	−9	9	−13	−0.145	−0.420	
芬兰	0.080	−7	12	−11	−0.017	−0.149	

① 详细数据请参见表 4.21。

续表

10 年期国债利差（CPI 调整）		耐心文化差异			女性劳动文化差异		
		权力距离	长期导向	放纵程度	性别劳动歧视	偏爱男性从政	耕犁使用密度
爱尔兰	0.704	-12	-2	-3			
荷兰	-0.325	-2	41	0	-0.043	-0.309	3
比利时	-0.139	24	56	-11			3
新西兰	1.479	-18	7	7	-0.068	-0.297	-97
德国	-0.115	-5	57	-28	0.120	-0.233	3
奥地利	-0.257	-5	34	-28			3
西班牙	0.302	17	22	-24	0.172	-0.218	3
葡萄牙	1.461	23	2	-35			
希腊	3.951	20	19	-18	0.618	0.000	3
以色列	2.048	-27	12				3
瑞士	-0.102	-6	48	-2	0.258	-0.207	3
冰岛	1.371	-10	2	-1	-0.134		-97
卢森堡	-0.606	0	38	-12			3
巴西	5.203	29	18	-9	0.252	0.159	-97
智利	1.332	23	5	0	0.494	0.198	
哥伦比亚	3.541	27	-13	15	0.190	0.184	-97
捷克	-0.401	17	44	-39	0.708	0.388	3
印度	0.443	37	25	-42	0.781	0.323	-9
马来西亚	0.707	60	15	-11	0.992	0.839	-29
墨西哥	1.909	41	-2	29	0.273	0.141	-87
波兰	1.668	28	12	-39	0.514	0.137	3
南非	2.614	9	8	-5	0.547	0.341	-36
泰国	0.356	24	6	-23	0.556	0.483	1
俄罗斯	-1.021	53	55	-48	0.557	0.602	-3
斯洛伐克	-0.835	60	51	-40	0.834	0.697	3

续表

10年期国债利差（CPI调整）		耐心文化差异			女性劳动文化差异		
		权力距离	长期导向	放纵程度	性别劳动歧视	偏爱男性从政	耕犁使用密度
匈牙利	0.690	6	32	-37	0.149	0.310	3
菲律宾	0.997	54	1	-26	1.161	0.726	-39
中国	-0.186	40	61	-44	0.579	0.386	-7
拉脱维亚	-0.278	4	43	-55	0.438	0.663	3
秘鲁	2.469	24	-1	-22	0.179	-0.007	-94
斯洛文尼亚	-0.201	31	23	-20	0.131	0.116	3
保加利亚	-1.049	30	43	-52	0.325	0.336	3
立陶宛	0.752	2	56	-52	0.446	0.435	3

注：1. 实际利差的单位为“%”；文化变量的单位为“（得）分”，其中，性别劳动歧视，以及对男性从政的偏爱这两个指标的满分分别为3分和4分，其余指标的满分均为100分。2. 空白处表示该数据缺失。

第一，多数国家（29个观测值）的实际利差均大于0，这其实是美国国债作为主要避险资产，拥有巨大的海外需求的印证。换言之，由于美国国债收益率是全球最为基准的无风险利率，各国的实际利率通常高于美国。

第二，实际利差较高的国家，比如澳大利亚、爱尔兰、新西兰、以色列、冰岛以及哥伦比亚等国。其不耐文化色彩①均高于美国（或者说耐心文化色彩低于美国），女性劳动文化较美国更为积极。前者表现为权力距离或长期导向低于美国，放纵程度高于美国；后者表现为性别劳动歧视、偏爱男性从政，或者耕犁使用密度低于美国。这说明尽管各国的实际利率普遍高于美国，但是这种现象在耐心文化色彩比美国更低，女性劳动文化较美国更为积极的国家表现得更明显。

第三，日本等15国（表4.23加粗字体）的实际利差小于0。观察这15个国家的文化指数可以看出，这些国家有一个共同特点，那就是相较美

① 以英伦三岛后裔为主体民族的国家，包括英国、爱尔兰、美国、加拿大、澳大利亚和新西兰，高度不耐的文化色彩是这类国家的鲜明特征。其中尤以爱尔兰、澳大利亚和新西兰最为典型。

国，其文化更富有耐心文化色彩以及消极的女性劳动文化色彩。前者以长期导向为例（满分为100），除丹麦以外，这些国家的长期导向得分至少比美国高23分。东亚国家，比如日本，较美国更是高出62分。以性别劳动歧视为例（满分为3），除荷兰以外，这些国家的性别劳动歧视得分至少比美国高0.131分，东欧国家，比如捷克和斯洛伐克，较美国更是高出0.708分和0.834分。这符合4.3节的结论，即文化色彩偏耐心，或者女性劳动文化偏消极的国家，其实际利率要低于文化色彩偏不耐，或者女性劳动文化偏积极的国家。换言之，虽然基于美国国债的全球无风险资产地位，美国的实际利率相比其他国家通常应该较低，但是如果一国的耐心文化程度远高于美国，或者女性劳动文化远较美国消极，该国实际利率的长期均值仍有可能低于美国。

一、文献回顾

目前已有大量经验文献讨论过各国（对美）利差，尤其是主权债利差的影响因素。与研究利率（实际利率）的文献相似，学者们认为决定利差的根本因素是一国的经济基本面，即人口结构、技术进步等影响潜在经济增长率，从而资本边际产出等实体因素（Ichiue、Shimizu，2015）。除此之外，由于一国在债务高企时可能会选择违约，比如2015年的希腊（陆铭，2016），因此一国政府的信用风险也是决定该国利差的核心因素，而信用风险又和一国的财政状况、贸易盈余和负债率等因素紧密相关（Baldacci、Kumar，2010；Beirne、Fratzscher，2013；Eichler，2014），即第4.3节的实证分析中所考察的基本财政平衡、经常账户盈余以及公共债务占GDP比重。比如，持续增长的政府赤字和债务，会强化投资者对该国经济基本面恶化、通货膨胀，甚至政府破产的预期，从而索要一个更高的风险溢价（Blancard等，2019）。

虽然基本面视角和信用风险视角能够在一定程度上解释各国利差的截面差异，以及利差在时序上的变化。但是以上两类因素，尤其是信用风险因素，在2008年金融危机以后和利差的联系似乎被严重削弱。比如，金融危机以后，虽然西班牙的负债率相较英国更低，但前者的利差却持续高于后者

（Blancard 等，2019），更不用说日本作为发达经济体中负债率最高的国家，与美国甚至欧洲的利差却长期为负这一现象了。

针对金融危机以来，传统因素对利差的解释力下降的问题，一些学者试图从更“软”的层面，比如环境、社会和政府治理表现（environmental，social 和 governance performance，ESG）去挖掘利差的决定（Drut，2010；Eichler，2014；Blancard 等，2019）。这类研究的基本推演逻辑为：一国在环境治理、社会治理以及政府治理方面的表现，反映了该国政府对本国长期—短期利益的权衡，这暗含了一国对其责任的长期承诺，包括对经济发展的前瞻的、可持续的调控，以及对债务的偿还意愿和偿还能力，从而经由基本面、信用风险，或者机构对该国的信用评级等渠道影响该国的利差。可见在某种程度上，ESG 对应了本书所采用的耐心文化指标之一的“长期导向”。

二、理论假说：文化差异与实际利差

从本书的视角，即文化的角度看，基于 ESG 的分析虽然在实证研究中得出了符合预期的结论，但是从环境、社会和政府治理去论证一个国家的长期导向，以此分析该国的经济潜力和违约风险，既会面临遗漏变量的问题，也容易落入循环论证的陷阱。这是因为，按照这类研究的逻辑，环境、社会和政府治理等因素，与经济增长和违约风险等因素都同时受（不可观测的）国家长期导向的影响。事实上，本书所采用的霍夫斯泰德文化指数，已经提供了度量一国长期导向的指标，利用文化指数本身去考察利差的决定，不管是从克服内生性，还是从底层逻辑层面，较之使用 ESG 等变量都可能更优。

根据 4.3 节的基本结论，一个国家的文化色彩越偏耐心，比如较高的权力距离、较高的长期导向，或者较低的放纵—克制指数，则该国的实际利率越低，反之则越高。一国的女性劳动文化越消极，比如较高的性别劳动歧视，对男性从政的较高偏爱，或者较高的耕犁使用密度，则该国的实际利率也越低，反之则越高。可见实际利差的决定因素取决于各国耐心文化，或者女性劳动文化与美国的差异。据此提出以下假说。

假说 4.3：一国的文化较美国越偏耐心，实际利差越小；反之，一国的文化较美国越偏不耐，实际利差越大。

假说 4.4：一国的女性劳动文化较美国越消极，实际利差越小；反之，一国的女性劳动文化较美国越积极，实际利差越大。

三、实证设定

本节的核心实证问题是：在控制了其他影响因素以后，一国耐心文化与美国的差异，或者女性劳动文化与美国的差异，能否影响该国与美国的长期实际利差（简称实际利差）。具体而言，相比美国而言，文化色彩偏耐心，或者女性劳动文化较消极的国家，其 10 年期国债的实际利差在样本期内的年度均值（或中位数），是否显著低于文化色彩偏不耐，参照 4.3 节的式（4-13）和式（4-14），本节的主要实证设定如下：

$$rl\_spread_i = \alpha + \beta_1 culture\_s_i + \beta_2 culture\_l_i + \sum_{s=1}^{S}\delta_s control_i^s + \sum_{c=1}^{C}\phi_c control_i^c + \varepsilon_i \tag{4-19}$$

$$rl\_spread_{it} = c + \gamma_1 culture\_s_i + \gamma_2 culture\_l_i + \sum_{s=1}^{S}\varphi_s control_{i,t}^s + \sum_{c=1}^{C}\eta_c control_{i,t-1}^c + \lambda_t + e_{it} \tag{4-20}$$

式（4-19）为本节的基准回归，该回归采用的数据为截面数据，包括 44 个国家在 2000—2019 年的年度平均数数据或年度中位数数据。式（4-20）采用的数为面板数据（除文化变量以外），包括 44 个国家在 2000—2019 年的年度数据。除美国以外，国家样本和第 4 节完全相同①。

式（4-19）中，rl_spread_i 代表样本国家 i 的实际利差，即一国的 10 年期国债实际收益率与美国的 10 年期国债实际收益率之差，在样本期内的均值或中位数；$culture\_s_i$ 代表一国与美国的耐心文化差异，即刻画两国储蓄行为差异的 3 个变量，分别为权力距离差异（pdi_s）、长期导向差异（lto_s），以及放纵—克制指数差异（$indul\_s$）；$culture\_l_i$ 代表一国与美国的女性劳动文化差异，即刻画两国女性劳动参与行为差异的 3 个文化变量，分别为

① 由于美国是计算各国实际利差的基准，故样本国家不含美国。

性别劳动歧视差异（*malefst_ s*）、对男性从政的偏爱差异（*menbt_ s*），以及前工业时代的耕犁使用密度差异（*tpu_ s*）。之所以选用这 6 个变量作为表征文化差异的代理变量，是因为在第 4 节中，*pdi*、*lto*、*indul*、*malefirst*、*menbetter* 以及 *tpu* 这 6 个变量对实际利率的影响比较显著，并且稳健。$control_i^s$ 为外生控制变量集，$control_i^c$ 为周期控制变量集，包含 4.3 节所出现的所有控制变量与美国对应变量之差。此外，鉴于实际利差可能随着对外开放程度的提高而下降，本节的计量方程还控制了贸易开放程度（*openness*）这一变量，以便和现有讨论利差的相关文献作对比。参考 Eichler（2014）、Blancard（2019）等，定义 *openness* 为进、出口总额占 GDP 比重。

式（4-20）中，rl_spread_{it} 代表样本国家 i 的在第 t 年的实际利差。$culture\_s_i$ 和 $culture\_l_i$ 的含义与式（4-19）完全一样。$control_{i,t}^s$ 为外生控制变量在当期的取值。$control_{i,t-1}^c$ 为滞后一期的周期控制变量集，与第 4 节式（4-14）的考量相同，之所以将此类变量滞后一期，是因为实际利差和经济周期变量可能相互影响，存在联立偏误，将周期变量滞后一期，可以缓解潜在的内生性。最后，λ_t 代表时间（年度）虚拟变量。

表 4.24 至表 4.26 列示了各变量的描述性统计，除贸易开放程度以外，其他变量均表示为一国变量与美国对应变量之差。从各变量的均值可以看出，第一，各国相对美国的 10 年期国债的收益率利差，无论是按 CPI 调整，还是按 GDP 平减指数调整，均大于 0，说明各国的实际利率普遍高于美国。正如笔者对表 4.23 的解读，这反映了美国国债作为全球基础避险资产的地位。第二，在耐心文化方面，各国与美国权力距离、长期导向的差异为正，各国与美国放纵—克制指数的差异为负，说明相对大多数样本国家，美国的耐心文化色彩较低，或者说美国的文化色彩更偏不耐；虽然由耕犁使用密度所表征的文化差异显示，美国的女性劳动文化较各国略消极，但各国在其他两个表征女性劳动文化的指标上，即性别劳动歧视，以及对男性从政的偏爱程度，与美国的差异为正，说明总的来说，美国的女性劳动文化较大多数样本国家更为积极。

表 4.24　各变量的描述性统计（截面维度，2000—2019 年度平均数）

Variable	Obs	Mean	Std. Dev.	Min	Max
rl_ spread（长期实际利差）	44	0.705	1.311	−1.049	5.203
rl_ spread2（长期实际利差 2）	44	0.487	1.551	−3.351	5.665
pdi_ s（权力距离差异）	44	13.955	21.939	−27	60
lto_ s（长期导向差异）	44	25.295	22.022	−13	74
indul_ s（放纵—克制指数差异）	43	−18.744	20.230	−55	29
malefirst_ s（性别劳动歧视差异）	37	0.349	0.333	−0.240	1.161
menbt_ s（对男性从政的偏爱差异）	36	0.135	0.351	−0.420	0.839
tpu_ s（耕犁使用密度差异）	38	−18.921	38.150	−97	3
dwkg_ s（劳动年龄人口增速差异）	44	−0.066	0.895	−2.174	1.526
dlp_ s（劳动生产率增长差异）	44	0.536	1.645	−1.330	7.265
cpsh_ s（资本占国民收入差异）	44	5.623	7.227	−7.495	25.619
vuln_ s（气候变化脆弱性差异）	44	0.519	5.917	−8.708	18.077
res_ s（气候变化坚韧性差异）	44	−12.965	12.218	−38.173	5.297
ts_ s（长短期利差差异）	44	−0.235	1.070	−2.377	3.686
lgdpc_ s（人均实际 GDP 之差的对数）	44	−0.892	1.008	−3.663	0.751
gdp_ s（实际 GDP 增长率差异）	44	0.874	1.695	−1.783	6.875
pb_ s（一般财政盈余占 GDP 差异）	44	2.418	2.218	−2.920	10.753
ca_ s（经常账户盈余占 GDP 差异）	44	3.812	4.407	−3.096	14.789
pd_ s（公共债务占 GDP 差异）	44	1.759	34.186	−41.134	126.199
openness（贸易开放程度）	44	90.515	53.949	25.912	330.965

注：*malefst_ s* 和 *menbt_ s* 分别基于 *malefirst* 和 *menbetter* 在 WVS 各轮调查的平均得分。

资料来源：霍夫斯泰德等（2019）、Gay 等（2013；2018）、World Value Survey、Alesina 等（2013）、OECD、EIU Countrydata、World Development Indicators、Penn World Table version 10.0、ND-GAIN。经作者整理计算。

表 4.25　各变量的描述性统计（截面维度，2000—2019 年度中位数）

Variable	Obs	Mean	Std. Dev.	Min	Max
rl_ spread（长期实际利差）	44	0.665	1.239	−1.404	5.546
rl_ spread2（长期实际利差 2）	44	0.829	1.535	−2.383	6.184

续表

Variable	Obs	Mean	Std. Dev.	Min	Max
pdi_ s（权力距离差异）	44	13.955	21.939	-27	60
lto_ s（长期导向差异）	44	25.295	22.022	-13	74
indul_ s（放纵—克制指数差异）	43	-18.744	20.230	-55	29
malefirst_ s（性别劳动歧视差异）	37	0.350	0.334	-0.229	1.206
menbt_ s（对男性从政的偏爱差异）	36	0.160	0.358	-0.404	0.903
tpu_ s（耕犁使用密度差异）	38	-18.921	38.15	-97	3
dwkg_ s（劳动年龄人口增速差异）	44	-0.081	0.907	-2.367	1.656
dlp_ s（劳动生产率增长差异）	44	0.771	1.565	-1.001	6.900
cpsh_ s（资本占国民收入差异）	44	4.828	7.260	-8.659	24.167
vuln_ s（气候变化脆弱性差异）	44	-0.266	5.909	-9.641	17.192
res_ s（气候变化坚韧性差异）	44	-11.770	13.133	-37.715	7.946
ts_ s（长短期利差差异）	44	-0.314	0.810	-1.989	1.877
lgdpc_ s（人均实际 GDP 之差的对数）	44	-0.880	1.001	-3.651	0.753
gdp_ s（实际 GDP 增长率差异）	44	0.930	1.633	-1.460	6.509
pb_ s（一般财政盈余占 GDP 差异）	44	2.458	2.110	-2.845	10.554
ca_ s（经常账户盈余占 GDP 差异）	44	3.301	4.346	-4.420	15.168
pd_ s（公共债务占 GDP 差异）	44	-1.717	34.011	-46.820	124.343
openness（贸易开放程度）	44	90.804	54.131	25.914	328.036

注：*malefst_ s* 和 *menbt_ s* 分别基于 *malefirst* 和 *menbetter* 在 WVS 各轮调查的中位数。

资料来源：霍夫斯泰德等（2019）、Gay 等（2013；2018）、World Value Survey、Alesina 等（2013）、OECD、EIU Countrydata、World Development Indicators、Penn World Table version 10.0、ND-GAIN。经作者整理计算。

表 4.26　各变量的描述性统计（面板维度）

Variable	Obs	Mean	Std. Dev.	Min	Max
rl_ spread（长期实际利差）	880	0.679	2.280	-6.281	8.169
rl_ spread2（长期实际利差 2）	880	0.519	2.952	-9.928	9.299
pdi_ s（权力距离差异）	880	13.955	21.700	-27	60
lto_ s（长期导向差异）	880	25.295	21.782	-13	74

续表

Variable	Obs	Mean	Std. Dev.	Min	Max
indul_ s（放纵—克制指数差异）	860	-18.744	20.005	-55	29
malefirst_ s（性别劳动歧视差异）	720	0.363	0.323	-.24	1.161
menbt_ s（对男性从政的偏爱差异）	720	0.160	0.353	-.404	.903
tpu_ s（耕犁使用密度差异）	760	-18.921	37.67	-97	3
dwkg_ s（劳动年龄人口增速差异）	880	-0.066	1.014	-2.7	6.515
dlp_ s（劳动生产率增长差异）	880	0.536	2.865	-24.3	19.8
cpsh_ s（资本占国民收入差异）	880	5.623	7.659	-9.392	33.461
vuln_ s（气候变化脆弱性差异）	880	0.519	5.972	-10.047	20.95
res_ s（气候变化坚韧性差异）	880	-12.965	12.818	-46.815	11.679
ts_ s（长短期利差差异）	880	-0.006	3.172	-16.825	39.719
lgdpc_ s（人均实际 GDP 之差的对数）	880	0.892	1.005	-.819	4.085
gdp_ s（实际 GDP 增长率差异）	880	0.874	2.815	-12.302	22.229
pb_ s（一般财政盈余占 GDP 差异）	880	2.418	3.731	-21.8	20.335
ca_ s（经常账户盈余占 GDP 差异）	880	3.812	5.588	-18.81	22.093
pd_ s（公共债务占 GDP 差异）	880	1.759	38.241	-67.038	143.724
openness（贸易开放程度）	880	90.515	55.194	19.559	408.13

注：*malefst_ s* 和 *menbt_ s* 分别基于 *malefirst* 和 *menbetter* 在 WVS 各轮调查的平均得分。

资料来源：霍夫斯泰德等（2019）、Gay 等（2013；2018）、World Value Survey、Alesina 等（2013）、OECD、EIU Countrydata、World Development Indicators、Penn World Table version 10.0、ND-GAIN。经作者整理计算。

四、基准回归：OLS 估计

表 4.27 和表 4.28 分别展示了按各样本国家 2000—2019 年的年度平均数数据，或者年度中位数数据估计的回归结果，每列所展示的回归式均只包含一个文化变量，并且不含任何控制变量。观察两个表格中可决系数的大小，可见表征耐心文化差异的 *lto_ s* 和 *indul_ s* 所在的回归方程中，调整的 R^2 分别达到了 0.274 或 0.202 以及 0.091 或 0.102，说明从截面维度看，样本国家与美国在长期导向维度方面的差异，以及在放纵—克制指数维度方面的

差异，可以解释其与美国实际利差变异的约 27%或 20%以及 9%或 10%。另外，表征女性劳动文化差异的 tpu_ s 所在的回归方程中，调整的 R^2 分别高达 0.354 或 0.432，说明样本国家与美国在（前工业时代）耕犁使用密度方面的差异，可以解释其与美国实际利差变异的约 35%或 43%。以上结果相当令人惊讶，因为这说明表征耐心文化，或者女性劳动文化的单一指标，至多可以解释一国与美国实际利差变异的 43%，说明文化对实际利差具有很强的解释力。

表 4.27 基准回归：OLS 估计，样本平均数数据，无控制变量

Dep：*rl_ spread*	(1)	(2)	(3)	(4)	(5)	(6)
Culture proxy：	*pdi_ s*	*lto_ s*	*indul_ s*	*malefst_ s*	*menbt_ s*	*tpu_ s*
culture_ s	0.003 (0.008)	−0.032*** (0.007)	0.022*** (0.008)			
culture_ l				−0.125 (0.464)	−0.146 (0.444)	−0.020*** (0.006)
Constant	0.669*** (0.180)	1.517*** (0.271)	1.080*** (0.275)	0.799*** (0.273)	0.758*** (0.236)	0.287 (0.188)
Observations	44	44	43	37	36	38
R^2	0.002	0.291	0.112	0.001	0.001	0.372
调整的 R^2	−0.022	0.274	0.091	−0.027	−0.028	0.354

注：1. 被解释变量为样本国家 2000—2019 年的年度平均数数据，估计方法为 OLS。2. 本组回归中，每列回归式只包含一个文化变量，不含控制变量。(1) ~ (6) 列回归所包含的表征文化差异的变量分别对应 *pdi_ s*、*lto_ s*、*indul_ s*、*malefst_ s*、*menbt_ s* 以及 *tpu_ s*，其中 *malefst_ s*、*menbt_ s* 分别基于 *malefirst* 和 *menbetter* 在各轮 WVS 调查中的平均数数据。3. *、**、*** 分别表示双侧 *t* 分布检验在 10%、5%、1%的显著性水平。4. 括号中数值为异方差稳健标准误。

表 4.28 基准回归：OLS 估计，样本中位数数据，无控制变量

Dep：*rl_ spread*	(1)	(2)	(3)	(4)	(5)	(6)
Culture proxy：	*pdi_ s*	*lto_ s*	*indul_ s*	*malefst_ s*	*menbt_ s*	*tpu_ s*
culture_ s	0.003 (0.008)	−0.026*** (0.007)	0.022*** (0.008)			
culture_ l				−0.627* (0.368)	−0.253 (0.393)	−0.023*** (0.006)

续表

Dep：*rl_ spread*	(1)	(2)	(3)	(4)	(5)	(6)
Constant	0.619*** (0.167)	1.333*** (0.289)	1.056*** (0.276)	0.999*** (0.286)	0.795*** (0.212)	0.265* (0.142)
Observations	44	44	43	37	36	38
R^2	0.003	0.220	0.123	0.026	0.005	0.447
调整的 R^2	−0.020	0.202	0.102	−0.001	−0.024	0.432

注：1. 被解释变量为样本国家 2000—2019 年的年度中位数数据，估计方法为 OLS。2. 本组回归中，每列回归式只包含一个文化变量，不含控制变量。（1）~（6）列回归所包含的表征文化差异的变量分别对应 *pdi_ s*、*lto_ s*、*indul_ s*、*malefst_ s*、*menbt_ s* 以及 *tpu_ s*，其中 *malefst_ s*、*menbt_ s* 分别基于 *malefirst* 和 *menbetter* 在各轮 WVS 调查中的中位数数据。3. *、**、*** 分别表示双侧 t 分布检验在 10%、5%、1%的显著性水平。4. 括号中数值为异方差稳健标准误。

表 4.29 和表 4.30 分别展示了按各样本国家 2000—2019 年的年度平均数数据，或者年度中位数数据估计的回归结果。其中，第（1）列的回归式仅含控制变量，第（2）~（7）列的回归式在第（1）列回归的基础上引入了单个文化变量。第（8）列的回归式包含两个文化变量，分别是表征耐心文化差异的 *pdi_ s*（权力距离差异）和表征女性劳动文化差异的 *tpu_ s*（耕犁使用密度差异）。

首先观察两个表格的第（1）列。可以发现，在 10%及以下的显著性水平下，统计显著且符合预期的变量有 *res_ s* 和 *ca_ s*，以及 *openness* 和 *oecd*23。在其他条件一定的前提下，前两个变量说明一国对气候变化的坚韧性相比美国越强、经常账户盈余占 GDP 比重相对美国越高，其实际利率相对美国就越低。后两个变量说明，一国的贸易开放程度越高，即商品和服务的进出口总额占 GDP 比重越高，或者一国属于 23 个老牌 OECD 国家之一，其实际利率相对美国也会越低。总的来说，在截面维度上，传统经济变量对实际利差的解释力相对较弱。

其次观察两个表格的第（2）~（7）列。可以发现，在 10%及以下的显著性水平下，表征耐心文化差异的 3 个文化变量，以及表征女性劳动文化差异的 3 个文化变量，至少在两个表格中的一个显著，且方向符合预期。从定性的角度看，这说明在其他条件一定的前提下，文化色彩较美国越偏耐心的国家，其实际利差会越低。同样的，女性劳动文化较美国越消极的国家，其实际利差也会越低。

最后考察各文化变量，或者文化变量的组合，对实际利差的数量效应（仅探讨具备统计显著性的结果）。

从耐心文化的角度看，表 4.29 和表 4.30 第（2）、（3）列的结果表明，一国与美国权力距离的差距每增加 1 分（1 个标准差），其实际利率相对美国就会低 1.5 或 2.2 个基点（32.9 个或 48.3 个基点）；与美国长期导向的差距每增加 1 分（1 个标准差），其实际利率相对美国就会低 1.8 个基点（39.6 个基点）。第（4）列的结果表明，一国与美国放纵—克制指数的差距每增加 1 分（1 个标准差），其实际利率相对美国就会高出 2.7 个或 2.5 个基点（54.6 个或 50.6 个基点）。

从女性劳动文化的角度看，表 4.30 第（5）、（6）列的结果表明，一国与美国性别劳动歧视的差距每增加 1 分（1 个标准差），其实际利率相对美国就会低 162.3 个基点（52.4 个基点）；与美国对男性从政的偏爱（或对女性从政的排斥）程度的差距每增加 1 分（1 个标准差），其实际利率相对美国就会低 164.5 个基点（57.7 个基点）。表 4.29 和表 4.30 第（7）列的结果表明，一国与美国在前工业时代的耕犁使用密度的差距每增加 1 分（1 个标准差），其实际利率相对美国就会低 2.1 个或 2.2 个基点（79.1 个或 82.9 个基点）。

与 4.3.3 节相似，笔者在尝试过 3 个耐心文化差异变量，与 3 个女性劳动文化差异变量的各类组合以后，发现 *pdi_ s* 和 *tpu_ s* 的组合相对显著，并且这两个变量的偏相关系数低于 0.1，不会引发多重共线性问题。因此在表 4.29 和表 4.30 的第（8）列，笔者将这两个变量同时放入回归中。结果发现，如果一国与美国的权力距离，以及在前工业时代的耕犁使用密度的差距每共同增加 1 个标准差，其实际利率相对美国就会低 123.5 或 122.5 个基点。

以上结果表明，文化差异对实际利差的影响是相当大的。下面从标准差的角度，考察文化差异对实际利差的解释力。结合表 4.24 和表 4.25，可知实际利差（*rl_ spread*）的标准差为 1. 311 个百分点（131. 1 个基点）、1. 239 个百分点（123. 9 个基点）。换言之，从截面维度看，一单位耐心文化的标准差变动①，至少能够解释实际利差变动的 25. 1%，最多能够解释实际利差变动的 41. 6%。一单位女性劳动文化的标准差变动，至少能够解释实际利差变动的 42. 3%，最多能够解释实际利差变动的 66. 9%。一单位耐心文化和女性劳动文化同时、同向地变动，至少能够解释实际利差变动的 94. 2%②。

接下来从拟合优度的角度，考察文化对实际利差的解释力。对比表 4. 29 和表 4. 30 的第（1）列和其余各列可以发现，引入文化变量以后，各列回归的调整的 R^2 都有所提高。以表 4. 30 为例，引入耐心文化变量以后，调整的 R^2 由 0. 421 分别增至 0. 480、0. 440 或 0. 475，相比仅含经济变量的估计结果，最多提高了 14%；引入女性劳动文化变量 *tpu_ s* 以后，调整的 R^2 增加至 0. 548，相比仅含经济变量的估计结果，提高了 30. 2%；同时引入耐心文化和女性劳动文化变量，调整的 R^2 更是增至 0. 599，相比仅包含经济变量的估计结果［第（1）列］提高了 42. 3%。

对比表 4. 29 和表 4. 30 与 4. 3 节的表 4. 5 至表 4. 7 可以发现，尽管本节的实证设定与 4. 3 节相比，增加了反映利差变化的特有控制变量③。然而本节的核心解释变量与 4. 3 节的核心解释变量，比如 *pdi_ s* 和 *pdi*、*lto_ s* 和 *lto*，一直到 *tpu_ s* 和 *tpu*，其系数大小，以及统计显著性都较为接近。其中，对应核心解释变量的系数大小差异基本在 20%以内。这说明表 4. 29 和表 4. 30 的估计结果，较好地呼应了表 4. 5 至表 4. 7 的对应结果，再次印证了文化对实际利率影响的稳健性。

---

① 这里的“变动”，指的是某变量在各国之间的差异。

② 当然，这种现象，即耐心文化（以 *pdi_ s* 衡量）和女性劳动文化（以 *tpu_ s* 衡量）同时、同向地高出（低出）1 个标准差，很少见，仅近似出现在新西兰、冰岛等极个别国家。

③ 即贸易开放程度 *openness*。

表 4.29　基准回归：OLS 估计，样本平均数数据

Dep：*rl_ spread*	(1)	(2)	(3)	(4)	(5)	(6)	(7)	(8)
Culture proxy：		*pdi_ s*	*lto_ s*	*indul_ s*	*malefst_ s*	*menbt_ s*	*tpu_ s*	*pdi_ s&tpu_ s*
culture_ s		-0.015* (0.009)	-0.018** (0.008)	0.027** (0.012)				-0.017* (0.010)
culture_ l					-0.652 (0.729)	-1.149 (0.954)	-0.021** (0.008)	-0.023** (0.009)
dwkg_ s	0.571* (0.363)	0.461 (0.367)	0.370 (0.386)	0.144 (0.478)	0.551 (0.455)	0.546 (0.408)	0.512 (0.343)	0.361 (0.311)
dlp_ s	0.252 (0.340)	0.227 (0.321)	0.256 (0.371)	0.183 (0.399)	0.204 (0.416)	0.232 (0.402)	0.390 (0.322)	0.378 (0.290)
cpsh_ s	0.002 (0.021)	0.013 (0.023)	0 (0.020)	-0.001 (0.028)	0 (0.033)	-0.001 (0.037)	-0.036 (0.026)	-0.019 (0.029)
vuln_ s	0.105 (0.074)	0.089 (0.074)	0.102 (0.064)	0.060 (0.067)	0.082 (0.091)	0.091 (0.088)	0.031 (0.071)	0.009 (0.078)
res_ s	-0.056* (0.036)	-0.072 (0.047)	-0.046 (0.042)	-0.051 (0.041)	-0.047 (0.053)	-0.049 (0.052)	-0.037 (0.041)	-0.058 (0.044)
openness	-0.010** (0.004)	-0.009** (0.004)	-0.008** (0.004)	-0.007* (0.004)	-0.012 (0.007)	-0.009 (0.007)	-0.003 (0.004)	-0.003 (0.004)
ts_ s	0.057 (0.313)	-0.017 (0.334)	0.065 (0.297)	0.115 (0.297)	0.074 (0.358)	0.082 (0.367)	0.221 (0.308)	0.141 (0.334)

续表

Dep：*rl_ spread*	(1)	(2)	(3)	(4)	(5)	(6)	(7)	(8)
lgdpc_ s	1.441 (0.884)	1.204 (0.861)	1.392* (0.772)	0.912 (0.788)	1.174 (1.023)	1.273 (1.025)	0.716 (0.797)	0.495 (0.764)
gdp_ s	−0.314 (0.346)	−0.309 (0.334)	−0.276 (0.380)	−0.127 (0.452)	−0.289 (0.429)	−0.259 (0.412)	−0.517 (0.339)	−0.485 (0.309)
pb_ s	0.076 (0.075)	0.057 (0.075)	0.057 (0.074)	0.125 (0.079)	0.067 (0.103)	0.115 (0.139)	−0.025 (.129)	−0.050 (0.124)
ca_ s	−0.088** (0.041)	−0.072* (0.039)	−0.059 (0.043)	−0.083** (0.035)	−0.071 (0.046)	−0.088 (0.061)	−0.016 (0.047)	0.007 (0.044)
pd_ s	0.003 (0.006)	0.004 (0.007)	0.006 (0.006)	0.009 (0.008)	0.008 (0.011)	0.008 (0.012)	0.011 (0.008)	0.011 (0.008)
oecd23	−1.048** (0.489)	−0.919* (0.540)	−1.292** (0.531)	−1.14 (0.800)	−1.51 (1.059)	−1.832 (1.118)	−1.423** (0.628)	−1.216* (0.674)
Constant	2.937*** (.838)	2.537*** (.866)	3.392*** (.939)	2.588** (1.18)	3.357** (1.321)	3.176** (1.302)	2.017* (1.009)	1.445 (1.233)
Observations	44	44	44	43	37	36	38	38
R^2	0.582	0.606	0.632	0.634	0.575	0.583	0.679	0.707
调整的 R^2	0.402	0.416	0.455	0.451	0.305	0.306	0.484	0.508

注：1. 被解释变量和控制变量为样本国家 2000—2019 年的年度平均数数据，估计方法为 OLS。2. 第（1）列回归只含控制变量，（2）～（8）列回归所包含的表征文化差异的变量分别对应 *pdi_ s*、*lto_ s*、*indul_ s*、*malefst_ s*、*menbt_ s*、*tpu_ s* 以及 *pdi_ s* 和 *tpu_ s*，其中 *malefst_ s*、*menbt_ s* 分别基于 *malefirst* 和 *menbetter* 在各轮 WVS 调查中的平均数数据。3. *、**、*** 分别表示双侧 *t* 分布检验在 10%、5%、1%的显著性水平。4. 括号中数值为异方差稳健标准误。

表 4.30　基准回归：OLS 估计，样本中位数数据

Dep：*rl_ spread*	(1)	(2)	(3)	(4)	(5)	(6)	(7)	(8)
Culture proxy：		*pdi_ s*	*lto_ s*	*indul_ s*	*malefst_ s*	*menbt_ s*	*tpu_ s*	*pdi_ s&tpu_ s*
culture_ s		−0.022** (0.010)	−0.013 (0.009)	0.025** (0.012)				−0.020** (0.009)
culture_ l					−1.623** (0.665)	−1.645* (0.958)	−0.022*** (0.006)	−0.021*** (0.006)
dwkg_ s	0.326 (0.256)	0.221 (0.214)	0.224 (0.223)	0.098 (0.269)	0.320 (0.332)	0.260 (0.327)	0.145 (0.199)	0.052 (0.165)
dlp_ s	−0.069 (0.261)	−0.082 (0.260)	0.036 (0.288)	0.081 (0.269)	−0.092 (0.286)	−0.149 (0.312)	0.117 (0.268)	0.102 (0.265)
cpsh_ s	−0.009 (0.021)	0.008 (0.025)	−0.008 (0.022)	−0.013 (0.031)	0.006 (0.034)	−0.003 (0.036)	−0.045* (0.026)	−0.023 (0.028)
vuln_ s	0.104 (0.063)	0.079 (0.062)	0.102* (0.058)	0.061 (0.062)	0.071 (0.077)	0.091 (0.078)	0.031 (0.065)	0.012 (0.072)
res_ s	−0.043* (0.027)	−0.067* (0.035)	−0.041 (0.036)	−0.040 (0.033)	−0.039 (0.039)	−0.040 (0.041)	−0.044 (0.032)	−0.067* (0.033)
openness	−0.009** (0.004)	−0.008** (0.003)	−0.008** (0.004)	−0.007* (0.004)	−0.009 (0.006)	−0.007 (0.007)	−0.002 (0.004)	−0.002 (0.004)
ts_ s	−0.260 (0.304)	−0.483 (0.335)	−0.283 (0.288)	−0.143 (0.320)	−0.258 (0.374)	−0.222 (0.385)	−0.087 (0.263)	−0.298 (0.289)

续表

Dep：*rl_ spread*	(1)	(2)	(3)	(4)	(5)	(6)	(7)	(8)
lgdpc_ s	0.957 (0.724)	0.612 (0.712)	0.986 (0.708)	0.637 (0.730)	0.610 (0.977)	0.838 (1.015)	0.475 (0.644)	0.259 (0.615)
gdp_ s	−0.136 (0.221)	−0.187 (0.240)	−0.211 (0.232)	−0.148 (0.254)	−0.075 (0.255)	0.026 (0.301)	−0.254 (0.249)	−0.260 (0.257)
pb_ s	0.116 (0.069)	0.073 0 (.071)	0.095 (0.076)	0.151** (0.063)	0.036 (0.083)	0.126 (0.120)	0.019 (0.122)	−0.011 (0.110)
ca_ s	−0.081** (0.039)	−0.068** (0.032)	−0.060 (0.040)	−0.073* (0.036)	−0.056 (0.042)	−0.083 (0.061)	−0.024 (0.044)	−0.014 (0.036)
pd_ s	0.004 (0.005)	0.003 (0.005)	0.005 (0.006)	0.009 (0.006)	0.010 (0.009)	0.008 (0.010)	0.012* (0.007)	0.012* (0.006)
oecd23	−0.965** (0.465)	−0.806 (0.540)	−1.135** (0.464)	−1.268* (0.677)	−1.336 (0.958)	−1.743 (1.078)	−1.090** (0.477)	−0.905 (0.538)
Constant	2.491*** (0.801)	1.996** (0.825)	2.84*** (0.845)	2.516** (0.971)	2.969** (1.188)	2.708** (1.259)	1.253 (0.837)	0.830 (1.004)
Observations	44	44	44	43	37	36	38	38
R^2	0.596	0.649	0.622	0.650	0.632	0.609	0.719	0.762
调整的 R^2	0.421	0.480	0.440	0.475	0.398	0.348	0.548	0.599

注：1. 被解释变量和控制变量为样本国家 2000—2019 年的年度中位数数据，估计方法为 OLS。2. 第（1）列回归只含控制变量，（2）~（8）列回归所包含的表征文化差异的变量分别对应 *pdi_ s*、*lto_ s*、*indul_ s*、*malefst_ s*、*menbt_ s*、*tpu_ s* 以及 *pdi_ s* 和 *tpu_ s*，其中 *malefst_ s*、*menbt_ s* 分别基于 *malefirst* 和 *menbetter* 在各轮 WVS 调查中的中位数数据。3. *、**、*** 分别表示双侧 *t* 分布检验在 10%、5%、1%的显著性水平。4. 括号中数值为异方差稳健标准误。

五、将被解释变量和控制变量替换成面板数据

沿用4.3节的做法，在本小节，笔者将被解释变量和控制变量替换为样本国家2000—2019年的面板数据①，采用时间固定效应LSDV法对式（4-20）进行估计，并且将潜在的内生变量滞后一期，以此扩大样本容量，克服联立偏误。

观察LSDV估计的结果（表4.31），作为对比，第（1）~（8）列分别对应表4.29或表4.30中的第（1）~（8）列。从系数符号、经济显著性和统计显著性看，对面板数据的回归结果与基准回归的结果基本一致。

从定性的角度看。表4.31的回归结果表明，一国的文化色彩相对美国越偏耐心，该国在样本期内的平均实际利率较美国会越低，反之，一国的文化色彩相对美国越偏不耐，该国在样本期内的平均实际利率较美国则会越高；一国的女性劳动文化相对美国越消极，则其在样本期内的平均实际利率较美国会越低，反之，一国的文化色彩相对美国越积极，则其在样本期内的平均实际利率较美国会越高。

从定量的角度看。第（2）~（4）列的结果表明，正向表征一国与美国耐心文化差异的*pdi_ s*和*lto_ s*，每增加1单位标准差，实际利差会分别减少52.1个或56.7个基点，占实际利差（*rl_ spread*）的标准差（2.280个百分点，或228个基点）的22.9%或24.9%；反向表征一国与美国耐心文化差异的*indul_ s*，每增加1单位标准差，实际利差会增加50个基点，占实际利差的标准差的21.9%。第（5）、（7）列的结果表明，（从消极方向）表征女性劳动文化差异的*malefst_ s*和*tpu_ s*每增加1单位标准差，实际利差会分别减少41.7个或82.9个基点，占实际利差的标准差的18.3%或36.4%。综合耐心文化和女性劳动文化，第（8）列的结果表明，*pdi_ s*和*tpu_ s*每正向地共同变动1单位标准差，实际利差会减少118.4个基点，占实际利差的标准差的51.9%。这是一个令人相当惊讶的结果，因为在面板数据中，实际利差包含了

① 文化变量不随时间变化，所用数据仍和基准回归一致。其中，一国的*malefst_ s*和*menbt_ s*采用各轮WVS调查的平均数数据。

表 4.31　面板数据回归：LSDV 估计

Dep：*rl_ spread*	(1)	(2)	(3)	(4)	(5)	(6)	(7)	(8)
Culture proxy：		*pdi_ s*	*lto_ s*	*indul_ s*	*malefst_ s*	*menbt_ s*	*tpu_ s*	*pdi_ s&tpu_ s*
culture_ s		−0.024*** (0.007)	−0.026*** (0.007)	0.025*** (0.009)				−0.021*** (0.006)
culture_ l					−1.292** (0.489)	−1.198 (0.794)	−0.022*** (0.005)	−0.023*** (0.005)
dwkg_ s	0.321** (0.137)	0.260 (0.155)	0.135 (0.130)	0.080 (0.173)	0.224 (0.210)	0.193 (0.190)	0.110 (0.134)	0.049 (0.124)
dlp_ s	0.040 (0.048)	0.032 (0.050)	0.049 (0.045)	0.057 (0.044)	0.040 (0.058)	0.039 (0.058)	0.041 (0.055)	0.038 (0.055)
cpsh_ s	0.019 (0.019)	0.026 (0.018)	0.009 (0.021)	0.014 (0.022)	0.025 (0.021)	0.022 (0.022)	−0.027 (0.021)	−0.014 (0.022)
vuln_ s	0.080 (0.064)	0.063 (0.066)	0.077 (0.055)	0.042 (0.057)	0.064 (0.071)	0.070 (0.069)	0.025 (0.054)	0.007 (0.055)
res_ s	−0.047** (0.023)	−0.062*** (0.021)	−0.032 (0.021)	−0.043** (0.020)	−0.047* (0.026)	−0.048* (0.027)	−0.043** (0.019)	−0.057*** (0.018)
openness	−0.802 (0.561)	−0.813 (0.607)	−1.198** (0.557)	−0.826 (0.833)	−1.368 (0.979)	−1.528 (1.044)	−1.119* (0.556)	−1.071* (0.529)
L. ts_ s	−0.009** (0.003)	−0.008*** (0.003)	−0.007** (0.003)	−0.007* (0.003)	−0.014** (0.006)	−0.012* (0.006)	−0.004 (0.003)	−0.003 (0.003)

续表

Dep：*rl_ spread*	（1）	（2）	（3）	（4）	（5）	（6）	（7）	（8）
L. lgdpc_ s	−0. 872 （0. 637）	−0. 584 （0. 675）	−0. 824 （0. 557）	−0. 379 （0. 629）	−0. 671 （0. 771）	−0. 699 （0. 763）	−0. 466 （0. 511）	−0. 222 （0. 533）
L. gdp_ s	−0. 240** （0. 054）	−0. 233*** （0. 053）	−0. 223*** （0. 053）	−0. 224*** （0. 055）	−0. 256*** （0. 064）	−0. 272*** （0. 064）	−0. 242*** （0. 060）	−0. 227*** （0. 059）
L. pb_ s	−0. 006 （0. 062）	−0. 021 （0. 059）	−0. 028 （0. 054）	0. 000 （0. 057）	−0. 041 （0. 057）	−0. 014 （0. 063）	−0. 032 （0. 064）	−0. 051 （0. 059）
L. ca_ s	0. 003 （0. 027）	0. 016 （0. 024）	0. 024 （0. 026）	0. 002 （0. 025）	0. 021 （0. 035）	0. 013 （0. 035）	0. 033 （0. 029）	0. 046* （0. 024）
L. pd_ s	0. 004 （0. 006）	0. 004 （0. 006）	0. 006 （0. 005）	0. 006 （0. 007）	0. 004 （0. 009）	0. 001 （0. 009）	0. 008 （0. 007）	0. 008 （0. 006）
oecd23	0. 321** （0. 137）	0. 260 （0. 155）	0. 135 （0. 130）	0. 080 （0. 173）	0. 224 （0. 210）	0. 193 （0. 190）	0. 110 （0. 134）	0. 049 （0. 124）
Constant	1. 530 （1. 058）	1. 255 （1. 144）	2. 261** （1. 095）	1. 39 （1. 373）	1. 998 （1. 512）	1. 808 （1. 532）	0. 746 （1. 104）	0. 423 （1. 141）
Year. Dummy	Yes	Yes	Yes	Yes	Yes	Yes	Yes	Yes
Observations	880	880	880	860	720	720	760	760
R^2	0. 272	0. 296	0. 310	0. 292	0. 303	0. 296	0. 339	0. 358
调整的 R^2	0. 245	0. 269	0. 284	0. 265	0. 270	0. 263	0. 310	0. 329

注：1. 作为对比，（1）~（8）列分别对应表 4. 25 或表 4. 28 中的（1）~（8）列。2. 估计方法为引入了时间虚拟变量的最小二乘虚拟变量（LSDV）估计。3. *、**、*** 分别表示双侧 t 分布检验在 10%、5%、1%的显著性水平。4. 括号中数值为按国家聚类的稳健标准误。

横截面和时间序列这两个维度的信息，而文化变量仅包含了截面维度的信息，在此情况下，文化变量仍然能够解释实际利差变异的 18.3%~51.9%，再一次证实了文化差异对实际利差的解释力。

拟合优度方面，引入耐心文化变量以后，调整的 R^2 由 0.245 最多增加至 0.284，相比仅含经济变量的估计结果，提高了 15.9%；引入女性劳动文化变量以后，调整的 R^2 最多增加至 0.310，相比仅含经济变量的估计结果，提高了 26.5%；同时引入耐心文化和女性劳动文化变量，调整的 R^2 增加至 0.329，相比仅包含经济变量的估计结果［第（1）列］提高了 34.3%。

综合以上分析可以看出，就文化变量对实际利差的边际效应而言，采用面板数据的估计结果和采用截面数据的估计结果，在统计显著性和经济显著性上基本一致，说明基于截面数据的基准回归结果是稳健的。

对比表 4.29 和表 4.30 与 4.3 节的表 4.5 至表 4.7，以及表 4.29 与 4.3 节的表 4.11 可以发现，6 个核心解释变量，与其在 4.3 节所对应的核心解释变量，比如 *pdi_ s* 和 *pdi*、*lto_ s* 和 *lto*、*indul_ s* 和 *indul*，一直到 *tpu_ s* 和 *tpu*，其系数大小均非常接近，再次印证了文化对实际利率影响的稳健性。

六、扩展回归：文化差异与实际利差变动速度——基于随机增长模型

参照 4.3.8 节，本节暂时将文化差异对实际利差的影响由截面视角转换到动态视角。笔者将检验这样一个问题，即一国与美国的文化差异，是否会影响该国实际利差的变动方向和变动速度。

在各国的实际利差的变动过程中，文化差异可能是一个重要的调节变量。假设耐心文化对一国民众的储蓄行为的影响是稳定的、持久的，女性劳动文化对一国女性的劳动参与行为的影响也是稳定的、持久的。那么可以预见，给定其他条件，文化色彩较美国偏耐心，或者女性劳动文化较美国偏消极的国家，其资本积累相对于劳动供给的增长速度，即资本劳动比的增长速度较美国会更快，这意味着此类国家的实际利差会随时间下降；反之，文化色彩较美国偏不耐，或者女性劳动文化较美国偏积极的国家，其资本劳动比

的增长速度较美国会更慢，这意味着此类国家的实际利差会随时间上升。此外，在同一维度和方向上，一国与美国的文化差异越大，其实际利差随时间的下降幅度或者上升幅度就会越大。

参照 4.3.8 节，本小节将采用随机增长模型，去检验各国（与美国）的实际利差，其每年的平均变动方向以及速度是否会因文化而有所不同。实证模型设定如下：

$$rl\_spread_{it} = c_i + \theta_t + g_i \times t + g_s culture\_s_i \times t + g_l culture\_l_i \times t \\ \sum_{s=1}^{S} \varphi_s control_{i,t}^{s} + \sum_{c=1}^{C} \eta_c control_{i,t-1}^{c} + e_{it} \tag{4-21}$$

将式（4-21）一阶差分，去除国别固定效应 c 和趋势项 t，可以得到与之等价的方程：

$$\Delta rl\_spread_{it} = g_i + \xi_t + g_s culture\_s_i + g_l culture\_l_i \\ \sum_{s=1}^{S} \Delta\varphi_s control_{i,t}^{s} + \sum_{c=1}^{C} \Delta\eta_c control_{i,t-1}^{c} + \Delta e_{it} \tag{4-22}$$

其中，ξ_t 为时间虚拟变量（时间固定效应），g_i 为国别趋势，即国家 i 的实际利差在样本期内，每年的平均变动（不考虑文化的前提下），$g_s culture\_s_i$ 和 $g_l culture\_l_i$ 是本节考察的重点，二者分别代表在给定一国与美国的耐心文化差异，或者女性劳动文化差异的条件下，国家 i 的实际利差在样本期内的年度平均变动（不考虑国家特有增长的前提下）。之所以要控制实际利差的国别趋势 g_i，是因为在控制了 g_i 的条件下考察 $g_s culture\_s_i$ 和 $g_l culture\_l_i$，能够将一国文化对实际利差变动的影响，与该国其他非时变因素对实际利差变动的影响相分离，从而更好地识别文化对实际利差变动的影响，这对本小节的分析非常重要，因为贸易、资本流动等因素都会促使实际利差收敛，从而压低实际利差的变动幅度。比如，经济体量较小，资本可以自由流动，或者与美国贸易联系紧密的国家，其实际利差的变动趋势与其他国家就可能明显不同①。利用固定效应（Fix Effects，FE）方法估计式（4-21），结果如表 4.32。

① 具体而言，这类国家实际利差的变动幅度通常较小。

表 4.32 文化对实际利差变动速度的影响：FE 估计

Dep：*rl_ spread*	(1)	(2)	(3)	(4)	(5)	(6)	(7)
Culture proxy：	*pdi_ s*	*lto_ s*	*indul_ s*	*malefst_ s*	*menbt_ s*	*tpu_ s*	*pdi_ s&tpu_ s*
culture_ s×t	-0.011*** (0.003)	-0.023*** (0.007)	0.005 (0.004)				-0.011*** (0.003)
culture_ l×t				-3.485*** (0.849)	-4.260*** (1.038)	-0.001 (0.001)	0.001* (0.001)
Constant	-7.225* (4.004)	-7.225* (4.004)	-7.267* (4.155)	-4.754 (5.236)	-4.754 (5.236)	-6.623 (5.266)	-6.623 (5.266)
Country. Trend	Yes	Yes	Yes	Yes	Yes	Yes	Yes
Year. Dummy	Yes	Yes	Yes	Yes	Yes	Yes	Yes
Controls	Yes	Yes	Yes	Yes	Yes	Yes	Yes
Observations	880	880	860	720	720	760	760
within R-squared	0.397	0.397	0.395	0.385	0.385	0.369	0.369

注：1. 估计方法为 FE。2. 控制了国家特有趋势（Country Trend）和时间虚拟变量。3. *、**、*** 分别表示双侧 *t* 分布检验在 10%、5%、1%的显著性水平。4. 括号中数值为按国家聚类的稳健标准误。5. 为节省篇幅，国家特有趋势以及控制变量的估计结果未列出。

表 4.30 展示了式（4-21）的估计结果。该表所列结果可以从以下两方面解读。第一，在给定国别趋势 g_i 的前提下，如果一国的文化较美国更耐心（*pdi_ s* 或 *lto_ s* 为正，*indul_ s* 为负），或者女性劳动文化较美国更消极（*malefst_ s* 或 *menbt_ s* 为正），则该国的实际利差会随时间下降；从数量效应看，一国的文化较美国越偏耐心（*pdi_ s* 或 *lto_ s* 越高、*indul_* s 越低），或者女性劳动文化较美国越偏消极（*malefst_ s* 或 *menbt_ s* 越高），其实际利差的负增长程度就会越高。第二，在给定国别趋势 g_i 的前提下，如果一国的文化较美国更不耐（*pdi_ s* 或 *lto_ s* 为负，*indul_ s* 为正），或者女性劳动文化较美国更积极（*malefst_ s* 或 *menbt_ s* 为负），则该国的实际利差会随时间上升；从数量效应看，一国的文化较美国越偏不耐（*pdi_ s* 或 *lto_ s* 越低，*indul_ s* 越高），或者女性劳动文化较美国越偏积极（*malefst_ s* 或 *menbt_ s* 越低），其实际利差的正增长程度就会越高。

鉴于实际利差（正向的或负向的）过大会影响一国的汇率稳定。表

4.30 的政策启示在于：一国与美国的耐心文化差异，或者与美国的女性劳动文化差异过大，会使该国的实际利率相对美国的实际利率持续攀升，或者持续下降，这会增加一国政府维系汇率稳定的压力。相反地，如果一国与美国的文化差异较小，则会使该国与美国的实际利差维系在一个较小的变动区间，这会减轻一国政府维系汇率稳定的压力。

七、稳健性检验

参照 4.3.9 节，本章做了以下 3 个稳健性检验。

（1）替换被解释变量

将长期实际利差重新定义为一国 10 年期国债收益率与该国 GDP 平减指数增长率之差，减去美国 10 年期国债收益率与美国 GDP 平减指数增长率之差。记为 *rl_ spread*2，以此重新估计表 5.5 和表 5.6。

（2）扩大 23 个老牌 OECD 国家的样本区间

对 23 个老牌 OECD 国家采用 1985—2019 年的数据（其余国家仍然采用 2000—2019 年的数据），重新估计表 4.29 和表 4.30。为使结果更加简明，以上两类稳健性检验均仅展示核心解释变量的估计结果。

（3）增加控制变量

参照 4.3.9 节，增加一国与美国的城市化率之差（*urban_ s*），以及该国与美国的服务业—工业比率之差（*siratio_ s*）作为控制变量。*urban_ s* 反映了一国与美国在经济集聚程度上的差异，集聚能通过匹配、学习和共享等机制提高生产要素的边际产出（陆铭，2017；郝寿义，2016），因此一国与美国的城市化率相差越大，实际利差可能越高。*siratio_ s* 反映了一国与美国在服务业发展程度上的差异，服务业的发展创造了大量轻体力工作，带动了女性的就业（陆铭和梁文泉，2017），以此压低社会资本劳动比，因此一国与美国的服务业-工业比率相差越大，实际利差可能越高①。

表 4.33 至表 4.38 分别展示了替换被解释变量、将 23 个老牌 OECD 国家的样本区间替换为1985—2019年的年度平均数数据（或中位数数据），以及增加

① 选择这两个变量作为控制变量的详细原因，请参考 4.3.9 节。

表 4.33　稳健性检验 I：替换被解释变量，样本平均数数据，OLS 估计

Dep：*rl_ spread2*	(1)	(2)	(3)	(4)	(5)	(6)	(7)	(8)
Culture proxy：		*pdi_ s*	*lto_ s*	*indul_ s*	*malefst_ s*	*menbt_ s*	*tpu_ s*	*pdi_ s&tpu_ s*
culture_ s		-0.010 (0.011)	-0.014* (0.008)	0.025* (0.014)				-0.011 (0.014)
culture_ l					0.197 (0.952)	-1.363 (1.250)	-0.018* (0.010)	-0.019* (0.011)
Constant	2.128* (1.081)	1.857 (1.184)	2.491** (1.179)	1.903 (1.649)	1.885 (1.579)	2.026 (1.706)	1.435 (1.437)	1.082 (1.763)
Controls	Yes	Yes	Yes	Yes	Yes	Yes	Yes	Yes
Observations	44	44	44	43	37	36	38	38
调整的 R^2	0.478	0.472	0.494	0.507	0.403	0.379	0.490	0.480

注：1. 作为对比，(1) ~ (8) 列分别对应表 4.27 的 (1) ~ (8) 列。2. 估计方法为 OLS。3. *、**、*** 分别表示双侧 t 分布检验在 10%、5%、1%的显著性水平。4. 括号中数值为异方差稳健标准误。

表 4.34 稳健性检验Ⅱ：替换被解释变量，样本中位数数据，OLS 估计

Dep：*rl_ spread2*	(1)	(2)	(3)	(4)	(5)	(6)	(7)	(8)
Culture proxy：		*pdi_ s*	*lto_ s*	*indul_ s*	*malefst_ s*	*menbt_ s*	*tpu_ s*	*pdi_ s&tpu_ s*
culture_ s		−0.016* (0.010)	−0.008 (0.010)	0.019* (0.011)				−0.011 (0.010)
culture_ l					−1.196 (0.944)	−2.016* (1.119)	−0.021** (0.008)	−0.020** (0.008)
Constant	2.655*** (.702)	2.291*** (.822)	2.862*** (.774)	2.500** (1.21)	2.590* (1.383)	2.465 (1.508)	1.598 (1.142)	1.367 (1.343)
Controls	Yes	Yes	Yes	Yes	Yes	Yes	Yes	Yes
Observations	44	44	44	43	37	36	38	38
调整的 R^2	0.572	0.585	0.566	0.583	0.540	0.519	0.683	0.683

注：1. 作为对比，(1) ~ (8) 列分别对应表 4.28 的 (1) ~ (8) 列。2. 估计方法为 OLS。3. *、**、*** 分别表示双侧 t 分布检验在 10%、5%、1%的显著性水平。4. 括号中数值为异方差稳健标准误。

表 4.35 稳健性检验Ⅲ：对 23 个老牌 OECD 国家扩充样本时区，样本平均数数据，OLS 估计

Dep：*rl_ spread*	(1)	(2)	(3)	(4)	(5)	(6)	(7)	(8)
Culture proxy：		*pdi_ s*	*lto_ s*	*indul_ s*	*malefst_ s*	*menbt_ s*	*tpu_ s*	*pdi_ s&tpu_ s*
culture_ s		−0.019* (0.009)	−0.021** (0.009)	0.023** (0.011)				−0.018* (0.010)
culture_ l					−1.253* (0.625)	−0.694 (0.944)	−0.009 (0.008)	−0.010 (0.008)
Constant	1.341 (0.826)	0.848 (0.890)	2.003** (0.852)	1.517 (1.185)	2.268 (1.345)	1.452 (1.098)	1.019 (0.768)	0.459 (0.991)
Controls	Yes	Yes	Yes	Yes	Yes	Yes	Yes	Yes
Observations	44	44	44	43	37	36	38	38
调整的 R^2	0.323	0.351	0.403	0.363	0.359	0.521	0.334	0.355

注：1. 作为对比，(1) ~ (8) 列分别对应表 4.27 的 (1) ~ (8) 列。2. 估计方法为 OLS。3. *、**、*** 分别表示双侧 t 分布检验在 10%、5%、1%的显著性水平。4. 括号中数值为异方差稳健标准误。

表 4.36　稳健性检验Ⅳ：对 23 个老牌 OECD 国家扩充样本时区，样本中位数数据，OLS 估计

Dep：*rl_ spread*	(1)	(2)	(3)	(4)	(5)	(6)	(7)	(8)
Culture proxy：		*pdi_ s*	*lto_ s*	*ndul_ s*	*malefst_ s*	*menbt_ s*	*tpu_ s*	*pdi_ s&tpu_ s*
culture_ s		−0.022**	−0.020**	0.024**				−0.023**
		(0.010)	(0.008)	(0.010)				(0.009)
culture_ l					−1.648**	−1.279	−0.015**	−0.017**
					(0.617)	(0.968)	(0.007)	(0.007)
Constant	1.282	0.974	1.740*	1.471	1.947	1.748	0.200	−0.212
	(0.954)	(0.957)	(0.928)	(1.135)	(1.204)	(1.273)	(0.716)	(0.783)
Controls	Yes	Yes	Yes	Yes	Yes	Yes	Yes	Yes
Observations	44	44	44	43	37	36	38	38
调整的 R^2	0.403	0.460	0.468	0.474	0.468	0.405	0.475	0.553

注：1. 作为对比，(1) ~ (8) 列分别对应表 4.28 的 (1) ~ (8) 列。2. 估计方法为 OLS。3. *、**、*** 分别表示双侧 t 分布检验在 10%、5%、1%的显著性水平。4. 括号中数值为异方差稳健标准误。

表 4.37　稳健性检验Ⅲ：添加控制变量，样本平均数数据，OLS 估计

Dep：*rl_ spread*	(1)	(2)	(3)	(4)	(5)	(6)	(7)	(8)
Culture proxy：		*pdi_ s*	*lto_ s*	*indul_ s*	*malefst_ s*	*menbt_ s*	*tpu_ s*	*pdi_ s&tpu_ s*
culture_ s		−0.012 (0.010)	−0.018** (0.008)	0.023* (0.012)				−0.012 (0.011)
culture_ l					−0.472 (0.800)	−0.836 (1.095)	−.021*** (0.009)	−0.022*** (0.009)
urban_ s	−0.001 (0.016)	0.002 (0.016)	0.012 (0.013)	−0.006 (0.016)	0.015 (0.027)	0.032 (0.034)	−0.005 (.019)	−0.004 (0.018)
siratio_ s	0.585 (0.462)	0.470 (0.496)	0.360 (0.405)	0.523 (0.485)	0.714 (0.545)	0.641 (0.555)	0.743* (0.443)	0.627 (0.479)
Constant	2.724 * *** (0.917)	2.372*** (0.985)	2.967 * *** (1.019)	2.797*** (1.29)	3.04*** (1.299)	2.471* (1.294)	1.825 (1.225)	1.450 (1.422)
Controls	Yes	Yes	Yes	Yes	Yes	Yes	Yes	Yes
Observations	44	44	44	43	37	36	38	38
调整的 R^2	0.409	0.409	0.455	0.442	0.333	0.357	0.513	0.512

注：1. 除 *urban_ s* 和 *siratio_ s* 以外，基准回归中的其他 13 个控制变量也包含在回归方程中。2. 作为对比，(1) ~ (8) 列分别对应表 4.29 的 (1) ~ (8) 列。3. 估计方法为 OLS。4. *、**、*** 分别表示双侧 t 分布检验在 10%、5%、1% 的显著性水平。5. 括号中数值为异方差稳健标准误。

表 4.38 稳健性检验Ⅲ：添加控制变量，样本中位数数据，OLS 估计

Dep：*rl_ spread*	(1)	(2)	(3)	(4)	(5)	(6)	(7)	(8)
Culture proxy：		*pdi_ s*	*lto_ s*	*indul_ s*	*malefst_ s*	*menbt_ s*	*tpu_ s*	*pdi_ s&tpu_ s*
culture_ s		−0.021* (0.011)	−0.015* (0.009)	0.022* (0.012)				−0.017* (0.010)
culture_ l					−1.465* (0.749)	−1.488 (1.079)	−.023 * *** (0.007)	−0.021 * *** (0.007)
urban_ s	0.012 (0.015)	0.016 (0.014)	0.019 (0.013)	0.007 (0.015)	0.018 (0.024)	0.030 (0.028)	−0.006 (0.016)	−0.004 (0.013)
siratio_ s	0.359 (0.397)	0.199 (0.399)	0.233 (0.379)	0.334 (0.439)	0.386 (0.457)	0.353 (0.480)	0.507 (0.378)	0.353 (0.377)
Constant	1.953*** (0.899)	1.462 (0.918)	2.195*** (0.944)	2.313*** (1.037)	2.462* (1.240)	1.890 (1.234)	1.067 (0.986)	0.754 (1.148)
Controls	Yes	Yes	Yes	Yes	Yes	Yes	Yes	Yes
Observations	44	44	44	43	37	36	38	38
调整的 R^2	0.426	0.477	0.450	0.465	0.391	0.364	0.547	0.579

注：1. 除 *urban_ s* 和 *siratio_ s* 以外，基准回归中的其他 13 个控制变量也包含在回归方程中。2. 作为对比，（1）~（8）列分别对应表 4.29 的（1）~（8）列。3. 估计方法为 OLS。4. *、**、*** 分别表示双侧 t 分布检验在 10%、5%、1%的显著性水平。5. 括号中数值为异方差稳健标准误。

控制变量后的回归结果。在各类稳健性回归中，本节所考察的3个表征一国与美国耐心文化差异的变量 *pdi_ s*、*lto_ s*、*indul_ s*，以及3个表征一国与美国女性劳动文化差异的变量 *malefst_ s*、*menbt_ s* 和 *tpu_ s*，在相应的回归中仍然基本显著，且系数的方向和大小与基准回归的对应结果也基本一致，说明文化差异确实是影响一国与美国实际利差的核心要素。从模型解释力的角度看，引入一国与美国的文化差异以后，估计结果的调整的 R^2 相比只包含控制变量的模型，均有明显的提高。此外，表4.37和表4.38所列的估计结果中，*urban_ s* 和 *siratio_ s* 的系数大多为正，说明一国与美国在城市化率，或者服务业发展程度上的接近，可能有助于缩小两国的实际利差，但这种效果不具有统计显著性。总体而言，以上结果说明基准回归的估计结果不受被解释变量的度量方式，或者样本区间选择的影响，具有稳健性。

五、本章小结

作为宏观经济的核心变量，实际利率的决定在长期中和资本劳动比紧密相关，因此资本形成和劳动供给是考察实际利率决定的两个主要视角。然而现有文献中，无论是从资本形成角度，还是从劳动供给角度，都忽略了由文化所塑造的社会集体行为在以上两个视角中所扮演的关键角色，本章的内容是对该类研究的一个重要创新和补充。

本章分为两大部分，前半部分（4.2、4.3节），主要探讨耐心文化、女性劳动文化对一国实际利率长期均值的影响。后半部分（4.4节），主要探讨一国与美国的耐心文化或者女性劳动文化的差异，对该国与美国的实际利差长期均值的影响。

在本章的前半部分。4.2节首先阐述了文化对长期实际利率的主要影响渠道和机制，通过建立一个包含内生劳动供给的两期OLG模型对此进行理论演绎，据此得出均衡实际利率决定于耐心文化和女性劳动文化的基本猜想。随后在4.3节根据理论演绎的结果，采用44个发达国家和新兴市场国家2000—2019年的年度数据，选取4个表征耐心文化的变量，以及4个表征女性劳动文化的变量，对理论演绎的结果进行实证检验。实证分析的结果表明，从资本形成的视角看，刻画社会储蓄行为的文化变量（耐心文化变量）中，权力距离（*pdi*）、长期导向（*lto*），以及放纵—克制指数（*indul*）这三个维度对长期实际利率具有显著影响；从劳动供给的视角看，刻画女性劳动参与行为的文化变量（女性劳动文化变量）中，性别劳动歧视（*malefirst*）、对男性从政的偏爱（*menbetter*），以及（前工业时代的）耕犁使用密度（*tpu*）对长期实际利率也具有显著影响。此外，权力距离和耕犁使用密度还能同时对长期实际利率产生显著影响。经验证据有力地支持了理论演绎，也进一步印证了第三章的相关猜想，即文化经由群体偏好，塑造了一个社会持久的、稳定的储蓄行为和女性劳动参与行为，影响一国资本劳动比的长期均值，最终决定了一国实际利率的长期均值。

在次要的扩展分析部分（4.3.8 节），笔者从动态的视角，考察了文化对实际利率变动速度的影响。结果发现，耐心文化或消极的女性劳动文化，均会造成一国实际利率持续的、负向的增长。一国文化色彩越耐心，或者女性劳动文化越消极，这种负增长幅度就越大。

在本章的后半部分。4.4 节主要考察了一国与美国的耐心文化差异，以及女性劳动文化差异，能够在多大程度上解释该国与美国（在长期中的平均）的实际利差。从某种意义上说，4.4 节也是对 4.3 节的实证结果的另一种稳健性检验。这是因为，如果一国与美国的文化差异，不能解释该国与美国的实际利率差异的话，那么 4.3 节的结论则必定不具有一般性意义。

沿用 4.3 节的样本选择和实证设定，4.4 节在控制了各国与美国在经济基本面的差异，以及贸易开放程度的前提下，考察了一国与美国的耐心文化差异，以及女性劳动文化差异对该国实际利差的影响。耐心文化差异分别指权力距离差异（*pdi_ s*）、长期导向差异（*lto_ s*），以及放纵—克制指数差异（*indul_ s*），女性劳动文化差异分别指性别劳动歧视差异（*malefst_ s*）、对男性从政的偏爱，或者对女性从政的排斥的差异（*menbt_ s*），以及在前工业时代耕犁使用密度的差异（*tpu_ s*）。结果表明，耐心文化变量、女性劳动文化变量，或者单个耐心文化变量与单个女性劳动文化变量的组合，均能对实际利差产生符合预期的影响。一国相较美国越偏耐心（不耐），则该国的实际利差在样本期内的平均值或中位数，会显著地越低（越高）；一国的女性劳动文化相较美国越消极（积极），则该国的实际利差在样本期内的平均值或中位数，也会显著地越低（越高）。

在次要的扩展分析中，4.4.6 节参照 4.3.8 节的做法，考察了一国与美国实际利差的变动趋势，是否受该国与美国耐心文化差异，或者女性劳动文化差异的影响。结果表明，一国与美国耐心文化的正向偏离（相对美国越耐心），或者与美国女性劳动文化的负向偏离（相对美国越消极），会导致该国与美国的实际利差随时间负向增长，偏离的程度越大，负增长的趋势就越明显。这一结果也呼应了 4.3.8 节所对应的结果。

第五章 老龄化对长期实际利率的负效应能被文化抑制吗？

——对 25 个 OECD 国家的经验分析

第一节 引言

第四章 4.3 节主要从静态的、国别的，或者截面的角度去探讨不同国家在一定时间区间内，由文化所导致的实际利率平均水平的差异，4.4 节将这种思路和方法，拓展到了对各国与美国实际利差的分析中。本章将沿着耐心文化和女性劳动文化视角，从动态的角度，探讨人口老龄化对长期实际利率的影响，重点关注老龄化对长期实际利率的负向效应在不同文化中的分化。本章所指“人口老龄化”，分别指人口年龄结构的老龄化，以老年抚养比衡量，以及人均寿命的高龄化，以预期寿命衡量。本章的结论表明，老年抚养比以及预期寿命的上升，都会压低实际利率，但是这种负向效应的强度取决于一国的文化背景。具体而言，抚养比对实际利率的负向影响会被女性劳动文化所放大，即在女性劳动文化比较消极的国家，抚养比对实际利率的负向效应会更明显；预期寿命对实际利率的负向影响会被耐心文化所放大，即在耐心文化色彩浓郁的国家，预期寿命对实际利率的负向效应会更明显。

现有研究认为，全球长期低利率现象，尤其是发达经济体自 20 世纪 80 年代以来的长期低利率现象，其根本原因在于储蓄—投资的不平衡。对储蓄—投资不平衡的一个解释是不利的人口结构变动。随着社会老龄化程度加深，劳动年龄人口占总人口比重减少，这提高了社会资本劳动比，拉低了资本回报率，牵引总投资下降，致使实际利率水平下降。已有文献从理论或经验角度探讨了人口结构变化与长期（实际）利率的关系（Ichiue、Shimizu，2015；Ferrero 等，2017；Yi、Zhang，2017；Arslanalp 等，2019），认为人口老龄化，比如劳动年龄人口占比减少，抚养比的上升，或者预期寿命的增长，均是导致长期实际利率下降的主要原因。

人口老龄化对实际利率的影响，可以从总投资和总储蓄两条渠道理解。从总投资的角度看，老龄化会带来社会抚养比的提高，即劳动年龄人口与非劳动年龄人口比例的上升，使劳动总供给减少，资本劳动比升高，这会导致更低的资本边际产出和更低的投资需求，给实际利率施加向下的压力。从总储蓄的角度看，老龄化伴随着预期寿命的延长，在退休年龄一定的前提下，意味着更长的退休生活，这会激励劳动年龄人口增加储蓄，从而导致更高的储蓄率，这也会给实际利率施加向下的压力。因此，一般而言，老龄化会给一个社会带来更低的总投资，更高的总储蓄，从而导致更低的实际利率。

但是根据第三、第四章的分析，各国的耐心文化，以及女性劳动文化，可谓泾渭分明，前者调节着一国民众的储蓄行为，后者调节着一国居民的劳动参与行为。本章的核心观点认为，一国的女性劳动文化，会制约老龄化，尤其是老年抚养比的上升对该国实际利率的负向影响；一国的耐心文化，会制约老龄化，尤其是预期寿命的增加对该国实际利率的负向影响。在全球人口老龄化的背景下，具有不耐文化或者积极的女性劳动文化的国家，其实际利率所受的负向压力更小。

从总投资的角度看，女性劳动文化较积极的国家，女性参与市场劳动的软约束较少，这意味着这类国家的劳动参与率（在长期中）的平均值较高；反之，女性劳动文化较消极的国家，女性参与市场劳动的软约束较多。这意味着这类国家的劳动参与率（在长期中）的平均值较低。

20 世纪后期以来，发达国家由于产业结构的调整（服务业占国民经济的比重大幅提升），女性的就业机会增加，加之家用电器的普及，使女性劳动参与率在西方各国都有所提高。但如果将这种趋势细化到不同国家就会发现，女性劳动参与率的上升幅度在英美国家、北欧国家和西南欧国家的差异其实相当明显。从1984—2019年6个OECD国家劳动年龄人口占比[①]，以及劳动参与率[②]的时间变化中可以清晰地看出：①劳动年龄人口占比在进入21世纪后特别是2010年以后呈下降态势，反映了西方国家人口结构日趋老龄化的事实。各国劳动年龄人口占比普遍维系在62%~68%，差异并不大。②从水平层面看，各国劳动参与率的差异较大。丹麦、瑞典的劳动参与率长期维持在80%左右，法国、意大利的劳动参与率在大部分时期内均不到70%。③从时间层面看，各国女性劳动参与率在2010年，即老龄化程度加深以后，都有明显提高，从而推动了总体劳动参与率的提高。然而法国和意大利两国的女性劳动参与率直到2019年仍然较英美两国低10个百分点以上，较丹麦、瑞典两国低15个百分点以上。

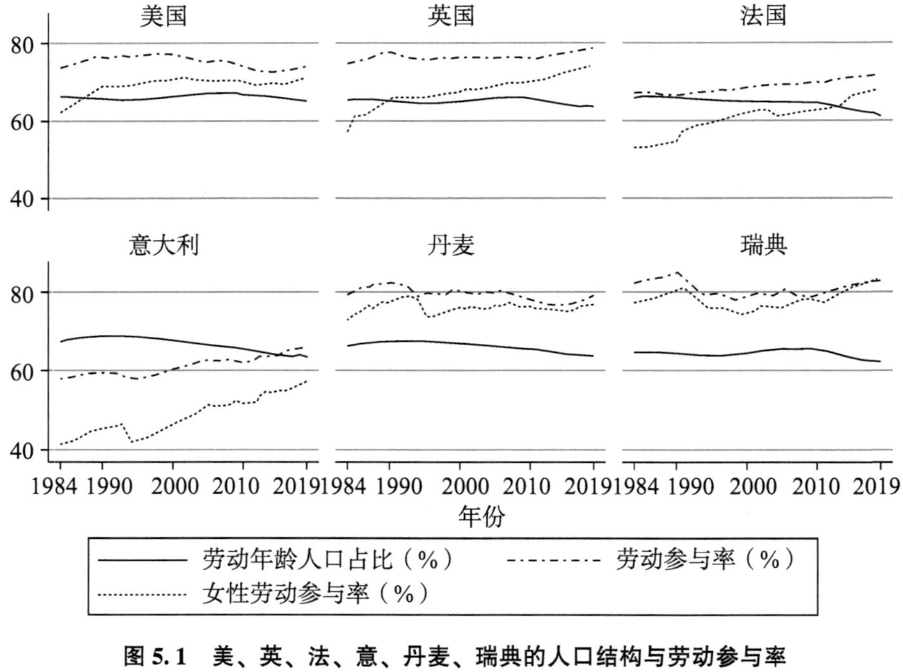

图5.1　美、英、法、意、丹麦、瑞典的人口结构与劳动参与率

资料来源：OECD，经作者整理绘制。

① 本书定义劳动年龄人口占比为15~64岁人口占总人口比重，以下同。

② 对劳动参与率存在多种定义，笔者参照陆铭和梁文泉（2017），定义劳动参与率为劳动年龄人口（15~64岁人口）中经济活动人口（就业人口+失业人口）的比重。

以上分析说明，老年抚养比的上升对实际利率的负向效应，可能在拥有消极的女性劳动文化的国家（劳动参与率的长期均值较低）更为显著。这是因为在较低的劳动参与率水平上，每单位老年抚养比的增长意味着较高的资本劳动比增长，从而有较高的实际利率降幅，5.3 节的理论分析部分将证明这一点。

从总储蓄的角度看，现有文献认为预期寿命的增长会提高劳动年龄人口的储蓄率。但是笔者认为，在耐心文化色彩更浓郁[①]的国家，居民在面对预期寿命增长时可能会做出更大的储蓄调整，预期寿命的增加对实际利率的负向效应在这类国家会更加显著。

总结梳理现有关于老龄化对利率或者储蓄率影响的经验研究，可以发现：老龄化对利率的影响，可以区分为抚养比对利率的影响，以及预期寿命对利率的影响。抚养比经由劳动总供给渠道，通过改变经济中的总投资影响实际利率（简称“抚养比—利率效应”）；预期寿命则经由居民生命周期的消费—储蓄渠道，通过改变经济中的总储蓄影响实际利率（简称“预期寿命—利率效应”）。可见抚养比或预期寿命的增长，均会抬高社会资本劳动比，牵引实际利率下行。本章的创新点在于，将女性劳动文化和耐心文化分别引入上述两种渠道，实证考察老龄化对实际利率的效应在不同文化中的差异。本章将表明，对于女性劳动文化较为消极（积极）的国家，老龄化尤其是老年抚养比的上升，对实际利率的负向效应较大（较小）；类似的，对于具有耐心文化的国家，老龄化尤其是预期寿命的延长，对实际利率的负向效应也较大（较小）。本章的逻辑链条请参阅图 5.2。

本章首先将构建一个包含老龄化变量（抚养比和预期寿命），以及内生劳动供给的简单代际交叠模型（OLG 模型），从理论上论证老龄化对均衡利率的影响，以及这种效应在不同时间偏好（代表耐心文化）和闲暇偏好（代表女性劳动文化）的差异，据此提出相应的假说。然后建立面板计量模型，采用 25 个 OECD 国家 1985—2019 年的相关数据，对上述假说进行实证检验。之所

① 时间偏好更低，更富有耐心。

以以发达经济体为样本，而非如第三、四章那样兼顾发达经济体和新兴经济体，首先是因为本书旨在解释长期低利率现象主要出现在西方发达经济体。其次，本书所考察的老龄化现象是一个慢变量，需要从更长的样本区间考察，而新兴经济体的金融市场在 20 世纪八九十年代尚不完善，缺乏运作规范的国债市场以及相应的收益率数据。

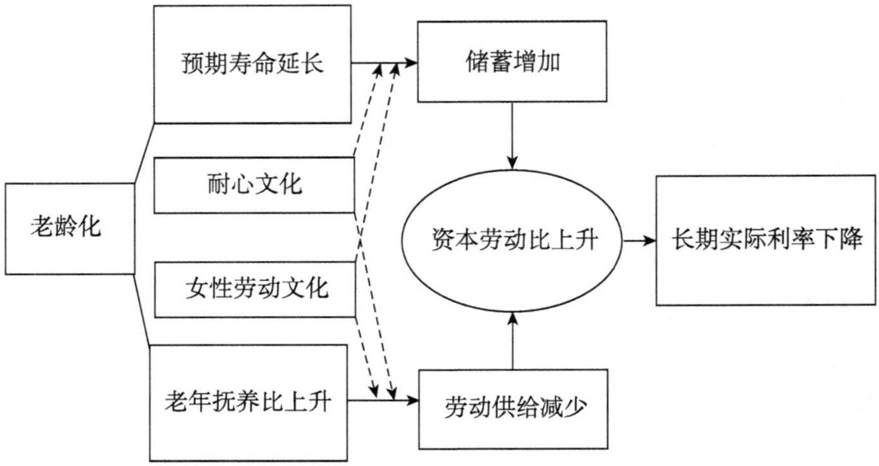

图 5.2　文化影响老龄化——实利率效应的逻辑链条

注：实线箭头代表决定效应，虚线箭头代表调节效应。

本章的研究结果表明，虽然老龄化，比如老年抚养比的上升和预期寿命的增加，能够牵引利率下行，是决定一国长期实际利率的重要因素，但是其对实际利率的负向效应高度依赖于该国的文化背景。女性劳动文化对抚养比—利率效应，耐心文化对预期寿命—利率效应，有着显著的调节作用。

鉴于长期的低利率趋势会导致货币政策低效，影响金融稳定，甚至影响就业弹性和社会福利（陆铭，2017），耐心文化色彩较浓郁或者女性劳动文化较消极的国家，会面临更严峻的政策考验。

第二节　机制说明

一、老年抚养比对实际利率的潜在影响，以及女性劳动文化在其中的作用

老年抚养比对实际利率的影响，简称抚养比—利率效应，指从劳动供给的角度看，随着人口结构老龄化，经济体中劳动年龄人口相对非劳动年龄人口比重下降，在其他条件不变的前提下，会抬高资本劳动比，降低资本的边际产出，从而降低实际利率。目前从劳动供给角度考察利率变动的经验文献通常选择总人口增长率（Ferrero 等，2017）、劳动年龄人口占比或其变化（Ikeda、Saito，2014；Ichiue、Shimizu，2015）或者老年抚养比、抚养比[①]（Borio 等，2017；Ferrero 等，2017；Brand 等，2018；王曦、陈中飞等，2018；Arslanalp 等，2019）等作为解释变量，其隐含地将劳动年龄人口（或总人口）等同为劳动总供给，换言之，这些文献均假设经济社会中的劳动力资源得到了最充分的利用。但是根据劳动供给的定义，一国劳动供给总量同时决定于劳动年龄人口规模，以及劳动年龄人口中经济活动人口的比例，即劳动参与率（陆铭、梁文泉，2017）。这意味着在不同的劳动参与率水平下，劳动年龄人口的变动对劳动供给的改变程度是不一致的。据此可推测：给定不同的劳动参与率，老年抚养比的变动对资本劳动比的改变程度将会不同，从而对利率的影响程度也会有差异。

劳动参与率（labor force participation rate，LFPR）可以衡量一定范围人口中有意愿参与经济生产或服务活动人口的比重，它是衡量一国劳动总供给的重要指标之一。对于某一特定群体，比如一国适龄劳动人口、女性、少数族裔等，其劳动参与模型可以表述为 $LFPR=f(Z,w,c)$。即群体劳动参与率可以表示为非工资收入（Z）、工资收入（w）和劳动偏好（c）的函数（Hyclak

① 人口抚养比为 15 岁以下、65 岁以上人口占 15～64 岁人口的比重，用于度量劳动年龄人口对非劳动年龄人口的负担程度。

等，2013)。其中，劳动参与率随着非工资收入的增长而减少，随工资收入的增长而增长，并且与群体劳动偏好呈正相关，劳动偏好反映不同群体（比如一国民众）对待工作的不同社会习俗，并且相比前两个变量，劳动偏好对特定群体劳动参与率的影响可能更重要。劳动经济学家经常怀疑女性，或者少数族裔等群体是否有独立的劳动决策权，因为文化、传统或习俗对这类群体的影响巨大（Hyclak 等，2013)。

由于劳动参与率是个体劳动决策行为的加总，与其他经济变量高度相关，将其直接纳入利率的实证决定方程会产生较严重的内生性问题。但是根据本书第三章和第四章的论述，一国的劳动参与率，与该国女性对自己家庭—社会角色的认知，以及该国社会对待女性参与劳动的态度（简称“女性劳动文化”）高度相关，女性劳动文化可以通过语言性别意识指数（*gii*)、前工业时代的耕犁使用密度（*tpu*）等变量刻画①，换言之，这些变量刻画了静态视角下，一国在长期中的平均劳动参与率。因此，在实证分析中，将上述变量和老年抚养比做交互，便可以考察老年抚养比的变化在不同劳动参与率水平上对利率影响的差异。

二、预期寿命对实际利率的潜在影响，以及耐心文化在其中的作用

根据生命周期消费—储蓄假说，居民在其劳动年龄时期，即青壮年时期，赚取劳动收入，同时做出每一期的消费—储蓄决策；在非劳动年龄时期，即老年时期，则会依靠劳动年龄时期积攒的储蓄进行消费。在退休年龄不变的前提下，预期寿命的升高意味着更为漫长的老年（退休）时期，这会激励处于劳动年龄段的人口提高其每一期的储蓄率，从而抬高整个经济社会的总储蓄率（Li 等，2007)，在总投资不变的前提下，这会压低经济中的实际利率水平（Borio 等，2017；Brand 等，2018)。但是根据标准的经济学理论，决定人们在劳动年龄阶段每一期的储蓄水平的因素中，除了收入、预期寿命等因素以外，还有时间偏好，后者取决于一国的耐心文化。这意味着对于具有不同时间偏好的群体（国家)，预期寿命的增加对其储蓄增长的反应是

① 换言之，女性劳动文化，可以视作一国劳动参与率长期均值的代理变量。

不一样的。因此，在实证分析中，将预期寿命和刻画耐心文化的变量作交互，便可以考察预期寿命的变化在不同时间偏好下对利率影响的差异。

第三节 理论模型

理论设定与第四章类似，即采用标准的两期 OLG 形式，并在模型中引入内生的劳动供给，不同的地方在于对人口结构的设定。前文提到，现有文献表明，老龄化对宏观经济主要有两种效应，一是负担效应，二是长寿效应（Li 等，2007；Ferrero 等，2017）。负担效应指人口增长率的下降所导致的非劳动力人口比例的增加；长寿效应指随着预期寿命的增加，人们会更大限度地平滑终身消费，提高其在劳动年龄阶段中任一时期的储蓄率。从实际利率的角度看，在其他条件不变的前提下，负担效应会减少劳动供给，抬高资本劳动比；长寿效应会增加储蓄，这亦会抬高资本劳动比。因此，老龄化会在劳动供给和资本积累（储蓄）两方面对实际利率产生负向影响，对人口结构的全面考察需要在 OLG 模型中引入预期寿命。基于这种考虑，本书对人口结构的假定如下。

经济中的总人口由青年人口（劳动年龄人口）和老年人口（非劳动年龄人口）组成，在第 t 期，经济中的总人口为：

$$N_t = N_{1t} + N_{2t} = (1+n) N_{1,t-1} + \pi(life\_\exp) N_{1,t-1} \tag{5-1}$$

其中，N_{1t} 为第 t 期的青年人口，按照一般的假定，它等于第 $t-1$ 期的青年人口乘以总人口增长率 $1+n$；N_{2t} 为第 t 期的老年人口，它等于第 $t-1$ 期的青年人口乘以青年人存活至老年期的概率 π，其中，π 是预期寿命（*life_exp*）的函数，因为存活率的增加往往伴随着社会预期寿命的增长，因此参考现有文献的做法（Li 等，2007；汪伟和艾春荣，2015），后文将 π 视同为社会预期寿命。

厂商部门的设定与第四章一样，经济体的生产函数为 $Y_t = F(K_t, L_t) = K_t^{\alpha}(A_t l_t N_t)^{1-\alpha}$，其中，定义 $L_t = A_t l_t N_t$ 为有效劳动供给，A_t 为劳动生产率；l_t 为劳动投入程度，以劳动年龄人口的劳动参与率衡量，取值区间为 0 到 1；N_t

为劳动年龄人口，定义为15~64岁人口。A_t 和 N_t 分别以 g 和 n 的外生速率增长。生产函数满足规模报酬不变，以及稻田条件等基本假设。市场是竞争性的，实际利率和工资等于资本和劳动各自的边际产出。

消费者部门方面，经济体由大量同质的、存活两期的代表性个体组成。个体在青年时期做出终身的消费决策，以及青年时期的储蓄和劳动供给决策，其消费来源为劳动收入以及初始财富。根据上文对人口结构的设定，个体有 π 的概率存活至老年期，在老年时期退出劳动力市场，并依靠青年时期积累的储蓄，以及上一期未消耗完的财富进行消费。代表性个体的最优化问题如下：

$$\underset{c_{1,t},l_t,c_{2,t+1}}{Max} \ln c_{1,t}+\gamma(fl)\ln(1-l_t)+\frac{1}{1+\rho(pt)}\pi\ln c_{2,t+1} \tag{5-2}$$

$$\text{s. t.} \quad c_{1,t}+\frac{c_{2,t+1}}{1+r_{t+1}}=w_t l_t$$

其中，$c_{1,t}$ 和 $c_{2,t+1}$ 分别为个体在青年期和老年期的消费，l_t 为个体的劳动供给。w_t 为劳动收入即工资、a_t 为初始财富或外生禀赋①，r_{t+1} 为 $t+1$ 期的利率水平。π 为青年个体存活至老年期的概率。ρ 为主观贴现率，它反映了一国社会的平均时间偏好。γ 度量个体对闲暇的偏好，或者对劳动的厌恶程度。与第四章的逻辑一样，笔者认为，由于成年男性在任何社会都是主要劳动力，其劳动供给缺乏弹性，因此 γ 的大小主要取决于女性的闲暇偏好，它反映了女性参与劳动的主观意愿，即女性对自身家庭—社会地位的认知，以及客观制约，即社会对女性参与劳动的排斥程度。与第四章一样，笔者将个体主观贴现率 ρ 假定为耐心文化（patience culture，pt）的函数 $\rho(pt)$，并假定 $\rho'(pt)<0$，即一国文化色彩越耐心，平均而言，该国个体的时间偏好率越低；将个体闲暇偏好 γ 假定为女性劳动文化（female labor participation culture，fl）的函数 $\gamma(fl)$，并假定 $\gamma'(fl)<0$，即一国女性劳动文化越积极，平均而言，该国个体的闲暇偏好越低。

个体最优化行为的一阶条件为：

---

① 可将其视作消费者作为企业（厂商）股东而得到的企业利润分红（Wickens，2012）。

$$c_{2,t+1}=\frac{(1+r_{t+1})\pi}{1+\rho(pt)}c_{1,t} \tag{5-3}$$

$$1-l_t=\frac{\gamma(fl)c_{1,t}}{w_t} \tag{5-4}$$

可以看出，与第四章对应的一阶条件不同的是，第二期的消费正向决定于存活率（预期寿命）。个体在青年时期的消费和劳动供给的局部均衡解为：

$$c_{1,t}=\frac{(w_t+a_t)(1+\rho(pt))}{(1+\gamma(fl))(1+\rho(pt))+\pi} \tag{5-5}$$

$$l_t=\frac{(w_t-a_t\gamma(fl))(1+\rho(pt))+\pi w_t}{[(1+\gamma(fl))(1+\rho(pt))+\pi]w_t} \tag{5-6}$$

可以看出，与第四章对应的局部均衡解所不同的是，居民在第一期的消费和劳动决策都受到存活率的影响。得到个体在青年时期消费的均衡解以后，进一步求出个体在青年时期储蓄的局部均衡解为：

$$s_t=w_tl_t+a_t-c_{1,t}=\frac{(w_t+a_t)\pi}{(1+\gamma(fl))(1+\rho(pt))+\pi} \tag{5-7}$$

可见预期寿命越长，个体在工作时期的储蓄水平越高。假设资本在每一期期末完全折旧，社会总资本的积累方程从而为：

$$K_{t+1}=s_tA_tN_t \tag{5-8}$$

即下一期的资本源自上一期有效劳动总供给的储蓄。上式两端同除以有效劳动供给 $L_{t+1}=A_{t+1}l_{t+1}N_{t+1}$，得到有效资本劳动比的运动方程：

$$\begin{aligned}\tilde{k}_{t+1}&=\frac{s_t}{l_{t+1}(1+g)}\times\frac{N_t}{N_{t+1}}=\frac{w_t(w_t+a_t)\pi}{[(w_t-\gamma(fl)a_t)(1+\rho(pt))+\pi w_t](1+g)(1+n)}\\&=\frac{w_t(w_t+a_t)}{[(w_t-\gamma(fl)a_t)(1+\rho(pt))+\pi w_t](1+g)}\times odep\end{aligned} \tag{5-9}$$

其中，$odep=\frac{\pi N_t}{N_{t+1}}=\frac{\pi}{1+n}$为老年抚养比，它是青年人口和其存活率的乘积（即下一期的老年人口），与下一期的青年人口之比。与第四章相似，本章假定效用函数为对数形式，生产函数为柯布—道格拉斯形式，经济因而会收敛至唯一的稳态，从而 $r_{t+1}=r^*,\tilde{k}_{t+1}=\tilde{k}^*,w_{t+1}=w^*$，此时有：

$$r^*=f'(k^*)=\alpha(^{k^*})\alpha-1=\alpha\left(\frac{w^*(w^*+a)\pi}{[(w^*-\gamma(fl)a)(1+\rho(pt))+\pi w^*](1+g)(1+n)}\right)^{\alpha-1}$$

$$=\alpha\left(\frac{w^*(w^*+a)}{[(w^*-\gamma(fl)a)(1+\rho(pt))+\pi w^*](1+g)}\times odep\right)^{\alpha-1} \tag{5-10}$$

将式（5-10）中的 k^* 对 $odep$ 求导可得：

$$\frac{d\tilde{k}^*}{dodep}=\frac{w^*(w^*+a)}{[(w^*-\gamma(fl)a)(1+\rho(pt))+\pi w^*](1+g)}>0 \tag{5-11}$$

式（5-11）中，值得注意的地方在于：

第一，给定 $odep$ 的变动方向为正，该式的符号为正①，说明老年抚养比的上升会抬高资本劳动比，从而压低实际利率。这与通常的理论预期相符。

第二，给定 $odep$ 的变动方向为正，该式的大小负向取决于时间偏好 $\rho(pt)$，这意味着一国的文化色彩越偏不耐（pt 越小从而 ρ 越大），老年抚养比的上升对资本劳动比的正向影响越弱，从而对实际利率的负向影响越弱；一国的文化色彩越偏耐心（pt 越大从而 ρ 越小），老年抚养比的上升对资本劳动比的正向影响越强，从而对实际利率的负向影响越强。从模型上看②，这是因为老年人既是非劳动力人口，也是资本的供应者，文化色彩越偏耐心，老年群体提供的资本（源自他们在年轻时候的储蓄）就越多，老年抚养比的上升所引致的资本劳动比增幅就越高；文化色彩越偏不耐，老年群体提供的资本就越少，老年抚养比的上升所引致的资本劳动比增幅就越低。此外，第四章4.3.8节的扩展回归也表明，文化色彩越偏耐心，资本相对劳动的增长速度就越快，反之亦然。

第三，给定 $odep$ 的变动方向为正，该式的大小正向取决于闲暇偏好 $\gamma(fl)$，这意味着一国的女性劳动文化越消极（fl 越小从而 γ 越大），老年抚养比的上升对资本劳动比的正向影响越强，从而对实际利率的负向影响越强；

① 直观上，该式的符号还取决于收入（w^*）与闲暇偏好（γ，通常小于1）和财富（a）的乘积之差。平均而言，个体在劳动年龄时期所积攒的收入，一定大于其初始财富，即 $w^*-\gamma a>0$。

② 给定劳动总供给。

女性劳动文化越积极（fl 越大从而 γ 越小），老年抚养比的上升对资本劳动比的正向影响越弱，从而对实际利率的负向影响越弱。从模型上看①，这是因为青年人是劳动供应者，女性劳动文化越消极，青年群体提供的劳动就越少，老年抚养比的上升所引致的资本劳动比增幅就越高；女性劳动文化越积极，青年群体提供的劳动就越多，老年抚养比的上升所引致的资本劳动比增幅就越低。此外，第四章 4.3.8 节的扩展回归也表明，女性劳动文化越消极，资本相对劳动的增长速度就越快，反之亦然。

第二、第三点说明，给定相同程度的老年抚养比增长，文化色彩更耐心，或女性劳动文化更消极的国家，资本劳动比随老年抚养比上升的幅度更大，从而实际利率的下降幅度更大。文化色彩更不耐，或女性劳动文化更积极的国家，资本劳动比随老年抚养比上升的幅度更小，从而实际利率的下降幅度更小。换言之，耐心文化，或者消极的女性劳动文化，能够放大抚养比—利率效应；不耐文化，或者积极的女性劳动文化，会抑制抚养比—利率效应。据此提出如下假说。

假说 5.1：一国老年抚养比对长期实际利率的负向效应取决于该国的耐心文化，文化色彩越偏耐心，负向效应越强。

假说 5.2：一国老年抚养比对长期实际利率的负向效应取决于该国的女性劳动文化，女性劳动文化越消极，负向效应越强。

将式（5-10）中的 k^* 对 π 求导可得：

$$\frac{d\tilde{k}^*}{d\pi}=\frac{w^*(w^*-\gamma(fl)a)(1+\rho(pt))(w^*+a)}{[(w^*-\gamma(fl)a)(1+\rho(pt))+\pi w^*]^2(1+g)(1+n)}>0 \qquad (5-12)$$

式（5-12）的符号为正②，说明就整体而言，预期寿命的增加会提高资本劳动比，从而降低实际利率，与预期相符。值得注意的是，时间偏好 ρ（pt）和闲暇偏好 γ（fl），均包含在该式中，说明文化对预期寿命—利率效应起着调节作用。遗憾的是，由于式（5-12）的分子和分母均包含 ρ（pt）和 γ（fl），该式没能直接揭示两类文化对预期寿命—利率效应的调节方向。

---

① 给定总储蓄。

② 直观上，该式的符号还取决于收入（w^*）与闲暇偏好（γ，通常小于 1）和财富（a）的乘积之差。平均而言，个体在劳动年龄时期所积攒的收入，一定大于其初始财富，即 $w^*-\gamma a>0$。

从耐心文化的角度看，预期寿命的延长意味着人们预期自己将拥有更长的退休（无收入）生活，劳动力人口对此的理性反应是增加储蓄。这种“理性”反应程度的大小，应该取决于耐心文化 pt。一方面，耐心文化色彩越浓的国家（pt 越大从而 ρ 越小），储蓄对预期寿命增长的反应可能越强烈，在其他条件不变的前提下，这意味着较高的实际利率降幅；反之，耐心文化色彩越淡的国家，或者说不耐文化色彩越浓的国家（pt 越小从而 ρ 越大），储蓄对预期寿命增长的反应可能越轻微，在其他条件不变的前提下，这意味着较低的实际利率降幅。另一方面，耐心文化色彩越浓的国家，初始储蓄率越高，在边际上调整的空间越小，因此也可能对应较低的实际利率降幅；反之，耐心文化色彩越淡的国家，初始储蓄率越低，在边际上调整的空间较大，因此也可能对应越高的实际利率降幅。据此提出以下假说。

假说 5.3：一国预期寿命对长期实际利率的影响取决于该国的耐心文化，但方向不确定。

从女性劳动文化的角度看，预期寿命的延长意味着人们预期自己将拥有更长的退休（无收入）生活。对于未参与劳动力市场的适龄女性而言，这意味着她们放弃工作的机会成本变大。因此，预期寿命的增长应该伴随着女性劳动参与率的提升。但是，和耐心文化类似，女性劳动文化在这一过程中的作用方向却相对模糊。对于女性劳动文化较为积极（fl 较大从 γ 较小）的国家而言，随着预期寿命的延长，一方面，未参与劳动的适龄女性，可能更有动力加入劳动力市场，另一方面，此类国家的女性劳动参与率较高，能够释放的劳动力较为有限；对于女性劳动文化较为消极（fl 较小从而 γ 较大）的国家而言，随着预期寿命的延长，一方面，未参与劳动的适龄女性，可能更有动力加入劳动力市场，不过这种激励较（女性劳动文化更积极的国家）弱，另一方面，此类国家的女性劳动参与率较低，能够释放的劳动力反而较多。由此看来，女性劳动文化对预期寿命—利率的调节方向不一定。据此提出以下假说。

假说 5.4：一国预期寿命对长期实际利率的影响取决于该国的女性劳动文化，但方向不确定。

笔者在此引用霍夫斯泰德等（2019）的一句话，以结束理论部分的讨论——“个体如何处理感受、如何表达恐惧和喜悦、如何进行观察等，都因为文化的不同而有所不同”。把这句话放置在经济学语境中，其推论为：由于文化的不同，当面对相似的外生冲击时，不同国家的居民所做出的反应也会不同，从而导致的后果也不尽相同，这和以上 4 个假说，尤其是假说 5.3 和假说 5.4 相呼应。

第四节　实证分析

一、女性劳动文化和耐心文化代理变量的选择

在第四章中，本书讨论刻画了一个在社会长期中，女性的平均劳动参与率的 4 个文化变量，分别为性别劳动歧视（*malefirst*）、对男性从政的偏爱（*menbetter*）、前工业时代的耕犁使用密度（*tpu*）以及语言性别意识（*gii*）。以上 4 个变量反映了女性劳动文化的消极程度，反向刻画了一国女性劳动参与率在长期中的平均表现。

表 5.1 列示了以上 4 个变量在本章样本中的描述性统计，其中，*tpu* 的平均值为 84.7（理论最大值为 100），而中位数则高达 100，这是因为西方发达经济体绝大部分集中在西欧和北美，即本书所考察的大部分样本，这些国家的纬度相近，自然地理条件高度相似，在历史上均形成了犁耕农业的经济形态，因此，*tpu* 在样本中严重地缺少变异，不能有效刻画样本国家在女性劳动文化上的差异。其余 3 个变量中，*menbetter* 的理论最大值为 4，*malefirst* 和 *gii* 的理论最大值均为 3，但是 *gii* 在样本中的变异（标准差）更大，并且不存在缺失样本，因此本章将采用 *gii* 作为女性劳动文化的代理变量[①]。

---

① *gii* 在第四章的实证分析中不显著，主要是因为在第四章样本中的很多新兴市场经济体之间，比如拉美各国之间，以及东欧各国之间，*gii* 得分完全相同，导致样本缺少变异，大幅膨胀了估计系数的标准误。本章的样本全为发达经济体，*gii* 的得分在样本中的变异较大，从而避免了上述问题。

表 5.1　女性劳动文化代理变量的偏相关系数

Variable	Obs	Mean	Median	Std. Dev.	Min	Max
malefirst	595	1. 486	1. 375	0. 288	1. 079	2. 144
menbetter	595	1. 830	1. 775	0. 210	1. 563	2. 533
tpu	700	84. 700	100	35. 617	0	100
gii	875	0. 700	0	0. 895	0	3

注：1. 各文化变量均为非时变变量，即 25 个样本国家 1985—2019 年的各文化指标得分是恒定的。2. *malefirst* 和 *menbetter* 分别为该指数在 WVS 各轮调查的平均得分。3. 25 个样本国家中，8 个国家的 *malefirst* 和 *menbetter* 数据缺失，5 个国家的 *tpu* 数据缺失。

耐心文化方面，本书选用长期导向（*lto*）作为其代理变量，该变量在相关文献中被认为最能代表一国居民的时间偏好，对储蓄具有最显著的正向影响（Shoham、Malul，2013；叶德珠等，2015）。并且在第四章的相关实证分析中，也是最显著的变量之一。

二、变量选取与模型设定

为验证本书的假设猜想，选取了 25 个 OECD 国家① 1985—2019 年的年度数据②。选用长期实际利率（*rl_ rate*）作为被解释变量，与第四章一样，定义其为 10 年期国债收益率与当年 CPI 增长率之差。老龄化变量方面，定义老年抚养比（*odep*）为老年人口（65 岁及以上人口）与劳动年龄人口（15~64 岁人口）比重的百分数，定义抚养比（*dep*）为非劳动年龄人口（0~14 岁，以及 65 岁及以上人口）与劳动年龄人口比重的百分数。

核心解释变量方面，综合 5. 2 节的相关论述和 5. 3 节的理论分析，构造老年抚养比与长期导向的交互项，即 *odep×lto*，老年抚养比与语言性别意识的交互项，即 *odep×gii*，以此考察抚养比对实际利率的影响在不同耐心文化，或者女性劳动文化背景下的差异；构造预期寿命与长期导向的交互项，即 *life_*

① 样本国家包括美国、日本、英国、法国、德国、奥地利、意大利、韩国、加拿大、澳大利亚、丹麦、瑞典、挪威、芬兰、爱尔兰、荷兰、比利时、西班牙、葡萄牙、希腊、新西兰、以色列、瑞士、冰岛以及卢森堡。

② 由于控制变量中包含一阶差分变量，比如劳动生产率的增长率，因此实际样本年份为 1985—2019 年。

$exp \times lto$，预期寿命与语言性别意识的交互项，即 $life\_ \ exp \times gii$，以此考察预期寿命对实际利率的影响在不同耐心文化，或者女性劳动文化背景下的差异。

实证模型同时采用了固定效应估计（Fixed Effects Estimator，FE）和可行广义最小二乘估计（Feasible Generalized Least Squares，FGLS）。之所以并用 FE 和 FGLS，是因为本章所采用的数据集是一个 N=25、T=35 的长面板，扰动项可能会同时存在组内相关、截面相关以及组间异方差等问题，FGLS 能够同时修正这些问题（陈强，2014）。同时采用 FE+面板校正标准误和 FGLS，能够兼顾估计的稳健性和有效性。

实证设定分为三步。

第一步考察老龄化变量，即老年抚养比，以及预期寿命对实际利率的直接影响。虽然从严格意义上说，老年抚养比在某种意义上是预期寿命的函数［见式（5.1）］，但在实证分析中，为了分别考察老龄化对宏观经济的负担效应和寿命效应，通常将老年抚养比和预期寿命一并放入回归模型中（Li 等，2007；汪伟、艾春荣，2015）。

第二步建立基准模型，它包含两种模型设定，分别记为基准模型 1 和基准模型 2。基准模型 1 在第一步的基础上，加入老年抚养比与长期导向、老年抚养比与语言性别意识的交互项，并同时加入预期寿命与长期导向、预期寿命与语言性别意识的交互项，考察不同耐心文化和女性劳动文化背景下，老龄化对实际利率影响的差异，以此检验假说 5.1~假说 5.4；基准模型 2 按长期导向（lto）和语言性别意识（gii）是否高于平均值，定义了虚拟变量 $hlto$ 和 $hgii$，将这两个变量分别与老年抚养比和预期寿命做交互，引入模型中，以期更加直观地考察文化对抚养比—利率效应（假说 5.1~假说 5.2），以及预期寿命—利率效应的作用（假说 5.3~假说 5.4）。

第三步为延伸讨论，在第二步的基础上，采用面板 logit 模型，定义二值变量 $rl\_ \ rate0=1$ 为 $rl\_ \ rate0 \leqslant 0$ 时的取值，将 $rl\_ \ rate0$ 作为被解释变量，考察不同耐心文化和女性劳动文化背景下，老龄化使一国实际利率降至 0 及 0 以下的概率。基准模型的计量设定如下。

$$rl\_rate_{it} = c + \varphi_1 odep_{it} + \varphi_2 odep_{it} \times lto_i + \varphi_3 odep_{it} \times gii_i + \gamma_1 life\_\exp_{it} + \gamma_2 life\_\exp_{it} \times lto_i + \gamma_3 life\_\exp_{it} \times gii_i + \sum_{s=1}^{S} \varphi_s control_{i,t}^s + \sum_{c=1}^{C} \eta_c control_{i,t-1}^c + \mu_i + \lambda_t + e_{it} \tag{5-13}$$

$$rl\_rate_{it} = c + \varphi_1 odep_{it} + \varphi_2 odep_{it} \times hlto_i + \varphi_3 odep_{it} \times hgii_i + \gamma_1 life\_\exp_{it} + \gamma_2 life\_\exp_{it} \times hlto_i + \gamma_3 life\_\exp_{it} \times hgii_i + \sum_{s=1}^{S} \varphi_s control_{i,t}^s + \sum_{c=1}^{C} \eta_c control_{i,t-1}^c + \mu_i + \lambda_t + e_{it} \tag{5-14}$$

其中，*rl_ rate* 为长期实际利率，即经通胀调整后的 10 年期国债收益率。μ_i 代表国家效应、λ_t 代表时间效应，*odep* 代表老年抚养比，*life_ exp* 为出生时预期寿命。*hlto* 是一个虚拟变量，若一国的 *lto* 大于样本均值，则 $hlto=1$，表明该国拥有耐心文化；若一国的 *lto* 小于其样本均值，则 $hlto=0$，表明该国拥有不耐文化。*hgii* 也是一个虚拟变量，若一国的 *gii* 大于其样本均值，则其 $hgii=1$，表明该国拥有消极的女性劳动文化；若一国的 *gii* 小于其样本均值，则 $hgii=0$，表明该国拥有积极的女性劳动文化。$control_i^s$ 为外生控制变量集，包括劳动生产率的增长率（*dlp*）、资本占国民收入份额（*cpsh*），以及一国对气候变化的脆弱性（*vuln*）和气候变化的坚韧性（*res*）①。$control_{i-1}^c$ 为周期控制变量集，包括一系列与经济周期相关的变量。和第四章的逻辑相同，之所以将周期变量滞后一期，是因为实际利率和经济周期类变量可能相互影响，存在联立偏误，将此类变量滞后一期，可以缓解潜在的内生性。控制变量集所包含的变量和具体定义与第四章完全相同。

三、描述性统计

表 5.2 列示了主要变量的描述性统计结果。可以看出，*rl_ rate*，即 10 年

① 这两个变量的原始数据的覆盖范围为 1995—2019 年，鉴于二者均有随时间增加或减少的趋势，笔者采用插值法估计了 1985—1994 年的相应数据。

期国债收益率减去当年的 CPI 增长率，其平均值和中位数分别为 2.85%和 2.79%；老龄化变量方面，*odep*，即老年抚养比，其平均值为 22.26%，说明就本书的样本而言，平均每 100 个劳动年龄人口将负担 22 个老龄人口；*dep*，即抚养比，其平均值为 50.86%，说明平均每 100 个劳动年龄人口将负担 51 个非劳动年龄人口；*life_ exp*，即出生时预期寿命，其均值为 78.72 岁。值得注意的是，老年抚养比的标准差为 5.29，远高于预期寿命的标准差，说明老年抚养比在样本中的变异，要远高于预期寿命在样本中的变异，换言之，各国（或一国在各时期）老龄化的差异，主要体现在老年抚养比的差异。

表 5.2 描述性统计

Variable	Obs	Mean	Median	Std. Dev.	Min	Max
rl rate（长期实际利率）	875	2.843	2.727	3.310	−19.375	20.998
lto（长期导向）	875	51.24	48	21.731	21	100
gii（语言性别意识）	875	0.700	0	0.895	0	3
odep（老年抚养比）	875	22.594	22.356	5.383	6.603	47.122
dep（抚养比）	875	50.814	50.353	5.255	36.323	70.873
life_ exp（预期寿命）	875	78.834	78.840	2.640	68.800	84.36
dlp（劳动生产率增长率）	875	1.452	1.300	2.012	−9.449	21.100
cpsh（资本占国民收入比）	875	41.101	40.886	5.591	26.148	68.316
lgdp（人均实际 GDP 对数）	875	10.532	10.547	0.445	8.593	11.638
vuln（气候变化的脆弱性）	875	31.318	31.179	3.211	24.110	40.808
res（气候变化的坚韧性）	875	61.001	60.946	9.173	35.826	80.658
ts（长短期利差）	875	0.750	0.959	2.420	−20.241	21.927
gdp（实际 GDP 增长率）	875	2.581	2.549	2.495	−5.226	10.004
pb（一般财政盈余占 GDP 比）	875	1.001	0.892	3.553	−8.486	12.483
ca（经常账户盈余占 GDP 比）	875	0.742	0.400	5.166	−22.900	16.200
pd（公共债务占 GDP 比重）	875	62.070	55.200	37.280	−2.652	222.900

资料来源：霍夫斯泰德等（2019）、Gay 等（2013，2018）、OECD、EIU Countrydata、World Development Indicators、Penn World Table version 10.0、ND-GAIN。经作者整理计算。

四、单变量数据分析

表5.3列示了样本期内不同文化背景下各国的长期实际利率及其变动、老龄化程度及其变动、国民储蓄率，以及劳动参与率的描述性统计结果。从中可以看出实际利率变化值（Δrl_rate）的中位数在所有子样本中均为负，反映了自20世纪80年代以来发达经济体的利率持续下降的事实。

表5.3 不同文化背景下的长期实际利率、老龄化、储蓄率和劳动参与率（单位：%）

	低长期导向（文化色彩偏不耐）$lto<51.24$ 观测值=490		高长期导向（文化色彩偏耐心）$lto>=51.24$ 观测值=385		低语言性别意识（积极的女性劳动文化）$gii=0$ 观测值=455		高语言性别意识（消极的女性劳动文化）$gii>0$ 观测值=420	
	平均值	中位数	平均值	中位数	平均值	中位数	平均值	中位数
rl_rate	2.840	2.978	2.847	2.629	3.019	2.959	2.652	2.581
Δrl_rate	-0.049	-0.233	-0.168	-0.275	-0.155	-0.232	-0.043	-0.272
$odep$	21.571	21.105	23.896	23.461	21.683	21.138	23.581	23.056
$\Delta odep$	0.255	0.221	0.342	0.300	0.301	0.214	0.284	0.300
$life\_exp$	78.646	78.630	79.072	79.260	78.716	78.740	78.961	78.975
$\Delta life\_exp$	0.196	0.200	0.230	0.220	0.206	0.200	0.217	0.200
$saving$	20.974	20.823	27.453	30.668	24.055	23.648	23.576	23.113
$lfpr$	74.068	75.306	70.687	70.106	75.368	76.206	69.560	69.352

资料来源：OECD、EIU Countrydata、Hofstede、Gay et al.（2013，2018）。

从耐心文化（以 *lto* 衡量）的角度看（第1、2列），低长期导向国家，即 *lto* 不高于样本均值（51.24）的国家，其实际利率（rl_rate）的中位数明显高于高长期导向国家，这与第四章的经验事实是一致的。这是因为长期导向程度越低的国家，社会的平均时间偏好越高，耐心程度越低，因此这类国家的国民储蓄率（*saving*）及实际利率也就越低。对比两组国家的国民储蓄率，可以清楚地看到，低长期导向国家的国民储蓄率，无论是从平均值还是从中位数的角度看，都大幅地低于高长期导向国家。

从女性劳动文化（以 *gii* 衡量）的角度看（第3、4列），对于不具有语言性别意识的国家，其利率水平的平均值和中位数均明显高于包含语言性别意识的国家，这与第四章的经验事实是一致的。这是因为语言性别意识越高的国家，社会对女性参与劳动的态度越消极，女性对自己家庭—社会角色的认知也越偏向家庭一侧，因此这类国家的女性劳动参与率和总体劳动参与率越低（*lfpr*），从而实际利率也就越低。对比两组国家的劳动参与率，可以清楚地看到，高语言性别意识的国家，其劳动参与率无论是从平均值还是从中位数的角度看，都大幅低于低语言性别意识的国家。

从老年抚养比的变动（$\Delta odep$）以及预期寿命变动（$\Delta life\_\ exp$）的角度看，各组国家的老年抚养比和预期寿命的均值或中位数均为正值，且变动的幅度相近，说明发达国家近 30 多年老龄化程度正以相似的速度加深，与此相对应的是实际利率的负向变动，即 $\Delta rl\_\ rate$ 的均值和中位数在所有组别均为负这一事实。虽然老龄化的速度在各个文化分组中都相近，然而就实际利率的变动幅度来看，低长期导向国家，其实际利率的负向变动幅度明显低于高长期导向国家；类似的，低语言性别意识国家，其实际利率的负向变动幅度也低于高语言性别意识国家。这一发现初步印证了假说 5. 1、5. 2，即一国老龄化对其实际利率的负向效应，取决于该国的耐心文化和女性劳动文化。

图 5. 3 至图 5. 6 展示了不同文化背景，即不同的耐心文化，以及女性劳动文化背景下，老龄化（老年抚养比和预期寿命）和长期实际利率的简单线性关系。

从老年抚养比和耐心文化的角度看，文化色彩偏不耐的国家（低长期导向，即 $lto \leqslant 51.24$），老年抚养比和实际利率的关系不明显，文化色彩偏耐心的国家（高长期导向，即 $lto > 51.24$），老年抚养比和实际利率则存在明显的负向关系，符合假说 5. 1。从老年抚养比和女性劳动文化的角度看，女性劳动文化相对积极的国家（低语言性别意识，即 $gii = 0$），老年抚养比和实际利率的关系不明显；女性劳动文化相对消极的国家（高语言性别意识，即 $gii > 0$），老年抚养比和实际利率则存在明显的负向关系。符合假说 5. 2。

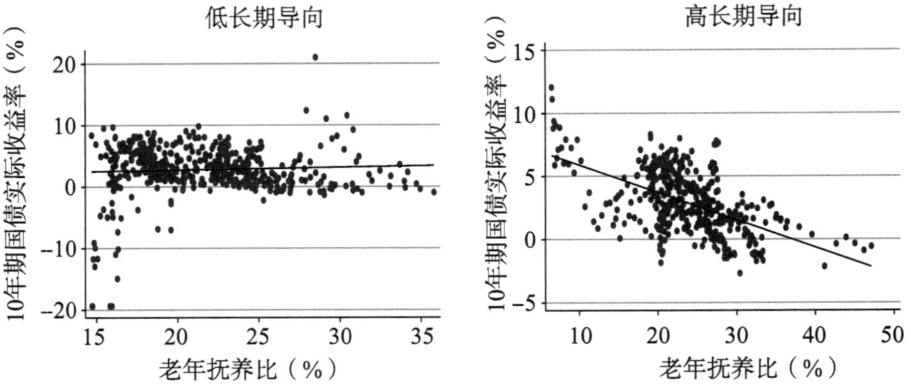

图 5.3　长期导向、老年抚养比与长期实际利率

资料来源：OECD、Hofstede，经作者整理绘制。

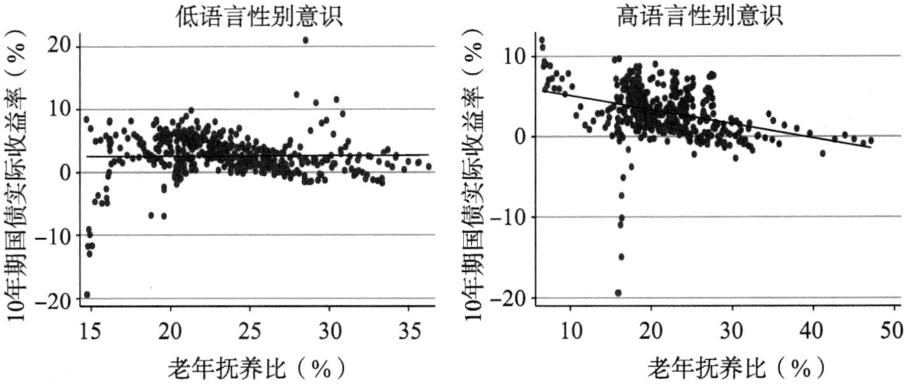

图 5.4　语言性别意识、老年抚养比与长期实际利率

资料来源：OECD、Gay 等（2013，2018），经作者整理绘制。

从预期寿命和耐心文化的角度看，文化色彩偏不耐的国家（低长期导向，即 $lto<0$），预期寿命和实际利率的关系不明显；文化色彩偏耐心的国家（高长期导向，即 $lto\geqslant0$），预期寿命和实际利率则存在明显且清晰的负向关系。符合假说 5.3。从预期寿命和女性劳动文化的角度看，女性劳动文化相对积极的国家（低语言性别意识，即 $gii=0$），预期寿命和实际利率存在明显的负向关系；女性劳动文化相对消极的国家（高语言性别意识，即 $gii>0$），预期寿命和实际利率的关系不明显。符合假说 5.4。

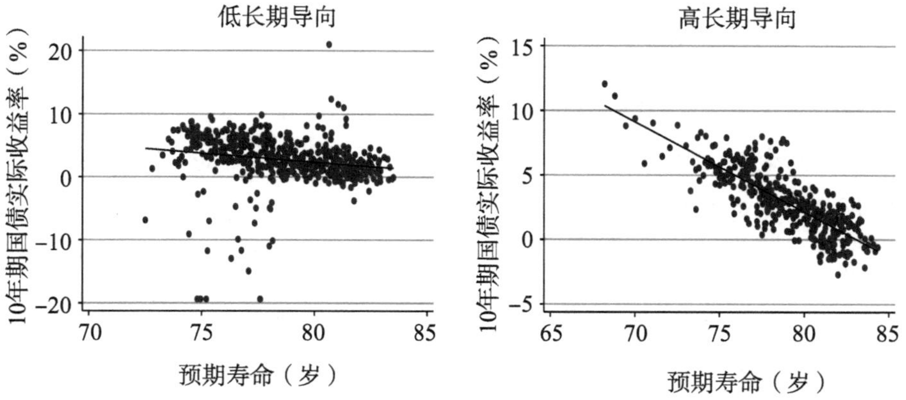

图 5.5　长期导向、预期寿命与长期实际利率

资料来源：OECD、Hofstede，经作者整理绘制。

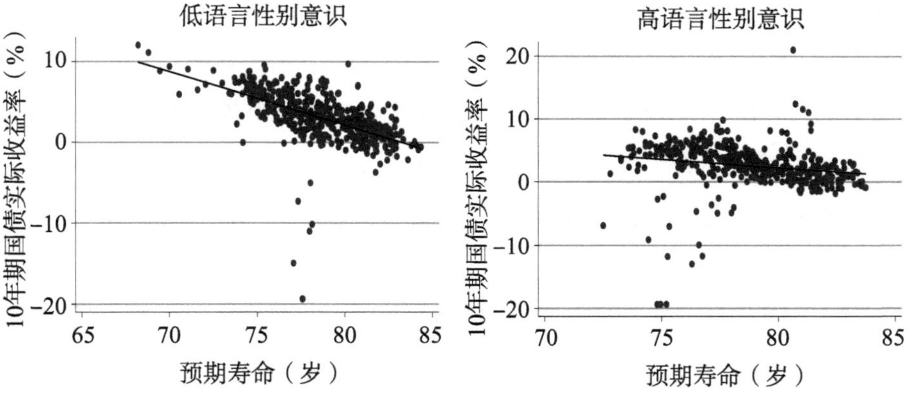

图 5.6　语言性别意识、预期寿命与长期实际利率

资料来源：OECD、Gay 等（2013，2018），经作者整理绘制。

以上分析说明，第一，老龄化，以老年抚养比的增长以及预期寿命的延长为衡量标准，在发达经济体中是一个普遍趋势，这在现有的经验研究中被认为是导致实际利率下降的结构性因素。第二，文化可能是制约老龄化对实际利率影响的重要因素。在全球老龄化的背景下，实际利率的下降趋势能否被文化因素所抑制，是接下来将探究的话题。

五、基准回归结果

根据表 5.4 的回归结果可以发现：在控制了国家效应和时间效应（时间趋势或时间虚拟变量），*odep* 和 *life_ exp* 的系数均为负，说明老年抚养比和出生时预期寿命对长期实际利率的影响是负向的，符合理论分析中，式（5-11）和式（5-12）的判断，说明在经济意义上，老龄化，即老年抚养比的上升和预期寿命的延长会拉低实际利率。但是就统计显著性而言，这两类变量的系数在 FE 估计中却并不显著，本书怀疑这可能是因为老年抚养比，以及预期寿命对实际利率的效应在不同文化之间差异明显。

从表 5.5 的估计结果可以看出：*odep* 的估计系数仅在（3）、（4）、（8）列中显著，*life_ exp* 的估计系数几乎在所有回归中都不显著，说明老龄化对实际利率的直接效应不明显。在四个交互项变量中，*odep×lto* 的系数在第（3）、（4）、（7）、（8）列中显著为负，*odep×gii* 的系数在第（3）~（8）列均显著为负；*life_ exp×lto* 的系数在所有估计中都显著为负；*life_ exp×gii* 的系数在第（3）~（8）列均显著为正。从定性分析的角度，这首先说明老龄化对实际利率的效应主要是间接的，抚养比—利率效应，以及预期寿命—利率效应都高度依赖于文化的调节。从四方面具体阐明。

第一，老年抚养比对实际利率的影响取决于长期导向，一国长期导向越高［正向对应式（5-11）中的 ρ］，老年抚养比对实际利率的负向影响程度就越高，符合假说 5.1。如前文所述，这是因为老年群体既是非劳动力人口，也是资本的主要供应者，因此文化色彩越耐心的国家，老年抚养比的上升所引致的资本劳动比的增幅就越大［见式（5.3）］，导致更大的实际利率降幅；反之，文化色彩越不耐的国家，老年抚养比的上升所引致的资本劳动比的增幅就越小，导致更小的实际利率降幅。

第二，老年抚养比对实际利率的影响取决于语言性别意识，一国语言性别意识越高［正向对应式（5.3）中的 γ］，老年抚养比对实际利率的负向影响程度越高，符合假说 5.2。如前文所述，这是因为女性劳动文化相对消极的国家，青年人群的劳动供给较少，老年抚养比的上升所引致的资本劳动比的

表 5.4　老龄化对长期实际利率的影响

Dep：*rl_ rate*	(1)	(2)	(3)	(4)	(5)	(6)	(7)	(8)
	无控制变量				含控制变量			
	FE 估计		FGLS 估计		FE 估计		FGLS 估计	
odep	-0.085 (0.117)	-0.061 (0.112)	-0.046*** (0.012)	-0.048*** (0.018)	-0.064 (0.093)	-0.035 (0.082)	-0.179*** (0.014)	-0.089*** (0.017)
life_ exp	-0.198 (0.457)	-0.253 (0.482)	-0.200*** (0.047)	-0.288*** (0.051)	-0.127 (0.616)	-0.116 (0.598)	-0.082* (0.050)	-0.256*** (0.058)
dlp					0.077 (0.047)	0.116*** (0.041)	0.075*** (0.010)	0.077*** (0.010)
cpsh					-0.125** (0.046)	-0.124*** (0.043)	-0.144*** (0.014)	-0.100*** (0.014)
vuln					-0.017 (0.249)	-0.113 (0.244)	-0.049* (0.025)	-0.115*** (0.027)
res					-0.086 (0.112)	-0.119 (0.119)	-0.027** (0.013)	-0.062*** (0.016)
L. lgdp					0.935 (2.616)	0.910 (2.482)	-0.679* (0.386)	0.249 (0.440)
L. ts					0.691*** (.173)	0.781*** (.163)	0.227*** (.015)	0.321*** (.017)

续表

Dep：*rl_ rate*	(1)	(2)	(3)	(4)	(5)	(6)	(7)	(8)
	无控制变量				含控制变量			
	FE 估计		FGLS 估计		FE 估计		FGLS 估计	
L. gdp					−0. 177*** (0. 059)	−0. 160** (0. 074)	−0. 075*** (0. 011)	−0. 103*** (0. 011)
L. ca					0. 036 (0. 055)	0. 006 (0. 064)	−0. 002 (0. 008)	−0. 012 (0. 009)
L. pb					0. 063 (0. 053)	0. 077 (0. 052)	0. 100*** (0. 007)	0. 102*** (0. 008)
L. pd					0. 006 (0. 017)	0. 005 (. 015)	0. 029*** (0. 002)	0. 022*** (0. 002)
Constant	21. 443 (34. 107)	23. 334 (35. 713)	20. 204*** (3. 407)	25. 302*** (3. 663)	16. 768 (32. 295)	18. 106 (27. 896)	28. 793*** (4. 725)	31. 547*** (5. 219)
Year. Effects	No	Yes	No	Yes	No	Yes	No	Yes
Year. Trend	Yes	No	Yes	No	Yes	No	Yes	No
Observations	875	875	875	875	875	875	875	875
组内 R^2	0. 185	0. 251			0. 456	0. 545		

注：1. “Year. Effects” 代表模型中包含时间虚拟变量；“Year. Trend” 代表模型中包含线性时间趋势项。2. FGLS 为调整了组内自相关、截面相关，以及组间异方差的全面可行广义最小二乘估计，并控制了国家虚拟变量。3. *、**、*** 分别表示双侧 t 分布检验在 10%、5%、1%的显著性水平。4. (1)、(2)、(5)、(6) 列括号中数值为面板校正标准误，其余为普通标准误。

表 5.5　基准模型估计 I

Dep：*rl_ rate*	(1)	(2)	(3)	(4)	(5)	(6)	(7)	(8)
	无控制变量				含控制变量			
	FE 估计		FGLS 估计		FE 估计		FGLS 估计	
odep	0.043 (0.196)	0.126 (0.235)	0.165*** (0.034)	0.230*** (0.050)	0.074 (0.145)	0.065 (0.155)	0.053 (0.038)	0.101** (0.040)
odep×lto	0.002 (0.002)	0.001 (0.003)	−0.001*** (0)	−0.002*** (0.001)	0.001 (0.002)	0.001 (0.002)	−0.001* (0.001)	−0.001* (0.001)
odep×gii	−0.340 (0.227)	−0.361 (0.234)	−0.144*** (0.019)	−0.106*** (0.022)	−0.338** (0.123)	−0.346*** (0.105)	−0.123*** (0.018)	−0.109*** (0.024)
life_ exp	0.499 (0.348)	0.453 (0.366)	0.125* (0.074)	−0.001 (0.083)	−0.103 (0.560)	−0.071 (0.509)	0.068 (0.085)	−0.063 (0.096)
life_ exp×lto	−0.013** (0.005)	−0.013** (0.005)	−0.005*** (0.001)	−0.004*** (0.001)	−0.008** (0.004)	−0.007** (0.003)	−0.005*** (0.001)	−0.004*** (0.001)
life_ exp×gii	0.043 (0.196)	0.126 (0.235)	0.435*** (0.036)	0.423*** (0.035)	0.571** (0.220)	0.536** (0.194)	0.326*** (0.038)	0.253*** (0.041)
dlp					0.080* (0.044)	0.111** (0.045)	0.075*** (0.010)	0.072*** (0.011)

续表

Dep：*rl_ rate*	(1)	(2)	(3)	(4)	(5)	(6)	(7)	(8)
	无控制变量				含控制变量			
	FE 估计		FGLS 估计		FE 估计		FGLS 估计	
cpsh					-0.153^{***} (0.054)	-0.150^{***} (0.052)	-0.133^{***} (0.014)	-0.104^{***} (0.015)
vuln					−0.269 (0.165)	-0.373^{**} (0.172)	-0.058^{**} (0.027)	-0.114^{***} (0.029)
res					−0.034 (0.075)	−0.074 (0.091)	0.007 (0.014)	-0.047^{***} (0.016)
L. lgdp					2.616 (2.661)	2.233 (2.477)	1.619^{***} (0.472)	1.722^{***} (0.542)
L. ts					0.591^{***} (0.120)	0.678^{***} (0.113)	0.216^{***} (0.016)	0.303^{***} (0.018)
L. gdp					-0.198^{***} (0.057)	-0.189^{**} (0.075)	-0.101^{***} (0.012)	-0.117^{***} (0.012)
L. ca					0.053 (0.055)	0.031 (0.061)	0.005 (0.008)	−0.006 (0.009)

续表

Dep：*rl_ rate*	(1)	(2)	(3)	(4)	(5)	(6)	(7)	(8)
	无控制变量				含控制变量			
	FE 估计		FGLS 估计		FE 估计		FGLS 估计	
L. pb					0. 101 * (0. 054)	0. 105 * (0. 056)	0. 102 *** (0. 008)	0. 107 *** (0. 009)
L. pd					0. 009 (0. 013)	0. 007 (0. 012)	0. 022 *** (0. 002)	0. 018 *** (0. 002)
Constant	−16. 256 (30. 349)	−17. 303 (33. 213)	3. 366 (4. 891)	8. 689 * (5. 276)	5. 062 (27. 316)	9. 413 (23. 491)	−1. 671 (5. 894)	6. 110 (7. 096)
Year. Effects	No	Yes	No	Yes	No	Yes	No	Yes
Year. Trend	Yes	No	Yes	No	Yes	No	Yes	No
Observations	875	875	875	875	875	875	875	875
组内 R^2	0. 311	0. 381			0. 513	0. 595		

注：1. “Year. Effects”代表模型中包含时间虚拟变量；“Year. Trend”代表模型中包含线性时间趋势项。2. FGLS 为调整了组内自相关、截面相关，以及组间异方差的全面可行广义最小二乘估计，并控制了国家虚拟变量。3. *、**、*** 分别表示双侧 t 分布检验在 10%、5%、1%的显著性水平。4. (1)、(2)、(5)、(6) 列括号中数值为面板校正标准误，其余为普通标准误。

增长幅度就越大［见式（5.3）］，导致更大的实际利率降幅；女性劳动文化相对积极的国家，青年人群的劳动供给较多，老年抚养比的上升所引致的资本劳动比的增长幅度就越小，导致更小的实际利率降幅。

第三，预期寿命对实际利率的负向影响取决于长期导向。一国的长期导向越高［负向对应式（5.4）中的ρ］，预期寿命增长对实际利率的负向影响程度越高，符合假说5.3。这可能是因为，长期导向程度越高的国家，文化色彩越偏耐心，居民的储蓄行为对预期寿命增长的反应会更积极，导致更大幅度的资本劳动比增长，从而表现出更大的实际利率降幅；反之，长期导向程度越低的国家，文化色彩越偏不耐，居民的储蓄行为对预期寿命增长的反应会更消极，导致更小幅度的资本劳动比增长，从而表现出更小的实际利率降幅。

第四，预期寿命对实际利率的负向影响受女性劳动文化的抑制。相比前三个结果，该结果略为反直觉。符合假说5.4，这可能是因为预期寿命的延长提高了女性作为家庭主妇的机会成本，因此不管处于何种文化背景下，女性都有进入劳动力市场的激情。在女性劳动文化较消极的国家，虽然文化会在一定程度上抑制女性参与市场劳动的行为，但由于这类国家的闲置女性劳动力较多，在面对预期寿命延长时反而能释放更多的女性劳动力，从而抑制了预期寿命延长对资本劳动比的正向效应，导致更小程度的实际利率降幅。

由于核心解释变量包含众多连续型的交互变量，对此进行数量效应解读可能不够直观，这一工作将留待表5.6进行。

进一步考察式（5.6）的实证结果（表5.6）。

从老年抚养比的角度看，*odep*的估计系数仅在第（3）、（4）、（8）列显著；*odep*×*hlto*的估计系数在第（3）、（4）、（8）列显著为负；*odep*×*hgii*的估计系数在几乎所有回归中都显著为负。这说明老年抚养比对实际利率的影响是间接的，它主要通过文化，尤其是女性劳动文化影响实际利率。具体而言，如果一国的文化偏耐心或者女性劳动文化较消极，即长期导向或语言性别意识大于样本均值，老年抚养比对实际利率存在明显的负向效应；如果一国的文化偏不耐或者女性劳动文化较积极，即长期导向或语言性别意识小于或

表 5.6　基准模型估计 II

Dep: *rl_ rate*	(1)	(2)	(3)	(4)	(5)	(6)	(7)	(8)
	无控制变量				含控制变量			
	FE 估计		FGLS 估计		FE 估计		FGLS 估计	
odep	−0.063 (0.167)	−0.045 (0.195)	0.115*** (0.027)	0.118*** (0.035)	0.015 (0.110)	0.027 (0.111)	0.007 (0.026)	0.062** (0.027)
odep×hlto	0.269 (0.250)	0.270 (0.278)	−0.077** (0.032)	−0.083* (0.043)	0.189 (0.157)	0.183 (0.157)	−0.008 (0.033)	−0.035* (0.019)
odep×hgii	−0.406* (0.228)	−0.409 (0.340)	−0.262*** (0.025)	−0.171*** (0.036)	−0.428** (0.183)	−0.440*** (0.155)	−0.234*** (0.025)	−0.195*** (0.037)
life_ exp	0.367 (0.490)	0.386 (0.556)	−0.015 (0.070)	−0.072 (0.083)	−0.104 (0.688)	−0.100 (0.647)	0.070 (0.065)	−0.109 (0.078)
life_ exp×hlto	−1.091* (0.540)	−1.108* (0.565)	−0.400*** (0.067)	−0.399*** (0.084)	−0.646* (0.352)	−0.566* (0.336)	−0.462*** (0.055)	−0.381*** (0.062)
life_ exp×hgii	1.133 (0.683)	1.135 (0.704)	0.676*** (0.065)	0.597*** (0.070)	0.946** (0.384)	0.873** (0.341)	0.586*** (0.057)	0.480*** (0.068)
dlp					0.081* (0.046)	0.110** (0.046)	0.076*** (0.009)	0.075*** (0.010)

续表

Dep：*rl_ rate*	(1)	(2)	(3)	(4)	(5)	(6)	(7)	(8)
	无控制变量				含控制变量			
	FE 估计		FGLS 估计		FE 估计		FGLS 估计	
cpsh					−0.147**	−0.142**	−0.141***	−0.103***
					(0.058)	(0.055)	(0.014)	(0.015)
vuln					−0.074	−0.206	0.029	−0.085***
					(0.233)	(0.230)	(0.024)	(0.025)
res					−0.042	−0.075	−0.016	−0.051***
					(0.081)	(0.090)	(.013)	(0.015)
L. lgdp					2.424	2.058	0.746*	1.417***
					(2.965)	(2.781)	(0.428)	(0.489)
L. ts					0.615***	0.711***	0.230***	0.314***
					(0.135)	(0.127)	(0.014)	(0.015)
L. gdp					−0.192***	−0.184**	−0.095***	−0.122***
					(0.059)	(0.073)	(0.010)	(0.011)
L. pb					0.040	0.020	0.015*	0.014
					(0.061)	(0.065)	(0.008)	(0.009)

续表

Dep：*rl_ rate*	(1)	(2)	(3)	(4)	(5)	(6)	(7)	(8)
	无控制变量				含控制变量			
	FE 估计		FGLS 估计		FE 估计		FGLS 估计	
L. ca					0.104* (0.057)	0.107* (0.057)	0.114*** (0.008)	0.109*** (0.009)
L. pd					0.002 (0.015)	0.001 (0.014)	0.017*** (0.002)	0.015*** (0.002)
Constant	−24.482 (39.72)	−27.735 (44.267)	3.953 (5.095)	6.422 (5.887)	−11.315 (39.199)	−4.476 (34.561)	−3.348 (5.163)	4.888 (6.338)
Year. Effects	No	Yes	No	Yes	No	Yes	No	Yes
Year. Trend	Yes	No	Yes	No	Yes	No	Yes	No
Observations	875	875	875	875	875	875	875	875
组内 R^2	0.299	0.366			0.498	0.579		

注：1. “Year. Effects”代表模型中包含时间虚拟变量；“Year. Trend”代表模型中包含线性时间趋势项。2. FGLS 为调整了组内自相关、截面相关，以及组间异方差的全面可行广义最小二乘估计，并控制了国家虚拟变量。3. *、**、*** 分别表示双侧 t 分布检验在 10%、5%、1%的显著性水平。4. (1)、(2)、(5)、(6) 列括号中数值为面板校正标准误，其余为普通标准误。

等于样本均值，老年抚养比对实际利率的负向效应便不复存在。以上结果再次印证了假说 5.1 和假说 5.2。

从预期寿命的角度看，*life_ exp* 的估计系数在所有回归中均不显著，*life_ exp×hlto* 的估计系数在所有回归中均显著为负，*life_ exp×hgii* 的估计系数在第（3）~（8）列回归中均显著为正。这说明预期寿命对实际利率的影响是间接的，这一效应高度依赖于耐心文化和女性劳动文化。具体而言，如果一国的文化偏耐心，即长期导向大于样本均值，预期寿命对实际利率存在明显的负向效应；如果一国的文化偏不耐，即长期导向小于或等于样本均值，预期寿命对实际利率的负向效应便不复存在，符合假说 5.3。如果一国的女性劳动文化较消极，即语言性别意识大于样本均值，预期寿命对实际利率存在明显的正向效应；如果一国的女性劳动文化较积极，即语言性别意识小于或等于样本均值，预期寿命对实际利率的负向效应便不复存在，符合假说 5.4。

下面从单位标准差变动的角度，考察在给定文化条件下，老龄化变量对实际利率的解释力。以估计结果最为保守（系数绝对值最小）的第（8）列为例。

首先考察老年抚养比在不同文化背景下对实际利率的解释力。如果一国兼具耐心文化（*hlto*=1）和消极的女性劳动文化（*hgii*=1），则 *odep* 每增加 1 个标准差（5.383），实际利率将下降 1.176 个百分点①，占实际利率标准差（3.310）的约 35.6%；*life_ exp* 每增加 1 个标准差（2.639），实际利率将下降 0.024 个百分点②，占实际利率标准差的 2.3%。换言之，如果一国兼具耐心文化和消极的女性劳动文化，老龄化变量（*odep* 和 *life_ exp*）每共同增加 1 个标准差，所引致的实际利率变动，能够解释实际利率 37.9%的样本变异。

接下来，笔者仍然以第（8）列的估计结果为例，探讨不同文化背景下，老龄化对一国实际利率的平均总效应。考察两组文化迥异的国家，第一组国家拥有耐心文化（*hlto*=1）和消极的女性劳动文化（*hgii*=1），包括 7 个

---

①（0.062−0.035−0.195）×5.383

②（−0.109−0.381+0.480）×2.369

国家[1]，共 245 个观测值。第二组国家拥有不耐文化（$hlto=0$）和积极的女性劳动文化（$hgii=0$），包括 9 个国家[2]，共 315 个观测值。两组国家占本书 25 个国家样本的 64%，这从另一个角度印证了第三章的相关论述，即耐心（不耐）文化和消极的（积极的）女性劳动文化具有较高的正相关性。在样本期内，第一组国家的实际利率的年均下降幅度（Δrl_rate）为 14.9 个基点，老年抚养比的年均增长率（$\Delta odep$）为 0.268 个百分点，预期寿命的年均增长（$\Delta life\_exp$）为 0.223 岁；第二组国家的实际利率的年均下降幅度为 13.5 个基点，老年抚养比的年均增长率为 0.226 个百分点，预期寿命的年均增长为 0.190 岁。可见这两组国家的老龄化速度相当，但是第一组国家的实际利率在样本期内的平均下降幅度，略高于第二组国家。对于第一组国家，老年抚养比和预期寿命的变动每（同时）增加 1 个样本均值（即 $\Delta odep=0.268$，$\Delta life\_exp=0.223$），其实际利率将下降约 4.7 个基点，占该组国家实际利率年均下降幅度（14.9 个基点）的约 32%。反之，对于第二组国家，老年抚养比和预期寿命的变动每（同时）增加同样的数值，其实际利率仅将下降约 0.7 个基点，仅占该组国家实际利率年均下降幅度（13.5 个基点）的约 5%。

六、延伸讨论——对负利率问题的分析

前文曾强调，实际利率过低会压缩央行的货币政策空间、降低银行利润、鼓励市场主体过度追逐风险、推升资产泡沫，甚至引发系统风险。在本章的 25 个国家样本中，有 22 个国家在样本期内，其实际利率曾下探至零利率，甚至负利率区间。可见零利率或负利率现象，对发达经济体而言，是一个棘手且现实的问题。对零利率或者负利率问题，同样可以结合文化和老龄化进行考察。在这一小节，笔者将采用固定效应面板 Logit 模型，利用和前文（表 5.5 和表 5.6）相同的解释变量和控制变量，考察在老龄化背景下，文化能在多大程度上影响一国实际利率降为 0（及以

[1] 法国、意大利、比利时、德国、奥地利、瑞士以及卢森堡。

[2] 美国、英国、澳大利亚、丹麦、挪威、芬兰、爱尔兰、新西兰以及冰岛。

下）的可能性。

固定效应面板 Logit 模型的一个缺陷在于，如果某国在样本期内的被解释变量全部取值为 1 或全部取值为 0，则该国无法包括在样本中。在本样本中，被解释变量全部取值为 0 的样本仅包括意大利、韩国和新西兰，共计 105 个观测值，仅占全样本的 12%。

表 5.7 第（1）、（2）列展示了固定效应面板 Logit 估计的回归结果。结果显示，*odep*×*lto*、*odep*×*gii*、*odep*×*hlto* 和 *odep*×*hgii* 的系数均显著为正。这说明给定老年抚养比的上升，较高的长期导向以及较高的语言性别意识，均会增加一国实际利率降至零（负）利率的概率，从另一个角度印证了假说 5.1 和假说 5.2。*life_ exp*×*lto* 和 *life_ exp*×*hlto* 的交互项的系数显著为正，*life_ exp*×*gii* 和 *life_ exp*×*hgii* 的系数显著为负。前者说明给定预期寿命的延长，较高的长期导向会增加一国实际利率降至零（负）利率的概率；后者说明给定预期寿命的延长，较高的语言性别意识会降低一国实际利率降至零（负）利率的概率。以上结果大致说明，在同样的老龄化趋势下，耐心文化或消极的女性劳动文化，会增加一国实际利率落入负利率区间的概率，较好地呼应了基准回归（表 5.5 和表 5.6）的对应结果。

表 5.7　延伸讨论——不同文化背景下，老龄化引致负利率的可能性

Dep：*rl_ rate*0	（1）	（2）	（3）	（4）
	回归系数		几率比	
odep	−1.036*** (.324)	−0.263* (0.158)	0.355*** (0.115)	0.769* (0.121)
odep×*lto*	0.019*** (0.007)		1.019*** (0.007)	
odep×*gii*	0.341** (0.149)		1.407** (0.209)	
odep×*hlto*		0.527* (0.289)		1.694* (0.490)

续表

Dep：*rl_ rate*0	(1)	(2)	(3)	(4)
	回归系数		几率比	
odep×*hgii*		0.624** (0.281)		1.866** (0.524)
life_ exp	−1.115 (0.699)		0.328 (0.229)	1.506 (0.800)
life_ exp×*lto*	0.042*** (0.013)	0.409 (0.531)	1.043*** (0.014)	
life_ exp×*gii*	−0.893*** (0.231)		0.409*** (0.094)	
life_ exp×*hlto*		1.616*** (0.590)		5.035*** (2.972)
life_ exp×*hgii*		−1.593*** (0.465)		0.203*** (0.095)
Observations	770	770	770	770
Pseudo R^2	0.591	0.585	0.591	0.585

注：以上估计均控制了线性时间趋势和表 5.4~表 5.6 所包含的所有变量。*、**、*** 分别表示双侧 *t* 分布检验在 10%、5%、1%的显著性水平。

第（3）、（4）列展示了第（1）、（2）列估计结果的几率比（odds ratio）。以第（4）列为例，*odep*×*hlto*、*odep*×*hgii* 的系数分别表明，给定老年抚养比上升同样的幅度，高长期导向国家的实际利率降至零利率或者负利率的几率①（odds），是低长期导向国家的 1.69 倍；高语言性别意识国家的实际利率降至零利率或者负利率的几率，是低语言性别意识国家的 1.87 倍。*life_ exp*×*hlto*、*life_ exp*×*hgii* 的系数分别表明，给定预期寿命延长同样的幅度，高长期导向国家的实际利率降至零利率或者负利率的几率，是低长期导向国家的 5.04 倍；高语言性别意识国家的实际利率降至零利率或者负利率的几率，是低语言性别意识国家的 0.2 倍。

① “几率”一词，指的是在给定条件下，某事件发生的概率与不发生的概率之比。

综合以上估计结果可以看出，老年抚养比的升高结合较高的长期导向、老年抚养比的升高结合较高的语言性别意识，以及预期寿命的延长结合较高的长期导向，这三种组合是导致实际利率降至0，甚至负数的“危险组合”。换言之，在全球老龄化背景下，文化色彩偏耐心，且女性劳动文化较消极的国家，该国长期实际利率触及负利率的“风险”，远高于文化色彩偏不耐，且女性劳动文化较积极的国家。

七、稳健性检验

本节从以下两方面对本章的核心回归结果（表5.5~表5.7）进行稳健性检验。

（1）替换解释变量

笔者将老年抚养比（*odep*）替换为抚养比（*dep*），后者衡量每个劳动年龄人口需负担的非劳动年龄人口，非劳动年龄人口既包括老年人口（65岁及以上），也包括少年儿童（0~14岁）。相比老年抚养比，该变量虽然不是一个较好的衡量老龄化的指标，但能更好地从劳动供给角度刻画资本劳动比的变化，在探讨人口结构对实际利率影响的经验文献中，也经常被采用（王曦、陈中飞，2018；Ferrero等，2017）。

（2）增加控制变量

参照第四章4.3.9节，增加城市化率（*urban*）和服务业—工业的从业人员总数比率（*siratio*）作为控制变量①。此外，对发达经济体而言，收入不平等的扩大也被认为是导致实际利率不断下降的重要原因（Eggertsson、Mehrotra，2014；Brand等，2018），一方面，在于低收入人群面临更严格的信贷约束，有效需求较低；另一方面，高收入人群的储蓄意愿也高于同年龄段的低收入人群。因此，参考Brand等（2018），使用最富有的前20%人群的收入占总人口收入的比重作为收入不平等的度量（*h*20），数据来源为WDI。和基准回归一样，为了缓解联立偏误，在实际回归中取这三个变量的滞后一期值。

表5.8~表5.10的稳健性检验结果分别对应表5.4~表5.6的估计结果。

① 变量的具体定义及数据来源请参考第四章4.3.9节。

表 5.8　稳健性检验：老龄化对长期实际利率的影响

Dep：*rl_ rate*	(1)	(2)	(3)	(4)	(5)	(6)	(7)	(8)
	无控制变量				含控制变量			
	FE 估计		FGLS 估计		FE 估计		FGLS 估计	
dep	−0. 150 (0. 131)	−0. 132 (0. 130)	−0. 099*** (0. 011)	−0. 066*** (0. 014)	−0. 162 (0. 118)	−0. 122 (0. 111)	−0. 196*** (0. 011)	−0. 123*** (0. 015)
life_ exp	−0. 431 (0. 509)	−0. 439 (0. 517)	−0. 307*** (0. 050)	−0. 351*** (0. 055)	−0. 180 (0. 596)	−0. 155 (0. 584)	−0. 231*** (0. 047)	−0. 336*** (0. 053)
Constant	44. 778 (40. 359)	42. 936 (40. 242)	32. 472*** (3. 648)	32. 486*** (4. 146)	41. 112 (26. 097)	35. 912 (23. 956)	61. 277*** (4. 543)	53. 121*** (5. 132)
Controls	No	No	No	No	Yes	Yes	Yes	Yes
Year. Effects	No	Yes	No	Yes	No	Yes	No	Yes
Year. Trend	Yes	No	Yes	No	Yes	No	Yes	No
Observations	875	875	875	875	875	875	875	875
组内 R^2	0. 203	0. 264			0. 470	0. 553		

注：1. “Year. Effects”代表模型中包含时间虚拟变量；“Year. Trend”代表模型中包含线性时间趋势项。2. FGLS 为调整了组内自相关、截面相关，以及组间异方差的全面可行广义最小二乘估计，并控制了国家虚拟变量。3. *、**、*** 分别表示双侧 t 分布检验在 10%、5%、1%的显著性水平。4. (1)、(2)、(5)、(6) 列括号中数值为面板校正标准误，其余为普通标准误。

表 5.9　稳健性检验：基准模型估计 I

Dep：*rl_ rate*	(1)	(2)	(3)	(4)	(5)	(6)	(7)	(8)
	无控制变量				含控制变量			
	FE 估计		FGLS 估计		FE 估计		FGLS 估计	
dep	−0. 068 (0. 179)	−0. 080 (0. 208)	−0. 037 (0. 037)	−0. 058 (0. 052)	−0. 088 (0. 174)	−0. 097 (0. 197)	−0. 078** (0. 034)	−0. 065* (0. 037)
dep×lto	0. 001 (0. 002)	0. 002 (0. 002)	0. 001 (0)	0. 001 (0. 001)	0. 002 (0. 002)	0. 002 (0. 002)	0. 001 (0)	0. 001** (0. 001)
dep×gii	−0. 232* (0. 142)	−0. 222 (0. 156)	−0. 255*** (0. 017)	−0. 184*** (0. 020)	−0. 202* (0. 118)	−0. 196 (0. 124)	−0. 227*** (0. 013)	−. 201*** (0. 017)
life_ exp	0. 296 (0. 464)	0. 352 (0. 465)	0. 061 (0. 076)	0. 069 (0. 089)	−0. 045 (0. 583)	−0. 063 (0. 531)	0. 142 * (0. 082)	0. 054 (0. 095)
life_ exp_ lto	−0. 008** (0. 003)	−0. 008** (0. 003)	−0. 004*** (0. 001)	−0. 004*** (0. 001)	−0. 004** (0. 002)	−0. 003* (0. 002)	−0. 004*** (0. 001)	−0. 004*** (0. 001)
life_ exp×gii	0. 335 (0. 202)	0. 333 (0. 208)	0. 335*** (0. 029)	0. 300*** (0. 028)	0. 227 (0. 135)	0. 204 (0. 128)	0. 214*** (0. 033)	0. 171*** (0. 036)
Constant	3. 686 (35. 515)	−1. 875 (35. 694)	9. 48* (5. 123)	8. 234 (5. 614)	17. 125 (23. 811)	15. 142 (20. 266)	17. 887*** (6. 333)	12. 249* (7. 024)
Controls	No	No	No	No	Yes	Yes	Yes	Yes
Year. Effects	No	Yes	No	Yes	No	Yes	No	Yes

续表

Dep：rl_rate	(1)	(2)	(3)	(4)	(5)	(6)	(7)	(8)
	无控制变量				含控制变量			
	FE 估计		FGLS 估计		FE 估计		FGLS 估计	
Year. Trend	Yes	No	Yes	No	Yes	No	Yes	No
Observations	875	875	875	875	875	875	875	875
组内 R^2	0. 334	0. 391			0. 525	0. 600		

注：1. “Year. Effects”代表模型中包含时间虚拟变量；“Year. Trend”代表模型中包含线性时间趋势项。2. FGLS 为调整了组内自相关、截面相关，以及组间异方差的全面可行广义最小二乘估计，并控制了国家虚拟变量。3. *、**、*** 分别表示双侧 t 分布检验在 10%、5%、1%的显著性水平。4. (1)、(2)、(5)、(6) 列括号中数值为面板校正标准误，其余为普通标准误。

表 5.10　稳健性检验：基准模型估计 Ⅱ

Dep：rl_rate	(1)	(2)	(3)	(4)	(5)	(6)	(7)	(8)
	无控制变量				含控制变量			
	FE 估计		FGLS 估计		FE 估计		FGLS 估计	
dep	−0. 091 (0. 149)	−0. 088 (0. 166)	−0. 104*** (0. 025)	−0. 095*** (0. 031)	−0. 094 (0. 130)	−0. 075 (0. 137)	−0. 132*** (0. 020)	−0. 067*** (0. 023)
$dep \times hlto$	0. 187 (0. 159)	0. 193 (0. 181)	0. 142*** (0. 029)	0. 108*** (0. 037)	0. 199 (0. 139)	0. 209 (0. 145)	0. 140*** (0. 024)	0. 110*** (0. 028)
$dep \times hgii$	−0. 344 (0. 278)	−0. 328 (0. 287)	−0. 297*** (0. 021)	−0. 199*** (0. 027)	−0. 342* (0. 199)	−0. 357* (0. 190)	−0. 264*** (0. 019)	−0. 251*** (0. 030)

续表

Dep：*rl_ rate*	(1)	(2)	(3)	(4)	(5)	(6)	(7)	(8)
	无控制变量				含控制变量			
	FE 估计		FGLS 估计		FE 估计		FGLS 估计	
life_ exp	0. 260 (0. 452)	0. 327 (0. 493)	0. 054 (0. 067)	0. 046 (0. 075)	0. 048 (0. 657)	0. 015 (0. 587)	0. 195*** (0. 060)	0. 007 (0. 074)
life_ exp×hlto	−0. 622** (0. 239)	−0. 642** (0. 245)	−0. 392*** (0. 047)	−0. 415*** (0. 055)	−0. 285** (0. 138)	−0. 212* (0. 131)	−0. 426*** (0. 034)	−0. 369*** (0. 037)
life_ exp×hgii	0. 660* (0. 366)	0. 654* (0. 377)	0. 478*** (0. 040)	0. 465*** (0. 044)	0. 413** (0. 176)	0. 374** (0. 163)	0. 395*** (0. 042)	0. 362*** (0. 045)
Constant	−8. 759 (37. 784)	−15. 22 (39. 632)	6. 36 (5. 138)	4. 789 (5. 525)	1. 998 (31. 261)	2. 683 (27. 075)	9. 238* (5. 194)	8. 896 (5. 97)
Controls	No	No	No	No	Yes	Yes	Yes	Yes
Year. Effects	No	Yes	No	Yes	No	Yes	No	Yes
Year. Trend	Yes	No	Yes	No	Yes	No	Yes	No
Observations	875	875	875	875	875	875	875	875
组内 R^2	0. 313	0. 372			0. 514	0. 593		

注：1. “Year. Effects” 代表模型中包含时间虚拟变量；“Year. Trend” 代表模型中包含线性时间趋势项。2. FGLS 为调整了组内自相关、截面相关，以及组间异方差的全面可行广义最小二乘估计，并控制了国家虚拟变量。3. *、**、*** 分别表示双侧 t 分布检验在 10%、5%、1%的显著性水平。4. (1)、(2)、(5)、(6) 列括号中数值为面板校正标准误，其余为普通标准误。

可以看出，表 5. 8 中，*dep* 的系数绝对值相比表 5. 4 中的 *odep* 有所缩小，这是因为 *dep* 的取值恒大于 *odep*①。除此之外，表 5. 8~表 5. 10 的估计结果在方向上基本与表 5. 4~表 5. 6 一致。

下面以表 5. 10 第（8）列的估计结果为例，探讨不同文化背景下，抚养比和预期寿命对一国实际利率的平均总效应。考察两组文化迥异的国家，第一组兼具耐心文化和消极的女性劳动文化，第二组兼具不耐文化和积极的女性劳动文化，如前文所述，两组国家占样本总量的 64%，具有较好的代表性。对于第一组国家，抚养比和预期寿命的变动每（同时）增加 1 个样本均值（$\Delta dep=0.128$，$\Delta life\_exp=0.223$），其实际利率将下降 2. 7 个基点，占该组国家实际利率年均下降幅度（14. 9 个基点）的约 18%。反之，对于第二组国家，抚养比和预期寿命的变动每（同时）增加同样的数值，其实际利率将下降 0. 7 个基点，仅占该组国家实际利率年均下降幅度（14. 9 个基点）的约 5%。

表 5. 11 第（1）、（2）列展示了固定效应面板 Logit 估计的回归结果。与表 5. 7 相似，*dep×lto*、*dep×gii*、*dep×hlto*、*dep×hgii*、*life_ exp×lto* 和 *life_ exp×hlto* 的交互项的系数大多显著为正。这些结果大致说明，在同样的老龄化趋势下，耐心文化或消极的女性劳动文化，会增加一国实际利率落入负利率区间的概率。第（3）、（4）列展示了第（1）、（2）列估计结果的几率比（odds ratio）。以第（4）列为例，*dep×hlto*、*dep×hgii* 的系数分别表明，给定总抚养比上升同样的幅度，高长期导向国家的实际利率降至零利率或者负利率的几率，是低长期导向国家的 1. 24 倍；高语言性别意识国家的实际利率降至零利率或者负利率的几率，是低语言性别意识国家的 1. 91 倍。*life_ exp×hlto*、*life_ exp×hgii* 的系数分别表明，给定预期寿命延长同样的幅度，高长期导向国家的实际利率降至零利率或者负利率的几率，是低长期导向国家的 6. 32 倍；高语言性别意识国家的实际利率降至零利率或者负利率的几率，是低语言性别意识国家的 0. 47 倍。从几率比的角度看，表 5. 11 和表 5. 7 的估计结果

① *odep* 和 *dep* 的分母均为劳动年龄人口，但是前者的分子仅包含老年人口，后者的分子则同时包含老年人口和少儿人口。

非常接近，二者都说明了在全球老龄化背景下，兼具耐心文化和消极的女性劳动文化的国家，其长期实际利率触及负利率的“风险”，远高于兼具不耐文化和积极的女性劳动文化的国家。

表 5.11　稳健性检验：延伸讨论

Dep：*rl_ rate*0	(1)	(2)	(3)	(4)
	回归系数		几率比	
dep	−0.470** (0.209)	−0.100 (0.101)	0.624** (0.131)	0.904 (0.091)
dep×*lto*	0.012*** (0.005)		1.012** (0.005)	
dep×*gii*	0.221*** (0.091)		1.247** (0.114)	
dep×*hlto*		0.216 (0.195)		1.240 (0.243)
dep×*hgii*		0.648*** (0.183)		1.912*** (0.350)
life_ exp	−1.132 (0.672)	0.448 (0.510)	0.322* (0.216)	1.566 (0.798)
life_ exp×*lto*	0.046*** (0.012)		1.047*** (0.013)	
life_ exp×*gii*	−0.347*** (0.117)		0.707 (0.083)	
life_ exp×*hlto*		1.843*** (0.488)		6.315*** (3.083)
life_ exp×*hgii*		−0.763*** (0.276)		0.466*** (0.129)
Observations	770	770	770	770

注：以上估计均控制了线性时间趋势和表 5.4~表 5.6 所包含的所有变量。*、**、*** 分别表示双侧 *t* 分布检验在 10%、5%、1%的显著性水平。

表 5. 12 展示了增加控制变量后的回归结果。由于两组变量（*L. urban* 和 *L. siratio* 以及 *L. h*20）的数据均存在较多的缺失，若将这两组变量同时放入回归中，则样本量会缩减至基准回归样本量的 44%，这可能导致统计推断无效。有鉴于此，笔者将以上两组变量分别放入回归中。此外，由于两组控制变量在截面维度或时序维度上均存在缺失值，为非平衡面板，基准回归中的 FGLS 估计在此情况下也不适用，因此表 5. 12 仅展示了固定效应估计的回归结果。观察表 5. 12 的回归结果，可以看出，*L. siratio* 和 *L. h*20 对长期实际利率的影响均符合理论预期，并且在 10%的水平上基本显著，说明服务业相对于工业的发展程度对实际利率具有正向牵引作用，收入不平等对实际利率具有负向牵引作用。更重要的是，*odep*×*hlto* 和 *odep*×*hgii*，以及 *life_ exp*×*hlto* 和 *life_ exp*×*hgii* 的估计系数（尤其是后三者），在方向、经济显著性和统计显著性方面，与基准回归的相应结果［表 5. 6 第（5）、（6）列］均非常接近，说明基准回归的结果对控制变量的选择不敏感，具有较好的稳健性。

表 5. 12　稳健性检验：添加控制变量

Dep：*rl_ rate*0	（1）	（2）	（3）	（4）
odep	0. 057 （0. 086）	0. 023 （0. 086）	−0. 036 （0. 086）	0. 007 （0. 084）
odep×*hlto*	0. 128 （0. 084）	0. 157* （0. 079）	−0. 051 （0. 143）	−0. 028 （0. 092）
odep×*hgii*	−0. 372*** （0. 123）	−0. 363*** （0. 113）	−0. 236* （0. 137）	−0. 235* （0. 116）
life_ exp	0. 025 （0. 332）	−0. 045 （0. 307）	−0. 183 （0. 425）	−0. 241 （0. 411）
life_ exp×*hlto*	−0. 456** （0. 194）	−0. 441** （0. 191）	−0. 549 （0. 370）	−0. 300 （0. 244）
life_ exp×*hgii*	0. 792*** （0. 267）	0. 728** （0. 272）	0. 727* （0. 390）	0. 646** （0. 311）
L. urban	−0. 019 （0. 033）	−0. 011 （0. 029）		

续表

Dep：*rl_ rate*0	(1)	(2)	(3)	(4)
L. siratio	1.174** (0.438)	0.927* (0.483)		
*L. h*20			-0.069 (0.072)	-0.129* (0.066)
Constant	19.819 (23.075)	22.622 (19.437)	23.166 (22.623)	26.771 (22.53)
Controls	Yes	Yes	Yes	Yes
Year. Effects	No	Yes	No	Yes
Year. Trend	Yes	No	Yes	No
Observations	673	673	428	428
组内 R^2	0.646	0.708	0.618	0.738

注：1. 除 *L. urban_ s*、*L. siratio_ s* 或 *L. h*20 以外，基准回归中的其他 11 个控制变量也包含在回归方程中。2. 作为对比，(1)、(2) 列或 (3)、(4) 列分别对应表 5.6 的 (5)、(6) 列。3. "Year. Effects" 代表模型中包含时间虚拟变量；"Year. Trend" 代表模型中包含线性时间趋势项。4. *、**、*** 分别表示双侧 t 分布检验在 10%、5%、1%的显著性水平。

第五节　本章小结

现有研究认为，发达经济体的长期实际利率在老年抚养比攀升、预期寿命延长的牵引下，下降趋势明显。本章从耐心文化和女性劳动文化的新颖视角出发，补充和拓展了现有文献关于老龄化—利率效应的研究。文章的主要结果表明，无论是老年抚养比对实际利率的负效应，还是预期寿命对实际利率的负效应，都高度依赖于一国的耐心文化和女性劳动文化。耐心文化无论是对于抚养比—利率效应，还是预期寿命—利率效应，都有显著的放大作用；女性劳动文化对抚养比—利率效应具有放大作用，对预期寿命—利率效应则具有抑制作用。

总的来看，由于一国的耐心文化和女性劳动文化通常是正相关①的，因此

① 平均而言，一国的 *lto* 得分越高，它的 *gii* 得分也越高。

可以将各国简单划分为耐心文化—消极的女性劳动文化国家，以及不耐文化—积极的女性劳动文化国家。对于前者而言，老龄化对实际利率的负向效应相当强烈，对于后者而言，老龄化对实际利率的负向效应则比较微弱。因此，兼具耐心文化和消极的女性劳动文化的国家，尤其需要提防老龄化对实际利率的负向影响。

第六章　数字经济背景下长期实际利率的演变

数字经济是以数据资源为关键要素，以现代信息网络为主要载体，以信息通信技术融合应用、全要素数字化转型为重要推动力的新经济形态。党的二十大报告强调，“加快发展数字经济，促进数字经济和实体经济深度融合，打造具有国际竞争力的数字产业集群”。

近年来，数字经济已成为全球经济发展的新引擎。从全球层面看，中国信息通信研究院发布的《全球数字经济白皮书（2023 年）》显示，2022 年，美国、中国、德国、日本、韩国 5 国的数字经济总量达 31 万亿美元，较 2021 年增长 7.6%，较 GDP 增速高 5.4 个百分点；数字经济占 GDP 的比例为 58%，较 2016 年提升约 11 个百分点。从国内层面看，一方面，以互联网、云计算、大数据等数字技术为驱动的新兴产业有力拉动经济增长；另一方面，数字技术与产业深度融合，催生新业态新模式，助推传统产业加速发展。2022 年我国数字经济规模达 50.2 万亿元，总量稳居世界第二，同比名义增长 10.3%，占 GDP 比重提升至 41.5%。数字产业化规模与产业数字化规模分别达 9.2 万亿元和 41 万亿元，占数字经济比重分别为 18.3%和 81.7%。

数字经济的蓬勃发展变革了劳动方式，孕育了新的经济形态、生产过程和劳资关系，同时也改变了价值创造和价值分配方式（洪永淼、史九领，2024），深刻影响着全社会的工资率、利润率和利息率。本章继续以长期实际利率为研究对象，综合马克思主义政治经济学和西方经济学（主要是宏观经济学）的思考范式，讨论数字经济发展对长期实际利率的可能影响。

第一节　从马克思主义政治经济学视角分析数字经济的利率效应

马克思主义政治经济学（以下简称政治经济学）的利息理论认为，利息产生的经济基础是资本所有权与资本使用权的分离。资本家随着历史的发展分化为借贷资本家和职能资本家，借贷资本家将货币资本借给职能资本家使用，定期从后者手中获取利息收入，其实质是货币资本家凭借资本所有权，参与对剩余价值的分配，因此，利息是职能资本家使用借贷资本而支付给货币资本家的一部分剩余价值。代表着两类资本家对剩余价值的分割，是社会平均利润的一部分。由此可见，利率的变动一般取决于两个因素：一是平均利润率水平，利率与平均利润率呈正相关，以平均利润率为上界，在0和平均利润率之间变动。二是借贷资本的供求状况，如果借贷资本供过于求，利率就会降低，反之则反是。

一般来说，实际利率长期具有向下的趋势。从平均利润率的角度看，随着技术进步和资本有机构成的提高，平均利润率可能会呈现下降趋势。这是因为，一方面，技术进步使得生产效率提高，从而降低了生产成本，但同时也加剧了市场竞争，压缩了利润空间，这又进一步影响到实际利率的长期变动趋势，使其也呈现下降态势；另一方面，随着资本有机构成的提高，可变资本在社会总资本所占的比例也就越少，其所生产出的剩余价值相对来说也就越少，进而压低实际利率。从借贷资本供求的角度看，伴随金融创新与资本深化，借贷资本更可能呈现出供大于求的态势，带动实际利率下行。下面从平均利润率和借贷资本供求两个角度着手，分析数字经济发展对实际利率变动的长期影响。

一、数字经济对平均利润率的影响

从平均利润率的角度看。数字经济的发展主要从以下维度影响利率。

首先，数字经济通过引入先进技术和优化资源配置，显著提升了生产效率，降低了商品价值。政治经济学认为，生产效率的提升会减少社会必要劳动时间，导致商品价值下降。在数字经济背景下，生产过程的自动化、智能化以及数据驱动的优化减少了生产所需的社会必要劳动时间，从而降低了商品的价值，进而对平均利润率和利率产生影响。一方面，商品价值降低会压缩企业的利润空间，降低平均利润率和压低利率；另一方面，商品价值降低意味着生活资料价值的降低，换言之，劳动力维系基本生计所付出的成本变低了，这会降低劳动力价值，缩短必要劳动时间，从而提高剩余价值，推高平均利润率，进而拉抬利率。因此，数字经济经由生产效率渠道对利率的影响方向是不确定的。

其次，数字经济深刻改变着劳资关系。恩格斯指出，“资本和劳动的关系，是我们全部现代社会体系所围绕旋转的轴心”①。数字经济对劳资关系和平均利润率及利率的影响，体现在以下两点：（1）数字经济的发展通过影响不变资本和可变资本的比例，改变了资本有机构成。一方面，随着机器、设备和软件等不变资本在生产过程中的作用日益重要，劳动力的相对需求降低，这会减少剩余价值率（剩余价值率即资本家从工人身上榨取的剩余价值占工人创造的全部价值的比例），降低平均利润率，进而降低利率。比如，数字经济所涵盖的人工智能、自动化和机器人等先进技术，能够在许多生产环节中替代传统劳动力。这种替代减少了对劳动力的需求，同时增加了对硬件设备、技术设备和软件的投资。因此，这可能导致资本结构中不变资本（软、硬件设备）的比重增加，可变资本（劳动力）的比重相对减少，即资本有机构成的提高。根据利润率公式 $p'=m/(c+v)$，可以看出，资本有机构成越高（不变资本 c 相对于可变资本 v 越高），同量资本所使用的劳动力就越少，剩余价值 m 也就越低，从而压低利润率 p' 并以此降低利率。（2）随着数字经济的发展，伴随生产效率的提高和劳动力需求的相对减少，资本家对劳动力的议价能力提高，资方不但可以通过延长工作时间、提高劳动强度或降低劳动报酬等方式来增加剩余价值，还可以借由数字监控、大数据分析等手段更加精确地控制和管理劳动过程。以平台经济为例，资方采用单方面设定佣金、薪酬和奖惩标准等手段操控劳动者，最大限度地榨取

① 马克思恩格斯文集．第3卷［M］．北京：人民出版社，2009：79.

劳动者的相对剩余价值，加之劳动者在平台中组织形态的“原子化”，使得劳动者抗衡资本的力量不断消减（洪永淼、史九领，2024）。此外，在人才竞争激烈的互联网行业，年轻人被迫“内卷”，选择主动加班，为资方创造出更多的绝对剩余价值。以上普遍现象均提高了剩余价值 m，增加利润率 p'，进而抬高利率。

再次，数字经济可以通过加速生产和消费的融合、实现生产过程的重构等方式，缩短资本周转时间。在数字时代，企业可以利用大数据、物联网等技术实现精准生产和库存管理，减少不必要的生产环节和库存积压，从而加快资本周转速度。资本周转速度越快，意味着企业在同等时间内可以进行更多的生产活动，从而创造更多的剩余价值，根据利润率公式 $p'=m/(c+v)$，在预付资本总量（$c+v$）不变的情况下，这会提高利润率，从而提高利率。

最后，数字经济通过改变市场竞争趋势和垄断趋势，也会对平均利润率产生影响。一方面，数字技术的广泛应用降低了市场进入门槛，加剧了竞争，这可能会导致行业利润率的普遍下降，进而抑制利率水平。另一方面，数字技术也强化了市场中的垄断势力，比如数据垄断、技术垄断等。这些垄断企业可能通过操控价格、控制市场来获取超额利润，推高某些行业的利润率，进而抬高利率水平。

综上所述，数字经济对社会平均利润率的影响包括生产效率的提升、资本有机构成和劳资相对议价能力的变化、资本周转速度的提升以及市场竞争与垄断格局的演变，其影响方向既有正向也有反向。

表 6.1　从平均利润率的角度考察数字经济对实际利率的长期影响方向

影响渠道	提升生产效率，降低商品价值	提高资本有机构成	增加资本相对劳动力的议价能力	缩短资本周转时间	改变市场竞争趋势和垄断趋势
影响方向	不确定	↓	↑	↑	不确定

二、数字经济对借贷资本供求的影响

从借贷资本供求关系的角度看。数字经济的发展主要从以下维度影响利率。

首先，数字经济的发展改变了资本循环和周转的速度。在数字经济时代，信息的传递和处理速度大大加快，这使得企业能够更快速地了解市场需求、调整生产计划和销售策略。在数字技术的推动下，生产、流通和消费等各个环节更加紧密地连接在一起，资本循环的速度加快。一方面，通过数字化技术，比如大数据分析、云计算和物联网等，企业（职能资本家）可以实时获取市场信息，准确预测需求，减少不必要的库存积压，优化库存管理；另一方面，区块链等数字技术能够让商业合约通过算法自动完成，便利了商业合同的签署与执行，减少了企业之间的货款拖欠、资金挪用、承诺反悔等现象，从而大幅降低商业纠纷（吴军，2020）。此外，数字支付和电子商务的普及也大大缩短了交易时间和成本，加速了资金的回笼。这些因素共同作用，使得资本周转速度明显加快。由于资本周转速度加快，企业可以更快地回收投资并获取利润，因此对流动资金的借贷需求会相应减少。简言之，数字经济减少了资本在生产和流通过程中的闲置时间，从而减少了企业对借贷资本的需求。

其次，数字经济对生产力的发展产生了深远影响。一方面，数字经济的发展可能催生新的投资机会和领域，这需要大量的资金投入，从而增加对借贷资本的需求。另一方面，通过提高生产效率、降低生产成本，数字经济使得企业能够获得更多的剩余价值和利润，增加了企业内部的积累资金，提高了企业的内源融资能力，从而减少对外部借贷资本的依赖。

再次，数字经济还深刻重塑了企业的商业模式。一方面，数字经济打破了传统商业模式的地域限制，通过互联网和电子商务平台，实现了全球范围内的商业交易。这种变革使得企业能够更广泛地接触潜在客户，扩大市场份额，从而提高了企业的盈利能力，增加了现金流。因此，企业在商业模式上的这种转变，可以使企业通过更有效的运营、更广泛的客户基础来自我融资，从而减少对借贷资本的需求。另一方面，数字经济促进了商业模式的升级与创新。例如，共享经济的商业模式通过提高资产利用率和降低成本，提升了企业的盈利能力。这种盈利能力的提升亦可能会降低企业对外部融资的依赖，从而减少对借贷资本的需求。

最后，数字经济对金融市场和金融机构的作用也深刻影响着借贷资本的供求关系。数字技术的应用使得金融服务更加便捷、高效，同时也使得金融机构能够更加科学地评估借款人的信用风险和还款能力，从而降低了金融交易的成本和风险。比如，数字金融服务如网络借贷、众筹等新型融资方式的兴起，还为中小企业和个人提供了更多的融资渠道，这些新渠道满足了更多的企业对借贷资本的需求。简言之，数字经济带来的金融创新不仅降低了交易成本，还提高了交易的便捷性和灵活性，使得金融市场能够更好地满足筹资者的需求，增加了借贷资本的有效供给，同时也促进了借贷资本供应方的多元化，这可能吸引更多的创业者涌入金融市场，成为资金供应者，增加借贷资本的供给。

综上所述，数字经济的发展，可能通过改变资本循环和周转速度、影响生产力和金融市场发展等方式，使得借贷资本供给相对增加，借贷资本需求相对减少。

表 6.2　从借贷资本供求的角度考察数字经济对实际利率的长期影响方向

影响渠道	缩短资本周转时间，减少流动资金借贷需求	提高生产力，强化企业自我“造血”能力	创新商业模式，提高资产利用率	加快金融创新，增加借贷资本的有效供给
影响方向	↓	↓	↓	↓

总的说来，从政治经济学的角度看，数字经济对社会平均利润率既有正向影响，也有负向影响，二者相对大小不确定，从而对利率的影响方向不确定；数字经济对借贷资本供给端的正向影响则大于其对于借贷资本需求端的正向影响，对利率的影响方向总体为正。笔者据此猜测数字经济的发展对长期实际利率的影响为负。

第二节　从宏观经济学视角分析数字经济的利率效应

一、数字经济影响长期实际利率的三条渠道

将本书式（3-3）作进一步简化①，可以得到 $r^*=\alpha[(n+g)/s]$，即在一个简单的、标准的宏观经济模型（柯布-道格拉斯生产函数形式的索洛模型）中，长期实际利率（或者均衡实际利率）为储蓄率 s 的减函数，资本占国民收入份额 α、人口增长率 n、劳动生产率增长率 g 的增函数。该式十分直观明了，其中，$(n+g)/s$ 反映了资本需求和资本供给的相对力量，同时也反映了资本劳动比的大小［可以把 $(n+g)/s$ 视作资本劳动比的倒数］。假定其他条件不变，当影响储蓄率（资本供给）的因素增强时，s 增加，资本劳动比上升，长期实际利率因而下降；当影响人口增长率或劳动生产率增长率（资本需求）的因素增强时，$n+g$ 增加，长期实际利率升高。这是因为 n 或 g 的增加意味着单位资本能够吸收的有效劳动变多，资本劳动比下降，这就提高了资本的边际生产力（MPK），扩大了资本需求，在其他条件不变的情况下，这会提高实际利率。根据现有研究推测，数字经济主要通过三条渠道影响长期实际利率。首先，数字经济直接影响劳动生产率的增长速度 g，从而对实际利率产生正向影响，同时，数字经济亦会通过缓解企业融资约束（提高金融市场效率）、增加人口预期寿命，间接影响储蓄率 s，从而对实际利率产生负向影响。下面分别梳理数字经济对劳动生产率（及其增长速度）、企业融资约束、人口预期寿命的影响。

二、数字经济对劳动生产率的影响

数字经济对劳动生产率（及其增速）的影响巨大。2013—2017 年五年间，美国与欧盟的劳动生产率增长绝大部分由数字经济贡献。其中，美国劳动生产率增长中的 86%均由数字经济贡献（Ark，2019）。伦敦经济学院经济

① 不考虑劳动参与率。

发展中心对1993—2007年17个国家的数据研究发现，增加机器人使用会使年度劳动生产率提高0.36个百分点。相比之下，1850—1910年，蒸汽技术对英国年度劳动生产率增长的贡献为0.35个百分点。

数字经济对劳动生产率的影响主要体现在以下方面。

第一，数字技术从企业生产端、营销端和管理端全方位提高劳动生产率。在生产端，数字技术使劳动工具智能化、自动化和标准化，极大地提高了人的财富创造力和对自然界的支配力（李明桂、曹玉涛，2024）。以人工智能、3D打印为代表的数字技术具有较强的信息收集和处理能力，使刚性生产逐步升级为弹性较大，对市场更为敏感的柔性生产，精准捕获需求，特别是大量需求小众（但是汇聚的总量巨大）的长尾需求，创新生产模式（徐翔，2021）。同时，数字技术还能将生产流程数据化，提高人机协作效率；在营销端，企业根据大数据获取和处理用户信息，将被动营销转变为面向目标客户推送产品信息、服务信息的主动营销，引导用户消费，创新营销模式；在管理端，传统的生产流水线依赖于人工衔接，工人长时间疲劳工作导致出错率递增，企业需要投入大量资源提升管理效率。基于大数据技术与机器学习，人工智能可以修正生产环节中的潜在出错路径，提升生产衔接过程中的管理信息传递质量，提升管理效率，创新管理模式（金祥义、张文菲，2023）。

第二，数字经济打通了劳动的情景区隔。在工业化时代，空间的边界构成了当班（on duty）和不当班（off duty）的区分，工作需要将劳动者聚集在一定的物理空间内才可进行。数字经济打通了工作与非工作的物理边界，使得传统工作可借由远程办公、在线会议等手段在更多时空形态下展开，以此促进企业降本增效，并为不同群体提供了更为多元包容的劳动机会。例如，远程办公、在线协作等新型工作模式减少了通勤时间和地域限制，使得员工可以在更高效的环境下工作。同时，数字化工具如项目管理软件、在线协作平台等也提高了团队协作的效率，进一步提升了劳动生产率。

据此推论，数字经济能够推动劳动生产率增长，增加社会有效劳动供给。

三、数字经济对企业融资约束的影响

数字经济对企业融资约束的缓解主要体现在以下方面。

第一，数字技术提高了企业的资产使用效率，并减轻了金融市场中的信息不对称程度。一方面，数字基础设施对企业金融信息处理、企业管理效率提高具有重要助推作用，促进企业在运营过程中共享生产要素，减少资产闲置，增加贷款抵押物，从而降低融资成本；另一方面，数字基础设施推动金融服务信息在金融机构、企业之间有效传递，增加金融资金的供给规模和覆盖范围，缓解身份、地理排斥带来的融资约束问题，形成信息的高效流转循环，进而减轻信息不对称，降低企业融资成本（刘长庚等，2022）。与传统金融机构不同，数字普惠金融强大的信息收集、信息分析能力扩大了金融机构的信息来源，增强了金融机构对中小企业、民营企业、成长期企业等长尾客户的评级能力，改善了银企之间的信息不对称程度。同时，数字普惠金融对企业经营状况、上下游产业链等信息的全面了解，能够更好地辅助金融机构进行贷后管理，缓解企业借贷的道德风险问题，增大金融机构发放信用贷款的可行性（刘长庚等，2022），进而改善中小企业、民营企业和成长期企业的融资环境。此外，数字化转型还有助于企业提高资产周转率，增强企业的还款能力，提升信用水平，进而降低融资的难度和成本。

第二，数字经济既拓宽了传统金融服务的触达范围，也增强了金融服务的供给。触达范围方面，金融机构借助互联网技术及数字金融基础设施，基于社会信用和征信体系，将支付和信贷等多种金融服务拓展至传统金融难以触及的地域和客群，实现了金融服务下沉，强化了金融的普惠性。金融供给方面，金融机构用数字技术提供个性化的金融产品和金融服务，覆盖风险分布中不为原有金融结构所覆盖的业务范畴，加深了金融对实体企业的支持程度，增加了金融包容性、灵活性和融资机会。例如，研究发现，数字经济有助于低物质资本与低社会资本农村家庭的创业行为，从而促进中国创业行为均等化，实现经济包容性增长（张勋等，2019）；数字化的大科技信贷能够有效降低借款人融资门槛，提高金融普惠性。此外，区块链等数字技术还催生了供应链金融，供应链金融通过引入核心企业（链主企业）、物流公司等第三方机构，为中小微企业提供信用担保，弥补了这些企业的信用缺失问题。这使得中小微企业更容易获得金融机构的融资支持，从而提高了融资效率（吴军，2022）。

第三，大数据等数字技术有助于金融市场规范运行，提高金融市场监管效率。比如，大数据可以实时收集并分析股市的交易数据、投资者行为、新闻报道等，及时识别、发现市场异常和潜在风险。这有助于监管部门及时采取措施，制止市场操纵、内幕交易等不当行为，确保股市的公平、公正和透明，以此增强投资者信心，为上市企业引来更多融资支持（吴军，2022）。比如，国内的沪深交易所都建立了大数据监测系统，监管部门可以利用该系统识别异常交易行为，并通过该交易行为顺藤摸瓜，追查内部交易、“老鼠仓”、非法资金转移等。

结合以上研究结论，根据帕加诺模型①可以推论，数字经济能够缓解企业融资约束，提高储蓄—投资转化效率。

四、数字经济对人口预期寿命的影响

数字经济对人口预期寿命的影响主要体现在以下方面。

个性化医疗层面，医生可借助大数据、人工智能等技术，对患者的个人信息、健康状况等进行深度分析，为患者提供个性化诊疗方案，提高医疗服务的精准性和有效性；在线诊疗层面，患者可以利用互联网平台在线咨询医生、预约挂号、购买药品等，减少就医成本和时间；远程医疗层面，医生通过远程视频、语音等技术实现与患者之间的远程交流，为偏远地区的患者提供与城市标准相近的医疗服务；智能医疗层面，医生一方面可以借助大数据技术提高诊断正确率，另一方面可以通过智能手环、智能血压计等设备，实时监测患者的健康状况，为诊断和护理提供精准的数据支持，还能通过机械手臂为患者实施高难度的微创手术。此外，医学影响分析技术的发展也大幅

① 帕加诺（1993）将金融因素纳入内生经济增长理论的基本模型——AK 模型，研究了金融发展对经济增长的影响方式。

提高了放射科医生的工作效率；癌症医治层面，医学界目前已经尝试利用大数据技术，在几千万种基因复制错误①中寻找真正导致癌变的组合，为每一位癌症患者设计个性化药物（吴军，2020）。在法定退休年龄不变的前提下，数字经济带来的预期寿命增加延长了居民退休后的生命期限，根据生命周期假说，这会强化居民的预防性储蓄动机，从而提高一国储蓄率。

综上所述，数字经济通过改进劳动生产率，增加社会有效劳动；通过缓解企业融资约束、增加人口预期寿命，促进社会资本积累。社会有效劳动提高会减少资本劳动比，提高实际利率，融资约束的缓解，以及预期寿命的增加，则会提高资本劳动比，降低实际利率。

五、基于储蓄—投资框架的示意性分析

下面借助储蓄—投资框架分析数字经济通过上述路径对实际利率的可能影响。从投资层面看，劳动生产率的提高意味着每单位资本吸收的有效劳动增多，从而提高资本的边际生产力，这刺激了企业对资本的需求，推动总投资曲线向右移动。从储蓄层面看，融资约束的缓解意味着资本的有效供给增加，预期寿命的增加则意味着居民储蓄倾向的提高，这些因素都会推动总储蓄曲线向右移动。

图 6.1 和图 6.2 展示了总储蓄曲线（S）、总投资曲线（I）同时向右移动的两种不同的情形。图 6.1 中，总储蓄曲线的移动幅度小于总投资曲线，实际利率从 r_1 提高到 r_2；图 6.1 中，总储蓄曲线的移动幅度大于总投资曲线，实际利率从 r_1 降低为 r_2。可见实际利率的变动方向取决于总储蓄曲线和总投资曲线的相对移动幅度——如果数字经济通过提高劳动生产率带来的总投资扩张，大于其通过缓解融资约束、增加预期寿命带来的总储蓄扩张，实际利率的变动方向即为正；反之，如果数字经济通过提高劳动生产率带来的总投资扩张，小于其通过缓解融资约束、增加预期寿命带来的总储蓄扩张，实际利率的变动方向则为负。

① 癌细胞的本质是细胞在复制过程中出现的“错误”。

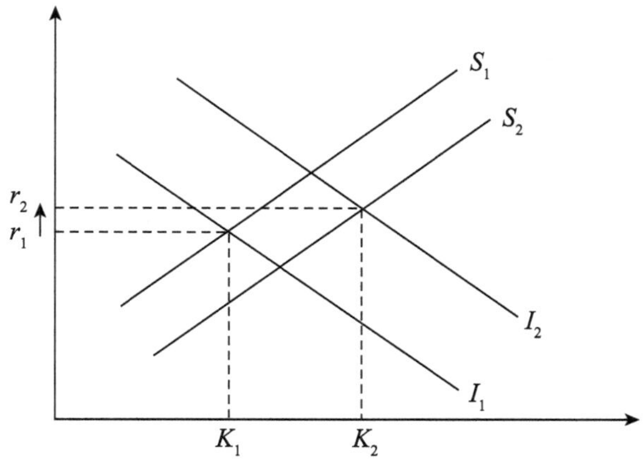

图 6.1　数字经济对实际利率的可能影响（情形 1）

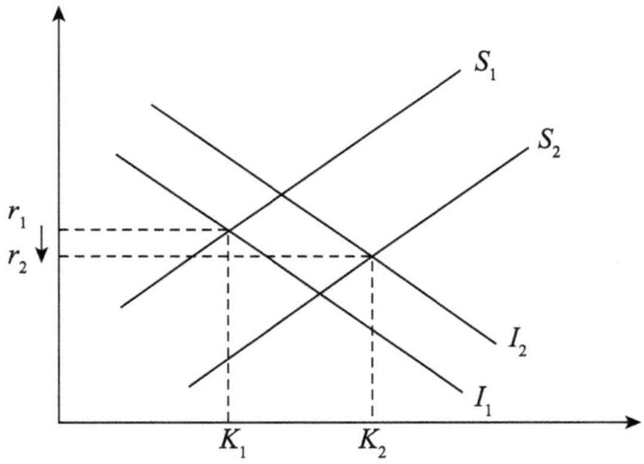

图 6.2　数字经济对实际利率的可能影响（情形 2）

六、基于代际交叠（OLG）模型的数理分析

储蓄—投资框架的示意分析（图 6.1 和图 6.2）并未明确揭示数字经济对实际利率的影响方向，为此，笔者采用数理建模的方法作进一步讨论。

理论设定沿用本书第四、五章的两期 OLG 形式。为直观剖析数字经济对长期实际利率的影响，本节暂时假定代表性个体的劳动供给是外生的。居民在第一期（青年时期）无弹性提供 1 单位劳动，以此获取劳动收入，将劳动收入分配于第一期的消费和储蓄，在第二期（老年时期）退出劳动力市场，并消费完前期的储蓄及其所得利息。结合 6.2.1~6.2.4 节的分析，并参考程名望和张家平（2019）、Li 等（2021）、吴昌南和陈钰颖（2024），本书假定数字经济为外生变量，定义为 D，且通过影响代表性厂商生产函数中的劳动生产率增速、代表性个体效用函数中的第二期存活率（青年个体存活至老年期的概率），以及储蓄—投资转化效率等三条路径（渠道），影响宏观经济，进而影响均衡（长期）实际利率。

人口结构方面，经济中的总人口由青年人口（劳动年龄人口）和老年人口（非劳动年龄人口）组成，在第 t 期，经济中的总人口为 $N_t = N_{1t} + N_{2t} = (1+n)N_{1,t-1} + \pi N_{1,t-1}$。

厂商部门方面，经济体的生产函数为

$$Y_t = F(K_t, A_t N_t) = K_t^{\alpha}(A_t N_t)^{1-\alpha} \tag{6-1}$$

其中，$L_t = A_t N_t$ 为有效劳动供给，它是劳动生产率 A 和劳动力数量 N 的乘积[①]。A 和 N 分别以 $g(D)$ 和 n 的速率增长，这里暗含的假设是劳动生产率 g 的增长速度取决于数字经济发展水平 D，相关论述请参见 6.2.2 节。生产函数满足规模报酬不变和稻田条件[②]等基本假设。市场是竞争性的，实际利率和工资等于资本和劳动各自的边际产出，即 $r_t = f'(k_t)$，$w_t = f(k_t) - k_t f'(k_t)$。

消费者部门方面。经济体由大量同质的、存活两期的代表性个体组成。个体在青年时期（第一期）作为劳动年龄人口，无弹性提供 1 单位劳动，将劳动收入分配于第一期的消费和储蓄，在老年时期（第二期）作为非劳动年龄人口，退出劳动力市场并消费完前期的储蓄及其所得利息。代表性个体的最优化问题如下：

$$\max_{c_{1,t}, c_{2,t+1}} \ln c_{1,t} + \frac{1}{1+\rho}\pi(D)\ln c_{2,t+1} \tag{6-2}$$

$$\text{s.t.} \quad c_{1,t} + \frac{c_{2,t+1}}{1+r_{t+1}} = w_t \tag{6-3}$$

---

① 此处假定劳动年龄人口等同于劳动力人口。

② 即随着资本（或劳动）投入趋向于零，资本（或劳动）的边际产品趋近于无穷大；随着资本（或劳动）投入趋向于无穷大，资本（或劳动）的边际产品趋近于零。

其中，$c_{1,t}$ 和 $c_{2,t+1}$ 分别为个体在青年期和老年期的消费，w_t 为劳动收入即工资，r_{t+1} 为 $t+1$ 期的利率水平，π 为青年个体存活至老年期的概率，显然它与预期寿命呈正相关，并且它是数字经济发展水平 D 的函数，数字经济发展水平越高，则预期寿命越高，π 也就越大，相关论述请参见 6.2.4 节。

个体最优化行为的一阶条件为：

$$\frac{c_{1,t}}{c_{2,t+1}}=\frac{1+\rho}{(1+r_{t+1})\pi(D)} \tag{6-4}$$

个体在青年时期消费、储蓄的局部均衡解为：

$$c_{1,t}=\frac{(1+\rho)w_t}{1+\rho+\pi(D)} \tag{6-5}$$

$$s_t=\frac{\pi(D)w_t}{1+\rho+\pi(D)} \tag{6-6}$$

可见青年时期的消费负向决定于数字经济，其中暗含的逻辑为：数字经济发展水平越高，预期寿命越高，劳动年龄人口就越有为养老储蓄的动机。

假设资本在每一期期末完全折旧，社会总资本的积累方程从而为：

$$K_{t+1}=s_t\theta_t(D)A_tN_t \tag{6-7}$$

即下一期的资本源自上一期有效劳动总供给的储蓄。需要说明的是，式（6-7）根据帕加诺模型，引入了储蓄—投资转化率 θ，以此刻画金融市场将储蓄转化为资本的效率，并且基于 6.2.3 节的讨论，进一步假定储蓄—投资转化率正向决定于数字经济发展水平 D。上式两端同除以有效劳动供给，得到有效资本劳动比的运动方程：

$$\tilde{k}_{t+1}=s_t\theta_t(D)\times\frac{A_tN_t}{A_{t+1}N_{t+1}}=\frac{1}{(1+n)[1+g(D)]}\frac{\pi(D)\theta(D)w_t}{[1+\rho+\pi(D)]} \tag{6-8}$$

与第四、五章相似，本章假定效用函数为对数形式，生产函数为柯布—道格拉斯形式，经济因而会收敛至唯一的稳态（动态均衡），从而 $r_{t+1}=r^*$，$\tilde{k}_{t+1}=\tilde{k}^*, w_t=w^*$，此时有：

$$\begin{aligned} r^* &= f'(\tilde{k}^*) = \alpha(\tilde{k}^*)\alpha-1 \\ &= \alpha\left(\frac{1}{(1+n)[1+g(D)]}\frac{\pi(D)\theta(D)}{[1+\rho+\pi(D)]}w_t\right)^{\alpha-1} \\ &= \alpha\left(\frac{1}{(1+n)[1+g(D)]}\frac{\pi\theta(D)}{[1+\rho+\pi(D)]}[f(\tilde{k}^*)-(\tilde{k}^*)f'(\tilde{k}^*)]\right)^{\alpha-1} \\ &= \alpha\frac{(1+n)[1+g(D)][1+\rho+\pi(D)]}{\pi(D)\theta(D)(1-\alpha)} \end{aligned} \tag{6-9}$$

将 $r*$ 对 D 求全导数，得到数字经济发展水平对均衡（长期）实际利率的影响方向，即：

$$\frac{dr^*}{dD} = \overbrace{-\pi'(D)\frac{\alpha\theta(1-\alpha)(1+n)(1+g)(1+\rho)}{[\pi\theta(1-\alpha)]^2}}^{-}\overbrace{-\theta'(D)\frac{\alpha(1+n)(1+g)(1+\rho+\pi)}{\pi\theta^2(1-\alpha)}}^{-} \overbrace{+g'(D)\frac{\alpha(1+n)(1+\rho+\pi)}{\pi\theta(1-\alpha)}}^{+} \tag{6-10}$$

根据式（6-10）可以看出，数字经济通过增加人口预期寿命、缓解企业融资约束、提高劳动生产率的增长速度三条渠道对长期实际利率产生影响。并且前两条渠道的效应为负，后一条渠道的效应为正。总的来看，前两条渠道的负向影响，要大于后一条渠道的正向影响。换言之，数字经济的发展对长期实际利率的整体影响为负。

第三节 结论与启示

本章讨论了数字经济对长期实际利率的影响。从政治经济学的角度看，数字经济的发展对平均利润率的影响方向虽然不确定，但是会强化借贷资本供给端（相对于需求端）的力量，对长期实际利率的影响方向更可能偏负向。从宏观经济学的角度看，数字经济的发展虽然能够提高劳动生产率，以此支撑长期实际利率走高，但是亦能增加居民预期寿命、缓解企业融资约束，从而加速社会资本积累，给长期实际利率施加向下的压力，并且根据数理分析的结果（6-10 式），预期寿命增加和融资约束缓解带来的负向效应可能大于劳动生产率增加带来的正向效应，即数字经济对利率的影响方向更可能为负。结合政治经济学角度与宏观经济学角度的分析结论，笔者推测，数字经济对长期实际利率的影响方向为负。未来各国政府，尤其是中央银行，应从以下两方面关注数字经济发展可能引致的低利率趋势。

首先是低利率对一国总体经济的负面效应。本书自开篇便说明了实际利率持续走低对各国经济造成的危害。第一，货币政策受名义利率零下限约束，长期的低利率环境会使货币政策工具缺少足够的操作空间，不利于抵御经济衰退冲击。第二，低利率会放大投资者的风险偏好，诱发资产泡沫；降低银行存贷利差，削弱银行盈利能力和抵御风险能力，威胁金融体系稳定。第三，实际利率过低会使国民收入的分配过度偏向资本，损害居民的收入增长从而抑制消费；实际利率过低亦会鼓励企业使用资本替代劳动，鼓励政府加大资本密集型的基本建设投资，降低单位 GDP 增长的就业弹性。根据本章结论，在数字经济时代，各国政府和央行也应该关注实际利率随着数字技术的发展而逐渐走低的可能性，以及这种趋势对宏观经济的负面影响。

其次是低利率对劳动者福利的负面效应。根据本章结论并结合政治经济学、宏观经济学的一般原理可以推测，数字经济会在以下方面对劳动者权益，尤其是就业状况产生损害。一是数字经济具有劳动替代效应。技术替代劳动是人类经济社会发展的一般规律，与社会制度无关。“机器替代劳动”也是马克思《资本论》中的重要命题。以人工智能（AI）驱动为代表的第四次工业革命将人类带入了智能时代，也深刻冲击着劳动力市场。和以往技术进步主要替代人类的体力劳动不同，人工智能不但会替代体力劳动，也会替代部分规律性、重复性的脑力劳动。一些经济学家预测，到 2030 年代中期，美国可能有 47%的工作岗位被机器人替代（Frey、Osborne，2017）。Acemoglu 和 Restrepo（2020）的实证研究也发现，在 1000 名工人中每增加 1 台机器人，美国劳动力市场中的就业人口比重将降低 0. 18%~0. 34%。二是如果本章的预测正确，即数字经济将对长期实际利率产生负向影响，则意味着数字经济还会间接影响劳动者的就业状况：（1）实际利率过低会使资本相对劳动变得更为便宜，从而鼓励企业在生产过程中使用机器人替代劳动力，降低 GDP 增长的就业弹性。（2）实际利率长期走低会使货币政策面临零利率下限约束，从而削弱扩张性货币政策对充分就业的支持力度，导致劳动者找工作更为困难。因此，数字经济不但对劳动有直接替代效应，也会通过影响长期实际利率，对劳动产生间接替代效应。

第七章　结论与启示

第一节　基本结论

全文主要研究结论可简单总结如下（具体请参见附表2）。

第一，从静态的角度看（第四章4.3节），耐心文化和女性劳动文化，可以分别代表一国居民群体的时间偏好，以及闲暇偏好，二者通过影响资本劳动比，深刻地影响着实际利率在长期中的均值。其表现为：①在其他条件相同的前提下，文化色彩偏耐心的国家，拥有较低的实际利率长期均值；文化色彩偏不耐的国家，拥有较高的实际利率长期均值。耐心文化程度每增加1个标准差，实际利率的长期均值将减少39.2~68.4个基点。②在其他条件相同的前提下，女性劳动文化偏消极的国家，拥有较低的实际利率长期均值；女性劳动文化偏积极的国家，拥有较高的实际利率长期均值。女性劳动文化的消极程度每增加1个标准差，实际利率的长期均值将减少56~94.5个基点。③在其他条件相同的前提下，文化色彩偏耐心，并且女性劳动文化偏积极的国家，拥有非常低的实际利率长期均值。耐心文化程度、女性劳动文化的消极程度每共同增加1个标准差，实际利率的长期均值将减少126.8~133.7个基点。

第二，从静态的角度看（第四章4.4节），一国与美国的实际利差在长期中的均值，取决于该国与美国在耐心文化层面，或者女性劳动文化层面的差异，其表现为：①在其他条件相同的前提下，一国文化相对美国越偏耐心，实际利差的长期均值越低；一国文化相对美国越偏不耐，实际利差的长期均值越高。一国与美国的耐心文化差异每增加 1 个标准差，实际利差的长期均值将减少 32.9~54.6 个基点。②在其他条件相同的前提下，一国女性劳动文化相对美国越偏消极，实际利差的长期均值越低；一国女性劳动文化相对美国越偏积极，实际利差的长期均值越高。一国与美国女性劳动文化（的消极程度）差异每增加 1 个标准差，实际利差的长期均值将减少 52.4~82.9 个基点。③在其他条件相同的前提下，如果一国的文化相对美国偏耐心，并且女性劳动文化相对美国也偏消极，则该国实际利差的长期均值会非常低。一国与美国的耐心文化差异、女性劳动文化差异每共同增加 1 个标准差，实际利差的长期均值或中位数将减少 122.5~123.5 个基点。

第三，从动态的角度看（第五章），目前学界普遍认为的人口老龄化→实际利率下降的效应，实际上会受一国文化的调节。在文化色彩偏耐心，或者（以及）女性劳动文化较消极的国家，上述效应才会明显存在。保守地估计，如果一国兼具耐心文化和消极的女性劳动文化，老年抚养比和预期寿命每共同增加 1 个标准差，将导致实际利率下降 1.2 个百分点。

此外，本书还附带讨论了数字经济发展对长期实际利率的影响（第六章）。基于马克思主义政治经济学的理论分析认为，数字经济通过影响社会平均利润率和借贷资本供求关系影响实际利率，其对前者的影响方向不确定，对后者的影响方向为负，因此，数字经济更可能对实际利率产生负向影响。基于西方经济学（主要运用了宏观经济学中的 OLG 模型）的理论演绎认为，数字经济经由劳动生产率增速、企业融资约束、人口预期寿命这三条渠道影响长期实际利率，前者的效应为正，后两者的效应为负且程度可能更深，因此，数字经济更可能对实际利率产生负向效应。综合马克思主义政治经济学、西方经济学的理论推演结果，笔者推测，数字经济的发展在长期中会压低实际利率。

第二节 政策启示

目前被大部分样本国家遵循，或者近似遵循的利率规则即泰勒规则

(Taylor Rule)，可以简单写作 $i_t=r^*+\pi_t+h(\pi_t-\pi^*)+g(y_t-y^*)$，且 $h>0$。Taylor (1993，1998) 认为，中央银行应根据三个变量去调整短期实际利率 $i_t-\pi_t$，一是当期的产出缺口 y_t-y^*，二是当期通胀相对于目标通胀的偏离 $\pi_t-\pi^*$，三是均衡实际利率，或曰自然利率 r^*。将均衡实际利率近似等同于实际利率的长期均值，则本书对货币政策的启示可以总结如下：

第一，从静态角度看（第四章 4.3 节），均衡实际利率和一国文化背景紧密相关，文化色彩越耐心，女性劳动文化越消极，均衡实际利率越低；文化色彩越不耐，女性劳动文化越积极，均衡实际利率越高。对于货币当局而言，在估计该国均衡实际利率时，应考虑该国的文化背景。

第二，从动态角度看（第五章），目前的经验研究还认为均衡实际利率是随时间变化的（罗默，2014），其中，人口老龄化对均衡实际利率的负向牵引尤为明显（Favero 等，2016；Ferrero 等，2017）。本书的研究表明，老龄化对均衡实际利率的负向牵引，仅在具有较高的耐心文化色彩，或者（以及）女性劳动文化较消极的国家显著。在老龄化背景下，具有高耐心文化色彩，或者（以及）女性劳动文化偏消极的国家，均衡实际利率可能会逐渐下降，并且实际利率下探至负利率的可能性也会明显增大。在名义利率零下限的约束下，如果均衡实际利率持续下降，央行对货币政策的调整空间就会变窄，这会使得这类国家在面临经济衰退时，很难通过降低短期实际利率（通过调低短期名义利率）的传统方式去刺激经济。对于本书的样本国家而言，具有极高耐心文化色彩的儒家文化圈国家，以及兼具较高耐心文化、较为消极的女性劳动文化的拉丁—天主教文化圈的法国、意大利和西班牙等国，都应提防这一问题。相比储蓄率，女性劳动参与率更易受社会思潮的影响（陆铭、梁文泉，2017），因此，对于女性劳动文化较消极的国家，为了抑制老龄化对实际利率的负向影响，政府应该大力倡导积极的女性劳动文化①，使女性对其家庭—社会角色的自我认知逐步偏向中间，并辅之以积极的家庭政策，平衡男

① 此外，相比鼓励积极的女性劳动文化，对消费文化的鼓励显得不够“政治正确”。

女参与市场劳动—非市场劳动的时间，降低企业雇佣女性的机会成本①。

此外，本书（第四章4.4节）对一国政府管理跨境资本流动也有一定启示。在引发金融资产国际流动的因素中，最主要的是国内外利率差异，尤其是与美国的利率差异（Carbaugh，2015）。总的来说，美国是一个具有不耐文化色彩，以及积极的女性劳动文化传统的国家②。与美国文化形成鲜明对比的，是中国和日本、韩国等最富耐心文化色彩的东亚国家，以及印度等女性劳动文化极为消极的国家③。前三者拥有很高的国民储蓄率，后者则拥有极低的女性劳动参与率。在一定程度上，这解释了为什么在各国国债中，最接近无风险资产，被普遍认为最安全、最具吸引力的美国国债，其扣除通胀后的实际收益率会明显高于日本，并且与中国和印度等快速增长的新兴经济体也非常接近，甚至略高④。对中国、印度等新兴经济体而言，需关注实际利差过低可能引发的资本外流，以及伴随的本币贬值等压力。

---

① 比如，增加公立托幼机构，或者延长男性的陪产假期，都有助于降低女性相对于男性的雇用成本。

② 在本书正向衡量耐心文化的3个指标中，美国的得分均低于样本国家的平均值；在负向衡量耐心文化的指标中（*indul*），美国的得分则高于样本国家的平均值。在本书负向衡量女性劳动文化的4个指标中，除 *tpu* 以外，美国的得分均低于样本国家的平均值。

③ 从长期导向（*lto*）得分看，韩国、日本和中国是样本国家中最富耐心文化色彩的国家。综合各个女性劳动文化指标看，印度是样本国家中女性劳动文化色彩最消极的国家之一，在4个衡量女性劳动文化的指标中，印度的得分均远高于平均值。

④ 经CPI调整后的日本与美国10年期国债在2000—2019年的平均利差为-0.394，中国、印度与美国的相应差值为分别为-0.186和0.443。

参考文献

[1] Acemoglu D, Johnson S, Robinson J A. The colonial origins of comparative development: An empirical investigation. *American Economic Review*, Vol. 91, No. 5, 2001, pp. 1369-1401.

[2] Acemoglu D, Restrepo P. Robots and jobs: Evidence from the US labor markets. *Journal of Political Economy*, Vol. 128, No. 6, 2020, pp. 2188-2244.

[3] Acemoglu D, Shimer R. Productivity gains from unemployment insurance. *European Economic Review*, Vol. 44, No. 7, 2000, pp. 1195-1224.

[4] Al-Awad M, Elhiraika A. Cultural effects and savings: Evidence from immigrants to the United Arab Emirates. *Journal of Development Studies*, Vol. 39, No. 5, 2003, pp. 139-151.

[5] Alesina A, Giuliano P, Nunn N. On the origins of gender roles: Women and the plough. *Quarterly Journal of Economics*, Vol. 128, No. 2, 2013, pp. 469-530.

[6] Alesina A F, Glaeser E L, Sacerdote B. Work and leisure in the U. S. and europe: Why so different? *NBER Working Paper*, No. 11278, 2005.

[7] Ark B, Vries K, Erumban A. Productivity & innovation competencies in the midst of the digital transformation age: A EU - US comparison. *European Economy - Discussion Papers*, No. 119, 2019.

[8] Arslanalp S, Lee J, Rawat U. Demographics and interest rates in Asia. *Japan and the World Economy*, Vol. 50, No. 6, 2019, pp. 14-24.

[9] Baldacci E, Kumar M S. Fiscal deficits, public debt, and sovereign bond yields. *IMF Working Paper*, WP/10/184, 2010.

[10] Balduzzi P, Das S R, Foresi S. The central tendency: A second factor in bond yields. *The Review of Economics and Statistics*, Vol. 80, No. 1, 1998, pp. 62-72.

[11] Bean C, Broda C, Ito T, Kroszner R. Low for long? Causes and consequences of persistently low interest rates. *Geneva Reports on the World Economy*, 17, 2015.

[12] Beirne J, Fratzscher M. The pricing of sovereign risk and contagion during the European sovereign debt crisis. *Journal of International Money & Finance*, Vol. 34, No. 4, 2013, pp. 60-82.

[13] Beirne J, Renzhi N, Volz U. Feeling the heat: Climate risk and the cost of sovereign borrowing. *ADBI Working Paper*, No. 1160, 2020.

[14] Bobeica E, Lis E, Nickel C, et al. Demographics and inflation. *ECB Working Paper*, No. 2006, 2017.

[15] Booth A L, KaticP. Estimating the wage elasticity of labour supply to a firm: What evidence is there for monopsony? *Economic Record*, Vol. 87, No. 11, 2011, pp. 359-369.

[16] Borio C. The financial cycle and macroeconomics: What have we learnt? *Journal of Banking & Finance*, Vol. 45, No. 8, 2014, pp. 182-198.

[17] Borio C, Disyatat P, Juselius M, et al. Why so low for so long? a long-term view of real interest rates. *BIS Working Papers*, No. 685, 2017.

[18] Brand C, Bielecki M, Penalver, A. The natural rate of interest: estimates, drivers, and challenges to monetary policy. *ECB Occasional Paper Series*, No. 217, 2018.

[19] Campbell J Y, Mankiw N G. Consumption, income and interest rates: reinterpreting the time series evidence. *NBER Macroeconomics Annual*, Vol. 4, 1989, pp. 185-216.

[20] Capelle-Blancard G, Crifo P, Diaye M, et al. Sovereign bond yield spreads and sustainability: An empirical analysis of OECD countries. *Journal of Banking & Finance*, Vol. 98, 2019, pp. 156-169.

[21] Carbaugh R. *International Economics*, Boston: Cengage learning, 2015.

[22] Carroll C D, Rhee B K, Rhee C. Are there cultural effects on saving? Some cross-sectional evidence. *Quarterly Journal of Economics*, Vol. 109, No. 3, 1994, pp. 685-699.

[23] Carvalho C, Ferrero A, Nechio F. Demographics and real interest rates: Inspecting the mechanism. *European Economic Review*, Vol. 88, No. 9, 2016, pp. 208-226.

[24] Centeno M. The match quality gains from unemployment insurance. *Journal of Human Resources*, Vol. 39, No. 3, 2004, pp. 839-863.

[25] Cevik S, Jalles J T. This changes everything: Climate shocks and sovereign bonds. *IMF*

Working Paper, No. WP/20/79, 2020.

[26] Clark G. Microbes and markets: Was the black death an economic revolution? *Journal of Demographic Economics*, Vol. 82, No. 2, 2016, pp. 139-165.

[27] Clarida R, Gali J, Gertler M. Monetary Policy Rules and Macroeconomic Stability: Evidence and some theory. *The Quarterly Journal of Economics*, Vol. 115, No. 1, 2000, pp. 147-180.

[28] Cieslak A, Povala. P. Information in the term structure of yield curve volatility. *The Journal of Finance*, Vol. 71, No. 3, 2016, pp. 1393-1436.

[29] Creedy J, Mok P. Labour supply elasticities in New Zealand. *New Zealand Economic Papers*, Vol. 53, No. 2, 2019, pp. 125-143.

[30] Davis E P, Li L. Demographics and financial asset prices in the major industrial economies. *Brunel University Working Paper*, No. 03-07, 2003.

[31] Deaton A. Saving and liquidity constraints. *Econometrica*, Vol. 59, No. 5, 1991, pp. 1221-1248.

[32] Douglas P. Theory of wages, New York: The Macmillan Company, 1934.

[33] Drut B. Sovereign bonds and socially responsible investment. *Journal of Business Ethics*, Vol. 92, 2010, pp. 131-145.

[34] Edwards S. Why are Latin America' s savings rates so low? An international comparative analysis. *Journal of Development Economics*, Vol. 51, 1996, pp. 5-44.

[35] Eggertsson G B, Mehrotra N. A model of secular stagnation. *NBER Working Paper*, No. 20574, 2014.

[36] Eichler S. The political determinants of sovereign bond yield spreads. *Journal of International Money & Finance*, Vol. 46, No. 9, 2014, pp. 82-103.

[37] Engen E M, Hubbard R G. Federal government debt and interest rates. *NBER Macroeconomics Annual*, Vol. 19, 2004, pp. 157-160.

[38] Evers M, Mooij R D, Vuuren D V. The wage elasticity of labour supply: A synthesis of empirical estimates. *De Economist*, Vol. 156, No. 1, 2001, pp. 25-43.

[39] Fama E F. The behavior of interest rates. *Review of Financial Studies*, Vol. 19, No. 2, 2006, pp. 359-379.

[40] Fanti L, Spataro L. Endogenous labor supply in diamond's (1965) OLG model: A reconsideration of the debt role [J]. *Journal of Macroeconomics*, Vol. 28, No. 2 ,

2006, pp. 428-438.

[41] Favero A C, Gozluklu A E, Yang H. Demographics and the behavior of interest rates. *IMF Economic Review*, Vol. 64, No. 4, 2016, pp. 733-776.

[42] Fernandez R, Fogli A. Culture: An empirical investigation of beliefs, work, and fertility. *American Economic Journal: Macroeconomics*, Vol. 1, No. 1, 2009, pp. 146-177.

[43] Ferrero G, Gross M, Neri S. On secular stagnation and low interest rates: Demography matters. *ECB Working Paper*, No. 2088, 2017.

[44] Frey C B, Osborne M A. The future of employment: how susceptible are jobs to computerisation. *Technological Forecasting and Social Change*, Vol. 114, 2017, pp. 254-280.

[45] Gay V, Hicks D L, Santacreu-Vasut E, et al. Decomposing culture: An analysis of gender, language, and labor supply in the household. *Review of Economics of the Household*, Vol. 16, No. 4, 2018, pp. 879-909.

[46] Gay V, Santacreu-Vasut E, Shoham A. The grammatical origins of gender roles. *Berkeley Economic History Economic Laboratory Working Paper*, No. 2013-03, 2013.

[47] Geanakoplos J, Magill M, Quinzii M. Demography and the long-run predictability of the stock market. *Brookings Papers on Economic Activity*, No. 1, 2004, pp. 241-325.

[48] Gordon R J. Secular stagnation: A supply-side view. *American Economic Review*, Vol. 105, No. 5, 2015, pp. 54-59.

[49] Gross D B, Souleles N S. Do liquidity constraints and interest rates matter for consumer behavior? Evidence from Credit Card Data. *The Quarterly Journal of Economics*, Vol. 117, No. 1, 2002, pp. 149-185.

[50] Gruber J W, Kamin S B. Fiscal positions and government bond yields in OECD countries. *Journal of Money, Credit and Banking*, Vol. 44, No. 8, 2012, pp. 1563-1587.

[51] Gruber J, Wise D. Social security and retirement: An international comparison. *American Economic Review*, Vol. 88, No. 2, 1998, pp. 158-163.

[52] Guiso L, Sapienza P, Zingales L. Does culture affect economic outcomes? *Journal of Economic Perspectives*, Vol. 20, No. 2, 2006, pp. 23-48.

[53] Hall A, Zoega G. Values and labor force participation in the nordic countries. *Economics: The Open-Access, Open-Assessment E-Journal*, Vol. 8, No. 41, 2014, pp. 1-43.

[54] Hicks D L, Santacreu-Vasut E, Shoham A. Does mother tongue make for women's work? Linguistics, household labor, and gender identity. *Journal of Economic Behavior*

and Organization, Vol. 110, No. 2, 2015, pp. 19–44.

[55] Horioka C Y, Wan J. The Determinants of household saving in china: A dynamic panel analysis of provincial data. *Journal of Money, Credit and Banking*, Vol. 39, No. 8, 2007, pp. 2077–2096.

[56] Howe H, Pigott C. Determinants of long–term interest rates: an empirical study of several industrial countries. *Quarterly Review of Federal Reserve Bank of New York*, Vol. 16, No. 4, 1991, pp. 12–28.

[57] Hsieh C. Do consumers react to anticipated income changes? Evidence from the alaska permanent fund. *American Economic Review*, Vol. 93, No. 3, 2003, pp. 397–405.

[58] Hu S C. Social security, the supply of labor, and capital accumulation. *American Economic Review*, Vol. 69, No. 3, 1979, pp. 274–283.

[59] Hyclak T, Johnes G, Thornton R. Fundamentals of labor economics. Boston: Cengage Learning, 2013.

[60] Ichiue H, Shimizu Y. Determinants of long–term yields: A panel data analysis of major countries. *Japan and the World Economy*, Vol. 34, No. 5, 2015, pp. 44–55.

[61] Ikeda D, Saito M. The effect of demographic changes on the real interest rate in Japan. *Japan and the World Economy*, Vol. 32, No. 11, 2014, pp. 37–48.

[62] Jantti M, Pirttila J, Selin H. Estimating labour supply elasticities based on cross–country mico data: A bridge between mico and macro estimates? *Journal of Public Economics*, Vol. 127, No. 7, 2015, pp. 87–99.

[63] La Porta R, Lopez–de–Silanes F, Shleifer A, et al. Law and Finance. *Journal of Political Economy*, Vol. 106, No. 6, 1998, pp. 1113–1155.

[64] Abrams B A, Lewis K A. Cultural and institutional determinants of economic growth: A cross–section analysis. *Public Choice*, Vol. 83, 1995, pp. 273–289.

[65] Li H, Jie Z, Zhang J. Effects of longevity and dependency rates on saving and growth: Evidence from a panel of cross countries. *Journal of Development Economics*, Vol. 84, No. 1, 2007, pp. 138–154.

[66] Li X, Liu J, Ni P. The impact of the digital economy on CO_2 Emissions: A theoretical and empirical analysis. *Sustainability*, Vol. 13, 2021: pp. 7267–7282.

[67] Malanima P. Energy and population in Europe: The medieval growth. *Working Paper*, 2010.

[68] McNeill W H. A history of the human community. London: Pearson, 1996.

[69] Modigliani F. Life cycle, individual thrift, and the wealth of nations. *American Economic Review*, Vol. 76, No. 3, 1986, pp. 297-313.

[70] Mocan N H, Pogorelova L. Why work more? The impact of taxes, and culture of leisure on labor supply in Europe. *NBER Working Paper*, No. 21297, 2015.

[71] Mocan N. Taxes and culture of leisure: Impact on labor supply in Europe. *Journal of Comparative Economics*, Vol. 47, No. 9, 2019, pp. 618-639.

[72] Nishiyama S. The Joint labor supply decision of married couples and the social security pension system. *Michigan Retirement Research Center Research Paper*, No. 2010-229, 2010.

[73] Orr A, Edey M, Kennedy M. The Determinants of real long-term interest rates: 17 country pooled-time-series evidence. *OECD Working Papers*, No. 155, 1995.

[74] Pamuk S. The black death and the origins of the 'Great Divergence' across Europe, 1300-1600. *European Review of Economic History*, Vol. 11, No. 3, 2007, pp. 289-317.

[75] Poterba J M. Demographic structure and asset returns. *Review of Economics and Statistics*, Vol. 83, No. 4, 2001, pp. 565-584.

[76] Spataro L. Correcting dynamic inefficiency when labor supply is endogenous: A steady state analysis. *Bocconi University Centre for Research on the Public Sector Working Paper*, No. 90, 2003.

[77] Shoham A, Malul M. The role of cultural attributes in savings rates. *Cross Cultural Management*, Vol. 19, No. 3, 2012, pp. 304-314.

[78] Shoham A, Malul M. Cultural attributes, national saving and economic outcomes. *The Journal of Socio-Economics*, Vol. 47, 2013, pp. 180-184.

[79] Soderlind P, Soderstrom U, Vredin A. Dynamic taylor rules and the predictability of interest rates. *Macroeconomic Dynamics*, Vol. 9, No. 3, 2005, pp. 412.

[80] Stock, J., & Watson, M., Introduction to econometrics. London: Addison Wesley Longman, 2011.

[81] Summers L. U. S. economic prospects: Secular stagnation, hysteresis and the zero lower bound. *Business Economics*, Vol. 49, No. 2, 2014, pp. 65-73.

[82] Sunde U, Dohmen T, Enke B, et al. Patience and comparative development. *ECONtribute Discussion Paper*, No. 035, 2020.

[83] Taylor J B. Discretion versuspolicy rules in practice. *Carnegie–Rochester conference series on public policy*, Vol. 39, No. 1, 1993, pp. 195–214.

[84] Taylor J B. A historical analysis of monetary policy rules. *NBER Working Paper*, No. 6768, 1998.

[85] Wickens M. *Macroeconomic theory: A dynamic general equilibrium approach*. Princeton: Princeton University Press, 2012.

[86] Williamson C R, Mathers R L. Economic freedom, culture, and growth. *Public Choice*, Vol. 148, 2011, pp. 313–335.

[87] Wooldridge J M. *Econometric analysis of cross section and panal data*. Cambridge: Mit Press, 2010.

[88] Ye D, Pan S, Lian Y, et al. Culture and savings: Why do asians save more? *The Singapore Economic Review*, Vol. 66, No. 3, 2021, pp. 621–651.

[89] Yi K, Zhang J. Understanding global trends in long–run real interest rates. *Economic Perspectives*, Vol. 41, No. 2, 2017, pp. 1–21.

[90] [美] 爱泼斯坦. 自由与增长：1300～1750 年欧洲国家与市场的兴起 [M]. 宋丙涛，彭凯翔译. 北京：商务印书馆，2011.

[91] [美] 布兰查德，费希尔. 宏观经济学（高级教程）[M]. 刘树成等译. 北京：经济科学出版社，1998.

[92] 蔡昉. 人口转变，人口红利与刘易斯转折点 [J]. 经济研究，2010（4）：4–13.

[93] 陈斌开，陆铭. 迈向平衡的增长：利率管制、多重失衡与改革战略 [J]. 世界经济，2016（5）：29–53.

[94] 陈斌开，陆铭，钟宁桦. 户籍制约下的居民消费 [J]. 经济研究，2010（S1）：62–71.

[95] 陈国进，李威. 人口结构与利率水平研究 [J]. 中国人口科学，2013（5）：68–88.

[96] 程名望，张家平. 互联网普及与城乡收入差距：理论与实证 [J]. 中国农村经济，2019（2）：19–41.

[97] 陈强. 高级计量经济学及 Stata 应用 [M]. 北京：高等教育出版社，2014.

[98] [美] 戴维·罗默. 高级宏观经济学 [M]. 吴化斌，龚关译. 上海：上海财经大学出版社，2014.

[99] [美] 戴维·迈尔斯. 社会心理学纲要 [M]. 侯玉波，廖江群译. 北京：人民邮电出版社，2014.

[100] 范小云，段月姣，杨昊晰. 人口结构与系统性风险测度及监管——以利率为纽带的视角 [J]. 经济研究，2018 (8)：52-67.
[101] 方显仓，张卫峰. 人口老龄化与货币政策：研究进展与政策启示 [J]. 上海财经大学学报，2019 (2)：28-50.
[102] [美] 费雪. 利息理论 [M]. 陈彪如译. 北京：商务印书馆，2013.
[103] 郝寿义. 区域经济学原理 [M]. 上海：格致出版社，2016.
[104] [美] 赫舒拉发，格雷泽，赫舒拉发. 价格理论及其应用：决策，市场与信息：第7版 [M]. 李俊慧，周燕译. 北京：机械工业出版社，2009.
[105] [荷] 霍夫斯泰德. 文化与组织：心理软件的力量 [M]. 李原，孙健敏译. 北京：中国人民大学出版社，2010.
[106] [荷] 霍夫斯泰德，[保加利亚] 明科夫. 文化与组织：心理软件的力量 [M]. 张炜，王烁译. 北京：电子工业出版社，2019.
[107] [以] 赫拉利. 人类简史：从动物到上帝 [M]. 林俊宏译. 北京：中信出版社，2014.
[108] [美] 霍默，西勒. 利率史 [M]. 肖新明，曹建海译. 北京：中信出版社，2010.
[109] 何顺果. 世界史：以文明演进为线索 [M]. 北京：北京大学出版社，2012.
[110] 洪永淼，史九领. 人工智能的政治经济学分析 [J]. 学术月刊，2024 (1)：47-59.
[111] 侯玉波. 社会心理学 [M]. 北京：北京大学出版社，2018.
[112] 黄益平，邱晗. 大科技信贷：一个新的信用风险管理框架 [J]. 管理世界，2021 (2)：12-21.
[113] [美] 吉拉尔德斯. 贸易：马尼拉大帆船与全球化经济的黎明 [M]. 李文远译. 北京：中国工人出版社，2021.
[114] 季羡林. 季羡林谈国学 [M]. 杭州：浙江人民出版社，2019.
[115] 金祥义，张文菲. 人工智能与企业污染减排：智能治理的环境效应 [J]. 中国人口·资源与环境，2023 (8)：138-145.
[116] 李达. 李达全集 [M]. 北京：人民出版社，2016.
[117] 李明桂，曹玉涛. 论数字经济推动共同富裕的逻辑理路，现实困境与实践进路 [J]. 中州学刊，2024 (1)：37-44.
[118] 李雪，易祯，朱超. 人口学特征与利率期限结构：老年社会平缓的收益率曲线 [J]. 金融研究，2020 (6)：96-113.

［119］刘长庚，王宇航，张磊．数字普惠金融提高了劳动收入份额吗？［J］．经济科学，2022（3）：143-154.
［120］刘诗白．马克思主义政治经济学原理［M］．成都：西南财经大学出版社，2010.
［121］刘晓光，苟琴．劳动力转移、技术进步与资本回报率变动［J］．产业经济研究，2017（2）：76-87.
［122］刘絜敖．国外货币金融学说［M］．北京：中国金融出版社，1989.
［123］路继业，张冲．欧美国家宗教文化与储蓄率差异研究——来自OECD国家的证据［J］．经济与管理评论，2017（1）：23-28.
［124］陆铭．大国大城：当代中国的统一、发展与平衡［M］．上海：上海人民出版社，2016.
［125］陆铭．空间的力量：地理、政治与城市发展［M］．上海：格致出版社，2017.
［126］陆铭．诊断中国经济：结构转型下的增长与波动［J］．国际经济评论，2020（6）：22-38.
［127］陆铭，梁文泉．劳动和人力资源经济学：经济体制与公共政策［M］．上海：格致出版社，2017.
［128］马克垚．世界文明史［M］．北京：北京大学出版社，2004.
［129］马理，张方舟．人口老龄化对长期实际利率的影响研究［J］．湘潭大学学报（哲学社会科学版），2017（4）：44-50.
［130］［奥］庞巴维克．资本实证论［M］．陈端译．北京：商务印书馆，1964.
［131］齐明珠．中国人口老龄化对金融资产价格影响研究［J］．人口研究，2017（5）：101-112.
［132］沙莲香．社会心理学［M］．北京：中国人民大学出版社，2015.
［133］盛松成，施兵超，陈建安．现代货币经济学［M］．北京：中国金融出版社，2012.
［134］［美］斯塔夫里阿诺斯．全球通史［M］．吴象婴，梁赤民，董书慧，王昶译．北京：北京大学出版社，2019.
［135］孙秋云．文化人类学［M］．北京：北京大学出版社，2018.
［136］田璧．论我国利率市场化改革的指导理论——基于两种利息理论的比较［J］．当代财经，2014（2）：64-68.
［137］庹思伟，周铭山．人口结构，劳动参与率与长期实际利率演变——基于女性劳动文化视角的研究［J］．中国工业经济，2020（12）：47-63.
［138］吴昌南，陈钰颖．数字经济、创业与中等收入群体规模［J］．改革，2024（1）：

94-110.
［139］吴军. 智能时代——5G、IoT 构建超级智能新机遇［M］. 北京：中信出版社，2020.
［140］万晓莉. 我国货币政策能减小宏观经济波动吗——基于货币政策反应函数的分析［J］. 经济学季刊，2011（1）：435-456.
［141］王建国. 泰勒规则与我国货币政策反应函数的实证研究［J］. 数量经济技术经济研究，2006（1）：43-49.
［142］王曦，陈中飞. 发达国家长期停滞现象的成因解析［J］. 世界经济，2018（1）：29-51.
［143］汪伟，艾春荣. 人口老龄化与中国储蓄率的动态演化［J］. 管理世界，2015（6）：47-62.
［144］［英］韦尔斯. 世界史纲：生物和人类的简明史［M］. 吴文藻，费孝通，冰心译. 南京：译林出版社，2015.
［145］［美］伍德福德. 利息与价格：货币政策理论基础［M］. 刘凤良译. 北京：中国人民大学出版社，2010.
［146］谢平，罗雄. 泰勒规则及其在中国货币政策中的检验［J］. 经济研究，2002（3）：3-12.
［147］徐翔. 数字经济时代：大数据与人工智能如何驱动新经济发展［M］. 北京：人民出版社，2021.
［148］闫素仙. 马克思主义利息理论与西方现代利息理论的比较：继承与借鉴［J］. 当代经济研究，2008（6）：10-15.
［149］杨继军，张二震. 人口年龄结构、养老保险制度对居民储蓄率的影响［J］. 中国社会科学，2013（8）：47-66.
［150］叶德珠，连玉君，黄有光. 文化与储蓄：基于优势分析的跨国实证研究［J］. 金融评论，2015（3）：31-44.
［151］叶德珠，连玉君，黄有光，等. 消费文化、认知偏差与消费行为偏差［J］. 经济研究，2012（2）：80-92.
［152］余静文，梁润，王勋. 金融抑制背后的人口年龄结构因素——基于跨国数据的经验研究［J］. 金融研究，2014（2）：1-15.
［153］余秋雨. 中国文化课［M］. 北京：中国青年出版社，2019.
［154］曾康霖，邓映翎. 利息论［M］. 成都：西南财经大学出版社，1990.

［155］张宏杰. 简读中国史：世界史坐标下的中国［M］. 长沙：岳麓书社，2019.
［156］张积家. 民族心理学［M］. 上海：华东师范大学出版社，2019.
［157］朱信凯，骆晨. 消费函数的理论逻辑与中国化：一个文献综述［J］. 经济研究，2011（1）：140-153.
［158］张勋，万广华，张佳佳，等. 数字经济、普惠金融与包容性增长［J］. 经济研究，2019（8）：71-86.

附　　录

附表 1　第三章内容小结

章节	主要内容	实证设定	主要定性结论	主要定量结论	对中国的启示
第三章：文化与长期实际利率：原理和事实特征	（1）利用索洛模型，对均衡利率的各部分进行拆解，说明总储蓄和总劳动供给是影响均衡利率的重要因素。将二者分别与耐心文化、女性劳动文化联系起来。 （2）对文化能否影响长期实际利率提供一个初步的机制说明和实证检验。 （3）梳理能够刻画一国耐心文化，以及女性劳动文化的各个变量。探讨耐心文化、女性劳动文化的历史起源，以及二者的关联。	采用 45 个国家 2000—2019 年的年度平均数数据，或中位数数据。按长期导向将其分为耐心文化和不耐文化两组，按性别劳动歧视程度将其分为消极的女性劳动文化和积极的女性劳动文化两组。对文化—利率效应进行箱型图检验和方差分析。	箱型图（图 3.3~图 3.6）显示，耐心文化国家的实际利率，明显低于不耐文化国家；消极的女性劳动文化国家的实际利率，明显低于积极的女性劳动文化国家。方差分析（表 3.1~3.4）表明，耐心文化对储蓄率、实际利率具有显著影响；女性劳动文化对劳动参与率、实际利率具有显著影响。		

附表 2　第四章(前半部分,4.2~4.3 节)内容小结

章节	主要内容	实证设定	主要定性结论	主要定量结论	对中国的启示
第四章:文化对长期实际利率的影响——对 45 个 OECD 国家和新兴市场国家的经验分析	考察文化—利率效应。即探究耐心文化,或者女性劳动文化能在多大程度上影响一国在长期中的实际利率均值(或中位数)。	(1)采用 45 个国家 2000—2019 年(稳健性检验对 23 个 OECD 国家的样本数据扩展到 1985—2019 年)的年度平均数数据、中位数数据,或者面板数据(针对非文化变量)。其中,刻画一国耐心文化的变量,以及刻画一国女性劳动文化的变量,分别有 4 个。 (2)估计方法主要为 OLS、2SLS(针对截面数据),以及 LSDV(针对面板数据)。	(1)耐心文化能够显著影响长期实际利率。一国文化越偏耐心,实际利率在长期中的均值(或中位数)越低。反之亦然。 (2)女性劳动文化能够显著影响长期实际利率。一国女性劳动文化越消极,实际利率在长期中的均值(或中位数)越低。反之亦然。	(1)耐心文化程度每增加 1 个标准差,实际利率的长期均值或中位数将减少 39.2 ~ 68.4 个基点,最高可占实际利率标准差的 55.9%。相比不含文化变量的估计,加入单个耐心文化变量后,调整的 R^2 从 0.319 提高到 0.434。 (2)女性劳动文化的消极程度每增加 1 个标准差,实际利率的长期均值或中位数将减少 56~94.5 个基点,最高可占实际利率标准差的 76.8%。调整的 R^2 能提高至 0.568。 (3)耐心文化程度、女性劳动文化的消极程度每共同增加 1 个标准差,实际利率的长期均值或中位数将减少 126.8~133.7 个基点。调整的 R^2 能提高至 0.568。	中国文化的一大特色在于高度富有耐心色彩,反映在中国的高储蓄率和低实际利率。本章实证结果表明,由耐心文化所导致的中国与各国平均实际利率水平的负向差异,至少占该差异的 54%。 在中国日益严峻的老龄化背景下,资本劳动比本身已面临较大的攀升动力,耐心文化则可能会加剧这种趋势,使实际利率面临更大的下行压力。这会对中国的产业结构、收入分配、就业弹性和居民福利等问题产生不利影响。

附表 3　第四章(后半部分,4.4 节)内容小结

章节	主要内容	实证设定	主要定性结论	主要定量结论	对中国的启示
第四章:文化对长期实际利率的影响——对 45 个 OECD 国家和新兴市场国家的经验分析	本节实质上是第四章前半部分的延伸和再检验,主要考察文化差异—利差效应。即探究一国与美国的耐心文化差异,或者女性劳动文化差异,能在多大程度上影响两国长期的实际利差(简称实际利差)的均值(或中位数)。	(1)采用 44 个国家 2000—2019 年稳健性检验对 22 个 OECD 国家的样本数据扩展到 1985—2019 年的年度平均数数据、中位数数据,或者面板数据(针对非文化变量)。其中,刻画一国与美国耐心文化差异的变量,以及刻画一国与美国女性劳动文化差异的变量,分别有 3 个。 (2)估计方法主要为 OLS(针对截面数据)和 LSDV(针对面板数据)。	(1)耐心文化差异能够显著影响一国与美国的实际利差。一国文化相对美国越偏耐心,实际利差在长期中的均值(或中位数)越低。反之亦然。 (2)女性劳动文化差异能够显著影响一国与美国的实际利差。一国女性劳动文化相对美国越偏消极,实际利差在长期中的均值(或中位数)越低。反之亦然。	(1)一国与美国的耐心文化差异每增加 1 个标准差,实际利差的长期均值或中位数将减少 32.9~54.6 个基点,最高可占实际利差标准差的 41.6%。相比不含文化变量的估计,加入单个耐心文化变量后,调整的 R^2 从 0.421 提高至 0.480。 (2)一国与美国女性劳动文化(的消极程度)差异每增加 1 个标准差,实际利差的长期均值或中位数将减少 52.4~82.9 个基点,最高可占实际利差标准差的 66.9%。调整的 R^2 提高至 0.548。 (3)一国与美国的耐心文化差异、女性劳动文化差异每共同增加 1 个标准差,实际利差的长期均值或中位数将减少 122.5~123.5 个基点。调整的 R^2 提高至 0.599。	中国文化相比美国的一大特色在于高度富有耐心色彩,反映在中国与美国的实际利差均值在样本期内为负。 长期来看,一旦中国的经济增长率因为人口红利减退、生产率增长放缓等因素而和美国逐渐接近,按照实证结果所预测的方向,中国与美国的实际利差还有负向走阔的“空间”。这对中国吸引外资,抑制资本外流,维系汇率稳定等都会产生一定的压力。

附表 4　第五章内容小结

章节	主要内容	实证设定	主要定性结论	主要定量结论	对中国的启示
第五章：老龄化对长期实际利率的负效应能被文化抑制吗？——对 25 个 OECD 国家的经验分析	探究在人口老龄化，即在老年抚养比攀升、预期寿命延长的背景下，耐心文化和女性劳动文化能够在多大程度上抑制（或放大）老龄化对实际利率的负向影响。	（1）采用 25 个 OECD 国家 1985—2019 年的年度面板数据（文化变量仍为非时变数据），通过交互项的引入，分别检验文化对抚养比—利率效应、文化对预期寿命—利率效应的调节作用。 （2）估计方法主要为 FE 和 FGLS。	（1）一国老年抚养比对长期实际利率的负向效应取决于该国的耐心文化，文化色彩越偏耐心，负向效应越强。 （2）一国老年抚养比对长期实际利率的负向效应取决于该国的女性劳动文化，女性劳动文化越消极，负向效应越强。 （3）一国预期寿命对长期实际利率的负向效应取决于该国的耐心文化，文化色彩越偏耐心，负向效应越强。 （4）一国预期寿命对长期实际利率的负向效应取决于该国的女性劳动文化，女性劳动文化越消极，负向效应越弱。	保守地估计，如果一国兼具耐心文化和消极的女性劳动文化，那么老龄化变量，即老年抚养比和预期寿命每共同增加 1 个标准差，将导致实际利率下降 1.2 个百分点，这能够解释实际利率 37.9% 的样本变异。反之，如果一国兼具不耐文化和积极的女性劳动文化，则老龄化对实际利率几乎无影响。	中国具有耐心文化和积极的女性劳动文化。这种文化体现在中国的高储蓄率和高（女性）劳动参与率。 将中国的相应数据代入本书的实证结果。可以估算出中国在 2000—2019 年间，由老龄化所引致的实际利率变动为年均 -0.13 个百分点，占这一时期实际利率年均下降幅度（21.9 个基点）的约 59%。这意味着在老龄化背景下，中国实际利率所面临的下降压力，会远高于其他国家，这会给中国的货币政策、产业结构乃至收入分配都带来较为严峻的挑战。需要说明的是，以上估计是基于发达经济体的经验研究，并且在中国金融抑制的背景下也可能会高估老龄化对实际利率的效应。

附表 5　第六章内容小结

章节	主要内容	基于马克思主义政治经济学的展望	基于西方经济学（OLG 模型）的展望	对中国的启示
第六章：数字经济背景下长期实际利率的演变	本章附带论述了数字经济蓬勃发展的背景下，实际利率的长期变动趋势。	（1）从社会平均利润率的角度分析，数字经济对实际利率的影响既可能为正，也可能为负，方向不确定。 （2）从借贷资本供求的角度分析，数字经济对实际利率的影响为负的可能性更大。 （3）总体来看，数字经济的发展会在长期中拉低实际利率。	数字经济经由劳动生产率增速、企业融资约束、人口预期寿命三条渠道影响实际利率的长期趋势。其中，劳动生产率增速渠道的效应为正，企业融资约束渠道、人口预期寿命渠道的效应为负。总体来看，数字经济的发展会在长期中拉低实际利率。	综合政治经济学和西方经济学两种视角的展望，数字经济会长期对实际利率具有压制作用。这首先意味着资本相对于劳动会越来越便宜，从而鼓励企业加快推进“机器换人”，从而加剧结构性失业；此外，实际利率长期走低意味着自然利率会逐渐下降，从而给央行采用货币政策调控经济带来一定掣肘。这些都是中国政府在未来应该重点关注的可能趋势。